FOLIO BIOGRAPHIES
collection dirigée par
GÉRARD DE CORTANZE

Gandhi

par

Christine Jordis

Gallimard

Crédits photographiques Gandhi

1 : Dinodia / Bridgeman-Giraudon. 2, 3, 4, 5, 6, 7, 8, 12, 13 : Akg-Images / Archives Peter Rühe. 9, 10 : Harlingue / Roger-Viollet. 11 : M. Bourke-White / Time & Life Pictures / Getty Images. 14 : D.R. 15 : A. Jordis.

Le sort de l'espèce humaine est aujourd'hui plus que jamais dépendant de sa force morale. La voie vers un état joyeux et heureux passe par la renonciation et l'autolimitation, où que ce soit.

ALBERT EINSTEIN

Frank Kafka me dit : « Il est évident que désormais le mouvement de Gandhi vaincra. L'incarcération de Gandhi aura pour seul effet de donner à son parti une impulsion plus grande encore. Car, sans martyrs, tout mouvement dégénère en communauté d'intérêts, regroupant des gens qui spéculent bassement sur leur succès. Le fleuve devient une mare, où pourrissent toutes les idées d'avenir. Car les idées — comme d'ailleurs tout ce qui dans ce monde a une valeur supra-personnelle — ne vivent que de sacrifices personnels. »

GUSTAV JANOUCH

Avant-propos

À l'orée du XXᵉ siècle, l'impérialisme britannique est toujours dans sa plus grande vitalité. L'Inde, selon Nehru — un leader nationaliste, il est vrai —, est enfoncée dans un « bourbier de pauvreté et de défaitisme qui l'aspire vers le fond » ; depuis des générations, elle a offert « son sang, son labeur, ses larmes, sa sueur » et ce processus a rongé son corps et son âme, empoisonné tous les aspects de sa vie collective, comme une maladie fatale qui ronge les tissus et tue à petit feu.

Vint Gandhi.

Il fut comme une puissante bouffée d'air frais qui nous poussait à nous étirer... un faisceau de lumière qui trouait l'obscurité ; comme un tourbillon qui bouscula bien des choses, mais surtout la façon de fonctionner de notre esprit. Il ne venait pas d'en haut ; il semblait surgir des multitudes de l'Inde, parlait leur langage et attira constamment l'attention sur eux, sur leur effroyable condition (DI*, 407).

---

* Nous donnons les références des ouvrages les plus fréquemment cités sous forme d'abréviations (suivies du numéro de la page). Le lecteur trouvera p. 359 une bibliographie dans laquelle sont explicitées ces abréviations, avec les références complètes des ouvrages.

Rien que d'insignifiant dans l'apparence de ce personnage qui allait changer la destinée d'un pays. «Un petit homme au piètre physique», mais avec en lui la force de l'acier, ou du roc. «En dépit de ses traits effacés, de son pagne et de sa nudité, il y avait en lui un quelque chose de royal qui commandait l'obéissance... Ses yeux calmes et graves vous tenaient sous leur regard, vous sondaient jusqu'au plus profond de l'âme; sa voix, nette et limpide, pénétrait, s'insinuait jusqu'au cœur et remuait les entrailles... Le charme et le magnétisme passaient... » (VP, 127) Avec lui, chacun avait le «sentiment de communier». D'où provenait-il, cet «ensorcellement»? Certes pas de la raison, bien que l'appel à la raison ne fût pas ignoré; pas non plus de l'art oratoire ni de l'hypnotisme des phrases : elles étaient simples et économes, sans un mot superflu. «C'était l'absolue sincérité de l'homme et de sa personnalité qui vous empoignait; il donnait l'impression de posséder d'immenses réserves de force intérieure» (VP, 128).

Du vivant de Gandhi déjà, on s'est pourtant fait fort de le critiquer. Soit que l'idée de chef, de saint ou de héros, ait rebuté certains; ceux-là préféraient voir en lui un homme ordinaire obéissant à des mobiles ordinaires (intérêt personnel, défense de son pouvoir, simple vanité : «la conscience de soi en tant que vieil homme humble et nu, assis sur son tapis de prière et faisant trembler les empires par la seule force de son pouvoir spirituel * 1 ») — bref,

---

* Toutes les notes bibliographiques sont regroupées en fin de volume, p. 363.

sous la grande figure, un personnage calculateur, manœuvrier, épris de son prestige et, finalement, vaincu (tel qu'il apparaissait à nombre de Britanniques, ses ennemis, à l'époque). Soit qu'on ait trouvé irritantes, voire inacceptables, son approche émotionnelle de problèmes économiques ou sociaux et son insistance sur une religion (en fait, une éthique) dont on admettait mal qu'elle puisse mêler ses principes et son langage à ceux de la politique — une discipline qui appelle la *raison*, alors que Gandhi agissait par la « *magie* » et cherchait à capter l'imagination du peuple pour mieux le diriger. Le problème se posait du lien entre spiritualité et politique. Un rapport qui causait douleurs, incompréhension, secousses : « À quoi bon tenter de changer l'ordre existant ? » écrivait Nehru, qui fut son disciple et ami, « Non, il suffisait de changer le cœur des hommes ! C'est ce qu'on appelle l'attitude religieuse, dans toute sa pureté, face à la vie et à ses problèmes. Une attitude qui n'a rien à voir avec la politique, l'économie ou la sociologie. Et pourtant, Dieu sait si, dans le domaine politique, Gandhi pouvait aller loin ! » (VP, 372). S'il avait vraiment des objectifs si élevés, pourquoi, disaient ses critiques, les compromettre en entrant dans la vie politique qui, par nature, comme chacun sait, se situe assez loin de la recherche de la vérité ? Bref, on ne pouvait comprendre ce mélange paradoxal de « saint catholique médiéval » et de « chef politique à l'esprit pratique ».

À tout le moins l'homme était suspect : sous la figure d'ascète, on ne pouvait douter que se cachât un individu rusé, compétent, habile à louvoyer — apte à trouver un compromis entre les extrêmes, entre les classes et les partis, capable de rigidité dans la théorie mais aussi de souplesse dans les applications, susceptible de changer d'avis de façon radicale, cela sans se soucier de cohérence avec ses affirmations antérieures ; bref, un homme « extrêmement complexe, un mélange de grandeur et de petitesses, une haute personnalité politique, trop politique, et entachant de cette marque ses conceptions morales et religieuses » (RJ, 135), tel que le voyait « le Poète », c'est-à-dire Rabindranath Tagore, en 1926, avant qu'il ne se rallie totalement à Gandhi ; et Tagore d'insister sur les compromis acceptés, sur « cette sorte de mauvaise foi secrète qui le fait se prouver par des raisonnements sophistiqués que le parti qu'il accepte est celui de la vertu et de la loi divine, même quand c'est le contraire et qu'il ne peut l'ignorer » (RJ, 135). Un politicien plutôt qu'un saint, donc, et d'autant plus rusé, d'autant plus indéchiffrable, qu'il ne cesse de confesser publiquement ses doutes, ses hésitations, ses erreurs et revirements, travaillant dans la « transparence » la plus grande, dirions-nous aujourd'hui. La moralité, l'amour, le vocabulaire religieux — était-ce donc une pose, un abus de grands mots et de sentiments destinés à entraîner les foules et impressionner l'ennemi ?

Des questions qui n'entamaient pas la confiance de l'Inde en sa sincérité. En dépit de son vocabulaire, « d'une obscurité presque totale pour l'homme moyen de notre temps » disait Nehru, en dépit de ses volte-face déroutantes, ses amis le tenaient pour « un grand homme, un homme unique, auquel on ne pouvait appliquer ni les échelles de valeur courantes ni les canons de la logique habituelle » (VP, 288). Ayant placé leur foi en lui, ils le suivaient. Jamais aucun d'eux, à l'inverse de ceux qui parlaient « un langage différent » — esprits ennemis de sa pensée ou, plus simplement, mal équipés pour le comprendre —, ne supposa de lui mensonge ou imposture : « Pour des millions d'Indiens, il est l'incarnation de la vérité, et tous ceux qui le connaissent mesurent le sérieux passionné avec lequel il cherche sans relâche à agir de façon juste » (VP, 289). Appliquer à cette personnalité extraordinaire les raisonnements banals, les phrases éculées, les théories toutes faites dont on se sert pour le politicien moyen relève de la critique superficielle, souligne Nehru, et lui-même s'efforce à maintes reprises de définir Gandhi, passant de l'affection à la colère, de la surprise à l'admiration, corrigeant sans cesse un portrait que son modèle ne cesse de déborder.

Plus convaincant peut-être, ce jugement d'un adversaire, lord Reading, vice-roi des Indes, qui, arrivé en poste le 2 avril 1921, eut avec Gandhi six interminables conversations : « Ses vues religieuses sont, je crois, sincères, et il est convaincu, presque jusqu'au fanatisme, que la non-violence et l'amour assureront à l'Inde son indépendance et lui permettront de résister au gouvernement britannique. »

Depuis lors, la distance du temps aidant, chercheurs et spécialistes se sont efforcés de garder, sans toujours y parvenir, une distance critique, voire une rigueur scientifique, comme de tenir compte de ce qui a été écrit avant eux. Au Gandhi chrétien, saint et martyr des premiers ouvrages a succédé un « Gandhi sécularisé, dont les méthodes de lutte politique et le leadership intéressent davantage que les idées religieuses[2] » ; plus récemment encore, on s'est efforcé à « une appréciation plus réaliste du bilan » de son œuvre et à « une concentration plus grande sur la richesse de sa personnalité[3] ». « Chaque époque a réinventé son Gandhi. » On pourrait ajouter, chaque biographe, chaque historien. L'interprétation de ce personnage infiniment complexe dépend étroitement de la personnalité de celui qui écrit — telle est la conclusion qui ressort de la lecture de quelques-uns des milliers de livres qui lui sont consacrés dans des centaines de langues. « On transmet forcément dans ce que l'on écrit notre propre vision du monde[4] », avoue Robert Payne, l'un de ses biographes. Alors, autant admettre dès le départ que l'objectivité est ici illusoire. « Le recul du temps fait défaut pour le juger objectivement » écrivait Nehru, qui fut si proche de lui, « À ceux d'entre nous, étroitement liés à lui, ayant subi l'influence de cette personnalité dominatrice et si éminemment attachante, il manque terriblement… De ce fait, le facteur personnel joue chez nous un rôle trop grand pour ne pas peser sur nos jugements et risquer de les fausser » (PT, 225). Soit. Mais l'« objectivité » conférée par la distance pourrait bien passer à côté, elle aussi, de l'essentiel : ce « feu intérieur » inépuisable, cet « extraordinaire pouvoir de rendre possible l'improbable », en lequel tous avaient foi. « Ceux qui ne l'ont pas connu aussi intimement doivent avoir du mal à imaginer de quel feu intérieur brûlait cet homme de paix et d'humilité. En sorte, conclut Nehru, que les uns comme les autres ne sauraient évaluer ou connaître la situation dans sa vérité. » N'étant pas une spécialiste de l'Inde ni de Gandhi, seulement une amatrice passionnée, familière de l'Asie, je me sens, par un tel jugement, autorisée à approcher d'un sujet déjà indéfiniment exploré, débattu et commenté, assurée qu'on ne peut rien y apporter d'inédit, désireuse, pourtant, de l'aborder de façon personnelle, puisqu'il doit rester indéfiniment ouvert, sans conclusion possible. « Tout en lui est extraordinaire paradoxe » (Nehru).

Notre siècle débutant pourrait bien favoriser le penseur d'une modernité alternative, ou le chercheur de vérité, autrement dit l'homme « religieux », éloigné du saint chrétien des premiers admirateurs occidentaux, et proche, comme le suggère Martin Green (qui le place aux côtés de Tolstoï), des prophètes d'un âge nouveau. Des hommes dont la vision a marqué une fin de siècle caractérisée, comme la nôtre, par un certain nombre de signes récurrents parmi lesquels seraient le souci de la préservation de la nature, la révolte antimatérialiste, l'insistance sur la dimension spirituelle. À beaucoup, Gandhi apparaît comme le prophète de l'âge à venir, de ce qu'une culture post-religieuse a appelé « l'esprit[5] ». L'esprit, le pouvoir de l'esprit, incarné par lui au plus haut point — ce qui donne son sens au mot d'humanité.

Débuts

Porbandar, le nom fait rêver. Un monde de pêcheurs, d'armateurs, des navires qui croisent entre l'Inde, l'Arabie, la côte Est de l'Afrique, s'aventurent jusqu'en Afrique du Sud, là où Gandhi allait un jour découvrir sa vocation... Au moment où naquit Gandhi, le 2 octobre 1869, ce n'était pourtant qu'un petit port de pêche assoupi sur la côte du Goujarat.

La ville de Porbandar, « avec ses ruelles étroites et ses bazars encombrés, avec ses murs massifs, depuis lors en grande partie démolis, se trouve à trois pas de la mer d'Arabie. Ses bâtiments, dépourvus de grandeur architecturale, sont construits dans une pierre blanche qui durcit avec les années, brille doucement au coucher du soleil et valut à la ville l'appellation romantique de "Cité blanche". Les temples y occupent une place d'importance ; la maison ancestrale des Gandhi était elle-même construite près de deux temples. Et pourtant, toute la vie était, est toujours, centrée sur la mer » (MG, 9).

À la fin du XIXᵉ encore, nombre de familles

avaient des relations d'affaires de l'autre côté des océans, ce fut d'ailleurs un contact de ce genre qui permit le départ de Gandhi pour l'Afrique du Sud.

À l'époque, Porbandar n'était que l'un des quelque trois cents principautés et territoires que comportait le Goujarat, gouvernés par des princes que l'accident de leur naissance et le soutien d'un souverain maintenaient sur leur trône. En dépit de ce morcellement et du régime féodal, la région avait su évoluer ; elle avait même donné à l'Inde quelques hommes d'affaires entreprenants, quelques réformateurs religieux et sociaux. Ténacité, sens d'une mission, ces traits n'étaient pas rares, certains historiens indiens ont même avancé que ce n'était pas un hasard si les deux hommes qui, de façon opposée, avaient le plus influencé l'histoire de l'Inde au XXᵉ siècle, Gandhi et Jinnah, étaient originaires de cet État *.

Chaque région de l'Inde a sa spécificité, gravée en elle par les millénaires. Il y a cinq mille ans, suggère un biographe de Gandhi, « le Goujarat était déjà un nœud d'échange entre l'Occident et l'Orient. On connaît même le nom des populations commerçantes de cette région [1]... ». Si l'on aime l'idée d'influences profondes et lointaines, de vocations déposées en soi comme un sédiment à travers les générations et les siècles, il est séduisant de penser que Gandhi descendait de cette ancienne oli-

---

* Gandhi, dans son autobiographie, affirme en effet que Jinnah était du Goujarat, se référant sans doute aux attaches que ce dernier avait dans cet État, bien que, en réalité, Jinnah fût né à Karachi.

garchie marchande et qu'il en avait conservé en lui la ruse et la sagesse.

Il appartenait à la caste des banian, c'est-à-dire celle des marchands du Goujarat, « des épiciers » dit-il dans son autobiographie, qui peuplaient donc depuis toujours la région — des commerçants pacifiques, fort éloignés par l'esprit des ksatriya, c'est-à-dire des guerriers, la deuxième des quatre castes, très répandue dans d'autres parties de l'Inde. Les banian faisaient partie de la troisième grande caste *, celle des vaisya.

Ces marchands étaient imprégnés de la doctrine jaïn ** de non-violence. Il est certain qu'elle marqua fortement Gandhi. Nehru le souligne : il était « en partie tributaire des conceptions dont il s'était imprégné pendant ses jeunes années passées au Goujarat… Gandhiji portait un regard éclectique sur le développement de la pensée et de l'histoire indiennes. Il pensait que la non-violence était le principe sous-jacent à ce développement… Sans remettre en cause les mérites de la non-violence au stade actuel de l'existence humaine, on peut dire que cette vision révélait un préjugé historique de la part de Gandhi » (DI, 516). Ainsi, selon Nehru, la non-violence ne serait-elle pas un élément domi-

---

* Il existe quatre grandes castes : brahmana, ksatriya, vaisya et sudra, ou brahmanes, rois (ou seigneurs), marchands et plébéiens. Gandhi était contre la caste considérée comme hiérarchisée (son action contre l'intouchabilité sapa l'hindouisme orthodoxe jusque dans ses fondements), mais favorable à la varna idéale, comme fonction héréditaire qui rend tout homme égal à tout autre : « les quatre divisions de la société, chacune complémentaire de l'autre, aucune n'étant inférieure ni supérieure, chacune aussi nécessaire que l'autre au corps entier de l'hindouisme ».

** Jaïnisme : système religieux et philosophique de l'Inde qui insiste sur la non-violence.

nant de la pensée indienne, telle qu'elle a évolué, mais bien du jaïnisme qui s'était implanté dans le Goujarat et qui influa sur les jeunes années de Gandhi (les nationalistes hindous fondamentalistes — qui résistèrent au charisme de Gandhi — se réclameront, eux, d'un passé différent, guerrier celui-là, où les ancêtres hindous s'illustrèrent par leur virilité, leurs combats, leur recours à la force).

« Des moines jaïns rendaient souvent visite à mon père, et s'écartaient même de leur chemin pour accepter de manger à notre table... » (Mais son père recevait également des amis musulmans et parsis qui lui parlaient aussi de leur religion. Il les écoutait avec respect et le jeune Gandhi avait ainsi l'occasion d'assister à ces conversations — ce qui contribua, dit-il, à lui inculquer une large tolérance religieuse.) Quoi qu'il en soit, la non-violence était, chez Gandhi, un principe implanté dès l'origine. À côté de cette valeur, revêtue d'une importance particulière, on cultivait, dans ce milieu traditionnellement commerçant, les vertus d'honnêteté, d'économie, d'intégrité. Du passé marchand de sa famille, Gandhi garda l'habitude des comptes bien tenus et de l'épargne, étant « attentif à réduire les dépenses, habile dans la gestion des comités, chasseur infatigable de souscriptions » ; bref, des qualités qui révèlent, selon Orwell, « les solides hommes d'affaires de la classe moyenne qu'étaient ses ancêtres ». Bon sens, réalisme, esprit pratique. Dans sa lutte contre l'Empire, il aurait tout naturellement découvert le nerf de la guerre : la question commerciale, inaugurant en 1920 son boycott des produits anglais qui devait désarçonner l'administration britannique.

Mais, écrit Gandhi dans son autobiographie, « durant trois générations, à compter de mon grand-père, la famille fournit des Premiers Ministres à plusieurs états... », les « dîvan », des hommes de principes, qui surent prendre des risques et ne manquèrent pas de panache. Ces qualités de loyauté, cette audace, Gandhi les admirait et les reconnaissait également à son père, Karamchand : intègre, impartial, fidèle à l'État — au point de défier un agent britannique qui avait insulté son chef —, il était en outre brave et généreux, un homme de clan, dévoué à sa famille. Peu lettré, peu cultivé, il se fiait à son expérience des hommes et des affaires, qui était vaste. « Toute son éducation était le fruit de la seule expérience. Au mieux pourrait-on dire que son instruction atteignait au cinquième degré en goujarati. Il ignorait tout de l'histoire et de la géographie... » (EV, 10). Un point faible : il était impulsif, coléreux et, ce qui est pire du point de vue de Gandhi, il était « peut-être enclin aux plaisirs de la chair », comme tendrait à le prouver le fait qu'il se maria quatre fois — et la quatrième, « alors qu'il avait passé la quarantaine », avec une jeune femme qui avait vingt ans de moins que lui.

De Putlibai, il eut trois fils — Mohandas étant le plus jeune — et une fille. Un demi-siècle séparait Gandhi de son père — des années d'écart qui forçaient la révérence plutôt qu'elles ne favorisaient l'échange.

Le reproche qu'on lit dans l'autobiographie à l'endroit de la sexualité de son père fut sans nul doute accentué par une faute plus grave encore (Gandhi ne devait jamais l'oublier) : sur l'insistance de ce père vieillissant, la famille décida de marier Mohandas. Il n'avait alors que treize ans. Question d'économie : son frère aîné se mariait, ainsi qu'un cousin plus âgé, autant avoir trois cérémonies pour le prix d'une — « Mieux valait, pensait la famille, se débarrasser d'un coup de tous ces ennuis. Moins de frais ; plus d'*éclat* » —, mais il semble aussi que le père ait voulu célébrer la noce avant que la mort ne le surprenne.

Pourtant, le plaisir de la fête fut gâché, puisque, pendant le voyage de Rajkot (où avaient déménagé les Gandhi) à Pordanbar (le mariage y serait célébré), le père fit une mauvaise chute. Cet accident presque mortel devait avoir des conséquences décisives sur la vie de son fils : « Mon père fit bonne figure malgré ses blessures et ne perdit rien du mariage... J'étais loin de songer, alors, qu'un jour je le critiquerais sévèrement pour m'avoir marié si jeune » (EV, 18).

De retour à la maison, Mohandas se partagea entre sa femme-enfant, l'école où il continuait d'aller, et les soins qu'il devait donner à son père. Il entra avec amour, avec zèle, dans le rôle maternel de soignant et cela durant toutes les dernières années de la vie de Karamchand (un rôle qui plus tard devint la passion de sa vie : il allait soigner l'Inde entière, les intouchables, les lépreux, les affamés). Déjà il était constamment au service d'un autre, arraché, divisé sans doute, pensant à sa femme tandis qu'il s'occupait de son père, à son père quand il était auprès de sa femme. Tant et si bien qu'il négligea ses études et, finalement, perdit une année.

De l'école, il parle d'ailleurs peu, précisant qu'il était un « élève médiocre », étonné des prix et des bourses qui lui étaient accordés, assez passif, semble-t-il, sauf lorsque ses qualités morales se trouvaient mises en doute. Alors, il avait des réactions extrêmes. « J'exerçais une garde jalouse sur ma conduite. Le moindre petit accident me faisait venir les larmes aux yeux. Si je méritais ou semblais aux yeux du maître mériter d'être repris, cela m'était intolérable » (EV, 25).

Ainsi, le jour où il fut soupçonné de mensonge, éprouva-t-il une honte insupportable. Ce samedi-là il était arrivé en retard à l'école. Le ciel était couvert : « Je soignais mon père, je n'avais pas de montre et le ciel nuageux m'a trompé. Quand je suis arrivé, tous les autres étaient partis. » Mohandas, qui avait donc pour goût et pour habitude de veiller à la santé de son père et de le soigner, se contenta, pour excuse, de dire la vérité. L'enseignant refusa de le croire et le mit à l'amende. Alors le jeune Gandhi pleura, « au comble de l'angoisse ». La leçon à tirer était claire : « La vérité ne pouvait aller sans la prudence. » (Par la suite, il obtint d'être exempté de ce cours afin de pouvoir soigner son père.)

Rester irréprochable, telle était la nécessité émotionnelle la plus forte. Cette exigence morale alla jusqu'à lui faire ignorer le conseil d'un professeur qui, voulant l'aider lors d'une journée d'inspection, le poussa à commettre une malhonnêteté, c'est-à-dire à copier sur son voisin. Gandhi mentionne sa stupéfaction. Dans ce cas précis, déjà, la conscience, encore si peu assurée, a pourtant raison contre une autorité supérieure.

Dans une lettre adressée à son fils Manilal, alors que celui-ci avait dix-sept ans, Gandhi donne une image austère, pour le moins, de ce que fut sa vie d'enfant :

> Les plaisirs, les amusements sont seulement permis à l'âge de l'innocence, c'est-à-dire jusqu'à douze ans. Dès que l'enfant atteint l'âge de raison, il doit apprendre à agir en pleine conscience de ses responsabilités et faire un effort conscient et constant pour développer son caractère... Je me rappelle que lorsque j'étais plus jeune que toi, ma plus grande joie était de soigner mon père. À partir de l'âge de douze ans, je n'ai plus su ce que sont les plaisirs et amusements [2].

Même en faisant la part de la tradition (quel était, à l'époque, en Inde, le ton habituel d'une lettre d'un père à son fils ?), on ne peut, aujourd'hui, que s'étonner d'un moralisme si sévère, « vindicatif », suggère Erik Erikson dans son étude psychanalytique de Gandhi [3]. Comme si ses fils « avaient dû être doublement bons parce qu'ils étaient le fruit d'un mariage précoce ». Comme si, pourrait-on ajouter, ils se devaient d'adopter ses valeurs à lui, Gandhi, plutôt que celles de Karamchand (le rapport de Gandhi à ses fils, dont l'un finit alcoolique à l'hôpital, et à sa femme Kasturbai étant l'un des sujets sur lesquels Erikson se montre le plus sévère à l'égard du Mahatma).

On ne peut douter que le jeune Mohandas ait eu les aspirations et les modèles les plus hauts. Un jour il était tombé sur une histoire qui l'avait profondément remué. Elle exprimait exactement son idéal enfantin, ou bien elle lui donnait forme. Le livre avait été acheté par son père. Il s'agissait d'une pièce traitant de la dévotion d'un petit garçon pour ses père et mère : Shravana, à l'aide de sangles rivées à ses épaules, avait porté sur son dos ses parents aveugles et leur avait ainsi permis de participer à un pèlerinage. L'esprit de Mohandas en fut marqué « d'un sceau indélébile ». En outre son héros mourait, évitant ainsi l'écueil de la vanité que son exploit aurait pu inspirer. Shravana devint son modèle, et l'obéissance son point fort. La religion, l'amour des parents et le sacrifice de soi se mêlaient, remuant des émotions profondes.

À peu près à la même époque, il avait vu une pièce — *Harishchandra* — qui mettait en scène un martyr de la vérité ; cette pièce l'enthousiasma, au point qu'il ne se lassait pas de la revoir : « Poursuivre la vérité et endurer toutes les épreuves que subit Harishchandra, tel était le grand idéal que m'inspira cette pièce. » Il la croyait, dit-il, « à la lettre », ce qui signifie sans doute qu'elle avait à ses yeux plus de réalité et de sens que bien des problèmes quotidiens.

Le jeune Gandhi est infiniment sérieux, plus heureux de se dévouer et de faire son devoir — en particulier, soigner son père, une tâche qu'il juge supérieure à toutes les autres — que de s'occuper de sa femme-enfant, cela malgré le goût qu'il a d'elle et de son corps, ou, plutôt, à cause de ce goût trop intense. Il en était tombé éperdument amoureux et ne cessait de la tourmenter, tandis qu'elle subissait ces offensives comme une fatalité, regrettant sans doute sa liberté perdue. « La sexualité de Gandhi se trouva définitivement gâchée par ce qui fut pour lui un excès juvénile, épuisant sa force de concentration spirituelle » (VG, 108).

Kasturbai avait le même âge que lui ; elle était simple, illettrée, sans goût particulier pour l'étude, obéissante, comme il se doit, et pourtant indépendante et résolue, avec une volonté bien à elle qu'elle défendait jusque dans sa soumission apparente (Gandhi, par la suite, a dit qu'elle fut son premier maître dans l'usage de la non-violence). Elle lui était supérieure pour le courage physique et elle demeurait sans peur devant lui, résistant à ses efforts frénétiques pour faire d'elle une femme éduquée, qui sache enfin lire et écrire. Plus tard, elle deviendra « la mère » admirée de tous, la compagne du Mahatma, illettrée tout de même. Comme le dit Pyarelal (le biographe et secrétaire de Gandhi pendant près de trente ans) à propos de l'une de leurs nombreuses disputes : avec une seule des remarques pleines d'un bon sens dévastateur dont elle avait le secret, elle lui révélait son absurdité. Mais peu à peu, bon gré mal gré, elle suivit son saint homme de mari (qui se montrait envers elle d'une « cruelle gentillesse ») et consentit à le seconder activement dans sa « mission de servir ». Jeune, elle aimait les bijoux et les jolis vêtements. Quand, vers la fin de sa vie, on lui demanda ce qu'était devenu ce goût-là, elle répondit : « La chose la plus importante dans la vie est de choisir une direction — et d'oublier les autres. »

Mohandas se prit donc de passion pour son épouse-enfant, attendant tout le jour, à l'école et ailleurs, le moment de reprendre ses activités nocturnes. « Le désir charnel se présenta plus tard, écrit-il en évoquant leurs relations. Je propose de tirer ici le rideau sur ma honte. » Il ne tarda pas à la tyranniser, tourmenté par les soupçons jaloux qu'attisait savamment un ami pervers. Il était obsédé, injuste, violent. « Jamais je n'oublierai, jamais je ne me pardonnerai le fait d'avoir réduit ma femme à tant de désespoir. »

À la sexualité, trop forte, débordante, trop tôt expérimentée — cela par la faute de son père —, était liée la culpabilité. Elle représentait une perte d'énergie, mais aussi une dépense d'émotion désordonnée, au détriment d'une vitalité plus élevée et d'obligations plus hautes (une idée qui fait d'ailleurs partie de la tradition indienne où l'intelligence supérieure, nécessaire, par exemple, à la méditation, se trouve augmentée par la substance sexuelle qui se perd dans l'éjaculation). Ce sentiment allait

être renforcé, au moment de la mort de Karamchand, par un épisode dramatique qui devait marquer Gandhi de façon définitive et qui, une fois de
plus, concernait son rapport avec son père.

Mohandas affronterait à ce moment les démons
de la honte, de la tentation, de l'excès et de la
culpabilité. Mais dans une autre scène, toujours
avec le père, on le voit victorieux, maître de la
situation.

VOL ET « DOUBLE HONTE »

Un jour, il commit un vol. Il avait quinze ans.
Son frère avait contracté une dette. Afin de la rem-
bourser, Mohandas déroba un morceau d'or à un
bracelet appartenant à ce frère. Un larcin qui lui
pesa atrocement. Au point qu'il éprouva le besoin
de l'avouer à son père. Il confessa sa faute dans une
lettre qu'il vint lui montrer en lui demandant pardon. Cette scène d'aveu d'un fils à son père, un
moment au plus haut point chargé de sentiment,
on la voit partout représentée en Inde, sous forme
d'images ou de maquettes : de petits mannequins
expressifs pleurent dans une vitrine ; le père sur son
lit de mort déchire en petits morceaux la lettre
fatale, des larmes inondent ses joues ; le fils pleure
aussi, il se repent.

« Il lut le mot sans perdre une ligne, et des larmes
perlèrent, coulant sur ses joues et mouillant le

papier. Un instant, il ferma les yeux pour réfléchir ; puis il déchira le bout de papier. Il s'était mis sur son séant pour lire. Il s'allongea de nouveau. Moi aussi, je pleurais. Je pouvais voir qu'il souffrait atrocement... Ce fut pour moi un cours pratique d'ahimsa*. Sur le moment, je n'y déchiffrai que l'amour d'un père ; mais aujourd'hui, je sais que c'était l'ahimsa dans toute sa pureté... il n'est rien qu'elle touche sans le transformer. Son pouvoir est sans limites » (EV, 39).

Ce jour-là, Mohan mesura la force de l'amour et son pouvoir de transformer l'autre. Le « pardon sublime » accordé par son père n'était pas, dit-il, naturel à ce dernier. « Je m'étais attendu à de la colère, à de dures paroles ; à le voir se frapper le front. Et je le trouvais extraordinairement paisible — grâce, j'en suis convaincu, à mon absolue confession... » C'était une totale ouverture du cœur qu'il avait provoquée, cela par l'entière sincérité de son aveu.

Cette scène d'émotion (l'un des sommets dans la relation père-fils), où l'on voit le fils de quinze ans, obtenir par l'honnêteté de sa confession, un état d'esprit remarquable chez son père, fut non pas effacée, mais dominée par un moment d'une plus grande importance encore, et d'ordre tragique, celui-là.

Il s'agit d'un épisode où la culpabilité et le désir se trouvent encore une fois liés. Il a été raconté et

* Ahimsa : la force d'amour ; la non-violence qui allait devenir la religion de Gandhi.

analysé tant de fois qu'on ne peut que le résumer brièvement. On a vu que la dévotion filiale était l'un des idéaux les plus chers de Mohandas. Les soins qu'il prodiguait à son père, sa fierté. « Tous les soirs, je massais les jambes de mon père... Je remplissais cette mission avec amour. » Mais tandis que ses mains s'activaient au service de son père, son esprit voltigeait au-delà, anticipant les plaisirs à venir. Le fait que Kasturbai fût enceinte ne diminuait en rien son ardeur.

« Survint l'horrible nuit », la nuit fatale au cours de laquelle mourut le père de Gandhi. Pressé de rejoindre sa femme, ce dernier avait abandonné la garde du mourant à son oncle. Peu après, cependant, on vint le chercher. Il se précipita vers la chambre du malade pour découvrir que son père était mort dans les bras de l'oncle, qui avait eu ainsi l'honneur d'accomplir les devoirs que Mohandas revendiquait. « Je compris que si la passion bestiale ne m'avait pas aveuglé, la torture d'avoir été loin de mon père, à ses derniers moments, m'eût été épargnée. » La honte, double, d'avoir manqué à ses devoirs les plus sacrés et cela, afin d'assouvir ses désirs « bestiaux » le poursuivit toute sa vie. Pour faire bonne mesure, l'enfant porté par Kasturbai mourut peu de temps après sa naissance.

La démonstration était faite que sa dévotion, dont il tirait tant de fierté, avait des limites, qu'il n'était pas à la hauteur de son idéal, tel que son héros d'enfance l'avait défini, et que le désir était coupable ; de ce dernier point, il se souviendra sa vie entière.

Erikson voit dans cette expérience de la vie de Gandhi ce qu'il appelle, « avec Kierkegaard », une « malédiction » : celle qui marque la vie des novateurs spirituels ayant eu comme lui une « conscience précoce et implacable », et qui serait l'héritière du conflit œdipien. Un conflit que le jeune garçon résolut de façon originale : « Dans le cas de Gandhi, le service "féminin" auprès de son père servirait à renier son désir de jeune garçon de remplacer le père (vieillissant) dans la possession de la (jeune) mère et son intention juvénile de l'éliminer comme leader dans la vie future. Ainsi serait établi le schéma d'un style de leadership selon lequel un adversaire supérieur ne peut être vaincu que de façon non-violente et avec le désir formel de le sauver, aussi bien que ceux qu'il a opprimés » (VG, 116). Quant à la malédiction, ce fut — alors que Gandhi fut « très tôt conscient de l'horizon illimité de ses aspirations » — de n'avoir pas réussi à assister à la mort de son père et, ainsi, de n'avoir pu recevoir une dernière consécration de ses dons supérieurs.

Mohandas avait alors seize ans. « Il m'a fallu longtemps, conclut-il, pour me libérer des chaînes du désir, et j'ai dû, avant de le vaincre, passer par maintes épreuves. »

Cet épisode fut bien entendu largement exploité par certains biographes qui recherchèrent une explication d'ordre psychologique au vœu de chasteté — brahmacharya — qu'il fit dès 1906.

Avec sa mère Putlibai, Gandhi avait un lien très fort. « Sa voix s'adoucit quand il parle d'elle », « ses yeux s'illuminent d'amour » ; une observation qui date de 1908, Gandhi avait trente-neuf ans. Une « sainte », a-t-il dit d'elle.

Elle était profondément religieuse, ne manquait jamais ses dévotions, jeûnait à tout bout de champ (« Deux ou trois jeûnes consécutifs n'étaient rien pour elle », écrit celui qui fera du jeûne un moyen d'action d'une efficacité redoutable). En réalité sa vie était une chaîne continue de jeûnes, de prières et de vœux qui intriguaient ses enfants. Il semble qu'elle cherchait à repousser une limite : un repas sur deux, puis ne manger qu'un jour sur deux, cela au cours d'une longue période de pénitence, puis, pendant cette même période, jeûner tout le temps en l'absence de soleil, telle est l'idée qui lui était venue ; les enfants passaient les journées la tête levée, à guetter le soleil ; il se montrait enfin, les enfants couraient l'annoncer à leur mère, elle se précipitait pour vérifier qu'ils disaient vrai, mais entre-temps l'astre capricieux avait disparu. Et Putlibai continuait joyeusement de jeûner.

Ce goût de l'austérité, ces pénitences à soi-même imposées, cette volonté de fer, Gandhi, dans sa recherche de la maîtrise de soi, devait les reprendre à son compte. Surtout, sa mère dessina son image de la femme : l'égale de l'homme, supérieure à lui, pourtant, par sa capacité d'amour et de sacrifice, apte à souffrir pour les autres et le bien commun, donc plus capable de pratiquer la non-violence telle qu'il l'entendait.

> La femme est l'incarnation de la non-violence, cette non-violence (ahimsa) qui signifie amour illimité, c'est-à-dire aptitude illimitée à souffrir. Car qui d'autre que la mère de l'homme peut faire preuve d'une aussi grande force, elle qui sait oublier les souffrances de la grossesse et de l'accouchement, jusqu'à y trouver la joie de la création ; elle qui sait souffrir tous les jours pour que son enfant puisse grandir ? (SB, 241)

Une loi d'amour et de souffrance que Gandhi fit sienne, au point qu'il voulut l'introduire, sous la forme de la non-violence, dans la vie politique et les institutions sociales.

Anthropologues, biographes et écrivains de tout poil, venus de l'Inde ou d'Occident, se sont penchés sur l'identification de Gandhi à la femme — plus précisément, sur sa relation privilégiée avec sa mère (il était, a-t-il dit lui-même, son préféré) et, de façon générale, sur son rapport avec les femmes. Erik Erikson, l'auteur d'une étude souvent citée, s'est demandé s'il y eut jamais un autre leader politique qui se soit, comme lui, enorgueilli d'être « moitié homme, moitié femme » et qui ait pu se montrer tenté d'être « plus maternel que les femmes mises au monde pour cela ». *Bapu*, ma mère*, tel est le titre des Mémoires qu'écrivit la jeune orphe-

---

* Bapu, ou « père » pour les Indiens.

line dont il s'occupa à la mort de son épouse. Le désir de Gandhi de purifier l'humanité et de civiliser les hommes davantage, de les transformer et les élever (comme son adoption, dans la non-violence, d'une attitude féminine reposant sur les valeurs d'acceptation et de souffrance), trouverait, toujours selon Erikson, en partie sa source dans les profondeurs de sa relation avec sa mère, dans l'idéalisation de la femme, pure de tout contact sexuel, proche de l'état divin et, donc, objet de culte et d'adoration : un modèle pour l'homme, puisque l'amour maternel, infini, inconditionnel, était à son sens la plus haute forme d'amour, celle qu'il opposait à l'amour charnel, au désir sexuel, selon lui égoïste et intéressé et que, tôt dans sa vie, il prit pour tâche de vaincre. « C'est, là encore, ajoute Erikson à propos de cette identification, le résultat de la rencontre d'un besoin profondément personnel et d'une tendance nationale, car la couche la plus profonde, la plus pénétrante et la plus unifiante de la religiosité indienne est probablement une religion matriarcale primitive » (VG, 384). La dominante maternelle chez Gandhi, avec son besoin immense, illimité, de secourir les pauvres et les intouchables, de les soigner et leur venir en aide, les aimant comme une mère, serait sous-tendue par l'influence sur lui de la religion hindoue en tant que mère primitive — « la force originelle du principe maternel (symbolisé par la vache) est un élément ancien qui pénètre toute la tradition indienne » (VG, 99). Le lien avec sa mère étant ainsi à l'origine de l'indianité la plus profonde de Gandhi : « La force de sa mère, telle qu'il l'avait intériorisée, combinée avec une culture universelle, a pu finalement fortifier en lui une intuition proprement indienne, mais aussi une aptitude exigeante à sympathiser avec les masses indiennes... » (VG, 144).

Serait-ce par son appartenance ancienne à cette couche profonde de la culture indienne, par son affinité avec ce soubassement de la religion, que Gandhi eut un tel pouvoir de se relier aux masses et de les comprendre ? Il les rejoignait dans l'essentiel ; c'est tout au moins ce que suggère Nehru : « Il représente véritablement les masses paysannes de l'Inde ; il est la quintessence de la volonté consciente ou inconsciente de ces millions de gens. Mais il s'agit sans doute de quelque chose de plus que de les représenter ; car il est l'idéalisation symbolique de cette immense multitude » (VP, 221).

Adulé par la multitude, haï par les élites déclinantes. Une telle conception de la féminité et de son rôle civilisateur allait en effet valoir à Gandhi nombre d'ennemis farouches, dans la mesure où elle constituait, selon Ashis Nandy (qui analyse la dimension politique du meurtre de Gandhi), une menace sérieuse pour les cultures guerrières de l'Inde et leur vision du monde traditionnel (c'est d'un tel milieu que son assassin, un brahmane du Maharashtra, était issu). Les innovations gandhiennes — parmi lesquelles son insistance sur les valeurs féminines — tendaient à « subvertir tout ensemble l'orthodoxie brahmanique et ksatriya[4] » (qui reposait sur la « crainte, chez l'homme indien, d'être pollué par la femme et contaminé par sa féminité ») et le système colonial britannique (qui « exploitait l'inquiétude de l'homme indien quant à sa masculinité » afin d'entretenir en lui l'image d'un être soumis et vaincu). Ainsi Gandhi, en valorisant le rôle de la femme, aurait-il bravé à la fois l'élite hindoue conservatrice et le pouvoir britannique, qui soutenait les valeurs opposées. « Gandhi s'attaquait à la culture de domination sexuelle en tant qu'homologue à la fois de la situation coloniale et de la stratification sociale traditionnelle [5]. »

Sa mère mourut alors qu'il était en Angleterre, achevant ses études. Par souci de lui épargner ce coup en terre étrangère, son frère ne lui en dit rien, si bien qu'il apprit la nouvelle à son retour en Inde. « L'annonce de cette disparition n'en fut pas moins un choc atroce pour moi... Presque tous mes espoirs les plus chers étaient anéantis... » Pourtant, il ne s'abandonna à aucune manifestation de chagrin, « je parvins même à retenir mes larmes, écrit-il, et je m'insérais dans le cours de la vie comme si rien n'était arrivé ». Maîtrise de soi, déjà, ou impossibilité à partager une douleur trop profonde ? Pleine intériorisation de la présence de sa mère, qui adoucissait le sentiment de la perte ?

Rebelle, dans son adolescence, il ne le fut pas plus qu'un autre, même s'il vécut chaque transgression comme une faute majeure. On est tout de même heureux d'apprendre, par l'autobiographie, qu'il se livra à quelques frasques.

Dans le milieu où il vivait, les tabous étaient forts. Manger de la viande, fumer : autant de péchés mortels. Sans parler du bordel où il fut un jour entraîné. Il avait auprès de lui, sous la forme du camarade tentateur, l'équivalent de Satan ou, plutôt, selon Erikson, l'incarnation de ses propres mauvais désirs. De même qu'il voulut se libérer de la tentation charnelle, bien involontairement incarnée par sa femme, il lui fallut un jour se défaire de l'influence de cet ami qui représentait sans doute d'autres démons tout aussi présents en lui. « Une tragédie », titre Gandhi dans son autobiographie, pour les chapitres consacrés à ce malheureux ami. Éblouir le chétif, le poltron Mohandas, était chose facile ; le convaincre de manger de la viande, par exemple, ne requérait qu'un peu d'astuce : il suffisait de faire appel à son sens du devoir. Si les Anglais étaient virils et forts, n'était-ce pas parce qu'ils étaient mangeurs de viande, et la tâche de tout bon Indien ne consistait-elle pas à devenir aussi fort qu'eux, pour les bouter hors de l'Inde et rendre au pays son indépendance ? Il commença par proposer à Mohandas de la viande de chèvre. Ce dernier ne put en avaler une bouchée et passa une nuit épouvantable : il lui semblait qu'une « chèvre vivante se mettait à gémir » dans son ventre. Puis peu à peu il s'habitua. Son « très pur désir » de ne pas mentir à ses parents finit cependant par l'emporter. Il était rongé par le remords. Plus jamais il ne toucherait à la viande, et il tint promesse.

Soigneusement préparée par l'ami, son excursion au bordel fut un échec plus cuisant encore : dans cet antre de vice, il se trouva « presque frappé de cécité et de mutisme » et, finalement, fut chassé par la femme impatiente, couvert en sus d'injures et d'insultes. La honte, brûlante, écrasante, puis le soulagement intense d'avoir été « sauvé ». « Du strict point de vue de l'éthique, de tels cas ne peuvent passer que pour autant de défaillances morales : le désir charnel y était, qui valait l'acte... » Et Gandhi d'épiloguer longuement sur la bonne fortune qui le sauva et la faute qu'il commit tout de même.

Puis l'ami pervers l'incita à se méfier de sa femme, lui inspirant des soupçons jaloux. « Le cancer du doute » se mit à le ronger. « Chaque fois que je songe à ces jours sombres de doute et de suspicion, ma folie, la cruauté de mon désir m'emplissent de dégoût... » (EV, 36) À le lire, on comprend qu'il ait voulu surmonter, à l'époque où il décida de se consacrer corps et âme au service des autres, des tendances qui lui causaient tant de tourments. « Alors m'apparut dans sa gloire le brahmacharya et je compris que la femme n'est pas la serve du mari, mais sa compagne et son soutien, l'associée qui a part égale aux joies et aux peines — aussi libre que le mari de choisir sa propre voie » (EV, 36). Pour vivre cette égalité, il lui fallut se défaire de la passion, du désir qui le harcelait, du doute et de la jalousie qui lui étaient liés, de la possessivité, de toute cette torture qui pour lui alourdissait l'attachement sensuel.

Quant à l'ami pervers, il continua longtemps de subjuguer Mohandas, comme son double néfaste.

Vint l'époque où il se mit à fumer, chipant quelques mégots ici et là, puis volant une pièce ou deux aux serviteurs pour acheter des cigarettes — minables larcins qui ne pouvaient garantir son indépendance. Vint aussi le jour, où, pour affirmer cette indépendance, il voulut se suicider, puis manqua de courage... Ces anecdotes, récits de déviations insignifiantes, sont chaque fois suivies de réflexions, d'une mise au point et d'une conclusion morale dont on peut penser que, pour être évidemment sincère, l'auteur de l'autobiographie la destinait aussi à l'édification du lecteur. Et toujours, son intégrité est conservée.

Déconvenues, erreurs, échecs deviennent le prétexte à un enseignement — destiné à soi-même, d'abord. Ils posent une question que suit dans le même souffle la réponse.

En Angleterre

Puis Mohandas partit pour Londres. Il avait à peine dix-huit ans. Son père était mort, sa famille avait peu d'argent, mais elle tenait à lui voir occuper les fonctions paternelles. Tout d'abord, elle pensa à lui faire continuer ses études dans un collège peu coûteux, à Bhavnagar. L'enseignement s'y faisait en anglais (une disposition imposée par le colonisateur que Gandhi allait combattre); connaissant encore mal cette langue, il ne put suivre les cours ni s'y intéresser. À la fin du premier trimestre, il était revenu parmi les siens. Là-dessus, un brahmane, ami et conseiller de la famille, lança l'idée d'un voyage en Angleterre : trois ans d'études, quatre ou cinq mille roupies, et il serait bientôt riche et puissant, capable d'entretenir sa nombreuse famille. Mohandas était tenté par la médecine (sujet qui le fascina toute sa vie), mais il serait dîvan, comme son père, et il ferait des études d'avocat, la décision était prise.

Restait à trouver les fonds nécessaires et, surtout, à vaincre la réticence de sa mère. Son frère se procura la somme voulue. Et l'autorisation maternelle fut enfin obtenue ; il avait suffi de trois serments solennels : de tout son séjour, Mohan ne toucherait ni au vin, ni aux femmes, ni à la viande. L'oncle paternel, qui avait des relations utiles et habitait à cinq jours de là, fut lui aussi consulté. Galvanisé par la perspective du départ et surmontant sa timidité, Mohan, en char à bœufs, puis à dos de chameau, s'aventura jusqu'à Porbandar pour raconter son histoire à son parent et juge. Celui-là considérait avec méfiance la classe des avocats : « Je ne vois pas de différence entre leur mode de vie et celui des Européens. Ils n'ont pas de scrupule touchant la nourriture. Ils ont toujours le cigare aux lèvres. Ils ont l'impudeur des Anglais dans le vêtement... Tout cela est en contradiction avec les traditions de la famille » (EV, 53). Au mieux, l'oncle resterait neutre. S'avancer plus serait impie.

Impie, c'est ce que jugea l'assemblée générale de la caste des Modh Banian réunie pour l'occasion. Tant d'audace méritait une semonce. Jamais « aucun Modh Banian n'était allé en Angleterre ». Mais Mohandas resta ferme, inébranlable sous les foudres de ces puissances assemblées, il y allait de la survie de son identité. Peut-être sa voix intérieure lui disait-elle déjà que l'autorité n'a pas forcément raison et qu'il est une forme de loi supérieure — d'obéissance supérieure.

Une excommunication rageuse fut prononcée : « Cet enfant sera traité en paria à dater de ce jour. » Le 4 septembre 1888, Mohandas n'en partit pas moins pour l'Angleterre.

Un jeune homme un peu raide, intérieurement

résolu, armé de ses vœux et principes, en complet décalage avec le monde qu'il va découvrir : telle est l'image que Gandhi donne de lui alors qu'il débarque sur le sol anglais. « Je m'étais dit que des vêtements blancs seraient plus seyants, le moment venu de descendre à terre. Et c'est donc vêtu de flanelle blanche que j'ai posé le pied sur le sol anglais. Septembre touchait à sa fin et je m'aperçus que j'étais le seul à être vêtu de la sorte » (EV, 59). Cette vision d'un jeune garçon tout de blanc vêtu, chétif et isolé dans la foule, seul de son espèce. Et l'attention prêtée au vêtement, qui n'allait pas se relâcher, révélant les stades divers de son évolution — puisque l'habit extériorise certains aspects de notre identité et notre désir (ou son absence) d'appartenir au milieu ambiant —, jusqu'au jour où, ayant appris à être pleinement lui-même, il se montrerait presque nu.

Sur le bateau, il s'était habillé en noir et enfermé dans sa cabine, ne sortant que lorsque le pont était désert, évitant les contacts et la parole, paralysé de timidité, mangeant exclusivement les fruits et douceurs qu'il avait apportés, de crainte de ne pas reconnaître les plats où serait cachée de la viande.

LE VŒU

Cette obsession de la viande — ou plutôt celle de rester fidèle à son vœu, aussi entièrement, aussi absolument que possible —, on la retrouve de page en page à travers les chapitres consacrés à l'expérience londonienne. Comment survivre physiquement dans Londres, parmi des mangeurs de viande, et comment sauver sa vie spirituelle, tel était le dilemme obsédant. Il semble que, là encore, un ami tentateur se soit acharné à le faire céder, utilisant les arguments les plus divers, allant jusqu'à l'assommer de lectures auxquelles il ne comprenait rien (des textes extraits d'un livre de Jeremy Bentham intitulé *La Théorie de l'utile*), suggérant en outre qu'il resterait un homme de peu, limité par l'étroitesse de ses coutumes locales, toujours dépaysé au milieu de la société anglaise — un étranger. Et il est vrai que, de toutes ces pages consacrées au voyage en Angleterre (elles ne manquent pas d'un certain humour), rares sont celles qui ont pour objet le monde extérieur ou la curiosité qu'il éveille, la plupart étant centrées sur l'analyse de soi, les interdictions auxquelles Mohandas obéit, et la découverte intérieure.

« Mais je restai inébranlable. » La conclusion habituelle. « Je lui opposai un non continuel. Plus il discutait, plus mon obstination grandissait. » Il priait Dieu, en lequel il ne croyait pas, et mourait de faim. De la nourriture anglaise, tout lui était insipide. Il avait beau chercher des restaurants végétariens, trottant dans Londres quinze à vingt kilomètres chaque jour, d'une gargote à l'autre, les plats anglais ne s'amélioraient pas. Les choux bouillis ou les petits pois verts et durs supportaient mal la comparaison avec la cuisine indienne épicée.

Restait le pain dont il se bourrait sans être jamais rassasié. Et la satisfaction de se tenir à son vœu, pourtant pesant, difficile à observer, cause de mille complications dans la vie quotidienne. Pour lui, ce vœu (prononcé, selon un récit, aux genoux de sa mère) représentait sa vérité la plus profonde, son engagement, donc son identité — plus fragile et plus précieuse d'être remise en question, menacée en milieu étranger — en même temps que la fidélité à une mère, absente et très aimée, qui ne cessait de lui manquer. Il le rattachait au pays maternel, à la religion maternelle. « Je pensais sans cesse à mon foyer, à mon pays. Le tendre souvenir de ma mère me hantait... Tout m'était étranger — les gens, les manières, les demeures mêmes » (EV, 61).

Ce vœu héroïque, devenu une ligne de conduite, il lui chercha des raffinements dans un souci de vérité toujours plus grand. On le voit se livrer à diverses expériences diététiques : pas d'amidon dans la nourriture, ou seulement du pain et des fruits, ou fromage, lait, œufs... régimes qui variaient en fonction de la signification accordée au mot végétarien. Pour conclure qu'il n'avait pas le droit d'interpréter son vœu. « J'étais convaincu que la définition adoptée par ma mère était celle qui me liait. Si donc je voulais observer le vœu que j'avais prononcé, je devais renoncer aux œufs. J'y renonçai. » Le problème venant du flou, de la marge d'action qu'autorise l'interprétation et qui constitue un risque de « mensonge et de déloyauté ». Une latitude qu'il fallait supprimer. Comme chaque fois, une loi générale, tirée du côté de l'exigence, est établie à partir de cette expérience de vérité. « Il existe une règle d'or, qui est que l'on doit s'en tenir à l'explication qu'a loyalement donnée, de l'engagement, la personne qui l'a reçu. » Et, au cas où un doute subsisterait : « l'on doit opter dans l'esprit de la plus faible des deux parties ». Chevaleresque. Il le fut même lorsque l'autre partie était la plus forte, en l'occurrence les Britanniques.

Plus de doute. Une certitude absolue. « Le sens que ma mère avait donné au mot viande était, selon la règle d'or, le seul vrai pour moi... » La paix intérieure. Ses difficultés à se nourrir s'accrurent, mais « la stricte observance de mon vœu me procura des délices intérieurs nettement plus sains, plus subtils et plus durables ».

Ces délices intérieurs étaient complexes, subtils en effet puisqu'ils provenaient d'un triomphe moral, et rien ne les menaçait. Comparativement à eux, à l'engagement de tout l'être qu'ils impliquaient, physique et spirituel, la simple satisfaction d'un besoin sensuel, ici le plaisir du palais, était évidemment superficielle, ordinaire. Que Gandhi ait trouvé la joie dans l'austérité et le renoncement, et non dans l'assouvissement de ses désirs, on le comprend déjà dans ce récit de ses années d'adolescence.

La question de l'économie, où l'on voit Mohan, en digne rejeton de ses ancêtres marchands, décider de réduire de moitié ses dépenses déjà maigres, et la façon raisonnée, systématique, impitoyable même, dont il procède sont révélatrices. « Je tenais au centime près la comptabilité de mes dépenses, et je calculais celles-ci avec le plus grand soin. Le moindre petit détail, frais d'omnibus ou de timbre, couple de sous dépensés en journaux, figurait dans mes comptes, et tous les soirs, avant de me coucher, je dressais mon bilan. Cette habitude ne m'a jamais quitté depuis lors » (EV, 70). Par la suite, Gandhi eut à manier des fonds publics et des sommes énormes : il appliqua, dit-il, les mêmes règles de stricte économie à leur utilisation. Et il put présenter, au lieu de bilans à faire frémir, dit-il, une balance excédentaire.

Donc, la diminution de son budget se fit en trois temps, dont les deux premiers portèrent sur les transports et sur le logement (deux pièces, non loin de son lieu de travail, au lieu d'habiter dans une famille dont il devait, par politesse, régaler parfois un membre ou un autre). « J'épargnais les frais de transport et je m'accordais douze ou quinze kilomètres de marche tous les jours. » Grâce à quoi, il parvint, assure-t-il, à éviter la maladie durant ses trois ans de séjour anglais, fortifiant son corps par la même occasion. Bien compris, le principe d'économie cumule tous les avantages. Simplicité de vie, discipline, maîtrise de soi, réduction des besoins (plutôt que leur multiplication, qui était pour lui l'exact contraire de ce qu'il entendait par civilisation), économie, santé... une façon de combiner des considérations diverses en un tout cohérent, qui contient en germe nombre d'éléments de la doctrine gandhienne et, surtout, révèle sa manière d'avancer en expérimentant constamment sur lui-même.

Vint la troisième étape. Il s'efforça de simplifier encore sa vie ; ainsi serait-elle en conformité avec celle de sa famille, qui était des plus modestes (plus tard, il voulut vivre, se nourrir, dormir comme les pauvres, abolissant l'écart qui le séparait d'eux). « Je renonçai à mon appartement, m'installai dans une seule pièce, fis l'acquisition d'un fourneau et me mis à faire moi-même mon petit déjeuner. » Des flocons d'avoine et du cacao. Comme pour son dîner, avec un peu de pain, tout de même — régime qu'il imposa à sa famille à son retour. Et il travaillait avec intensité. La réussite à son examen fut le résultat logique de toutes ces belles dispositions. Et pour que le lecteur, loin de s'effrayer de tant de discipline et d'austérité, soit au contraire séduit et tenté de le suivre, l'assurance, au bout du compte, de la joie : « Ma vie gagna assurément en vérité, et mon âme en connut une joie sans limite. »

Gandhi se rapprochait sans cesse de lui-même. Ajoutons que Dieu, comme il le dit, ou le hasard lui vinrent en aide sous la forme d'un restaurant végétarien situé dans Farringdon Street. Cette découverte merveilleuse fut complétée par celle d'une association végétarienne, dont il devint bientôt membre (il déclara qu'il avait pris là ses premières leçons en organisation politique), et d'un ouvrage — *Plaidoyer pour le végétarisme*, de Henry Salt — qui eut sur lui une influence profonde. Il avait « pénétré dans le New Age », selon Martin Green, trouvé d'un coup de la lecture, une vie sociale (le végétarisme était alors au centre de tout un réseau d'idéologie et d'action), une façon de tenir à distance les rituels anglais du pouvoir, et des occasions de confronter ses idées avec des esprits amis.

Désormais, son choix était fait, librement; l'interdiction ne lui était plus imposée de l'extérieur, sous peine de péché et de culpabilité : il optait pour le végétarisme, en adulte, et il s'enrôlait au service de cette cause.

Le contrôle du palais était le premier pas vers la maîtrise de soi; le végétarisme, comme les expériences en matière de diététique, s'intégrait dans son évolution spirituelle. Son vœu était devenu une mission.

UN DANDY

Un chapitre de l'autobiographie est intitulé « Je joue les gentlemen », soulignant ainsi l'aspect factice de cette expérience-là. Pour compenser son végétarisme et plaire à l'ami tentateur, Mohandas avait fait quelques concessions sur le plan du vêtement. C'est à cette époque d'extravagance (contrôlée, toujours, il s'agit d'une expérimentation parmi d'autres) qu'un compatriote le rencontra dans Londres :

Il portait un haut-de-forme en soie, un col raide et amidonné et, sur sa chemise en soie rayée, une cravate aveuglante où ne manquait aucune couleur de l'arc-en-ciel. Un complet avec jaquette, un gilet croisé, des pantalons sombres à fines raies, des souliers de cuir verni et des guêtres pour les recouvrir. Avec cela, une paire de gants de peau et une canne à pommeau d'argent (MG, 15).

Comme si cet attirail ne suffisait pas, Mohandas ajouta des leçons de danse et d'élocution. L'accent en Angleterre a son importance. En sus, il jouerait du violon, afin d'habituer son oreille à la musique européenne. Mais les leçons étaient chères (chacune est chiffrée); de rythme il n'avait pas, ni de disposition naturelle à prononcer les discours politiques : en l'occurrence ceux de Pitt, qui lui servaient de terrain d'exercice dans les cours d'élocution. Gentleman, il le deviendrait, mais ce ne serait pas par l'habit.

On peut ici remarquer que, si du gentleman il n'acquit pas l'apparence, c'est vrai, du moins sut-il comprendre et acquérir l'esprit : en fait de courtoisie, de « fair play », d'attitude chevaleresque, c'est lui qui, pendant quarante ans, allait en remontrer aux Anglais. Et on peut se demander si cette attitude, que l'idéal anglais contribua sans doute à lui inspirer, ne l'aidera pas, précisément, à battre sur son propre terrain le peuple conquérant, à se montrer supérieur à ceux qui l'humilièrent : il pratiquait, lui, ces vertus que eux se contentaient de prôner, ne les respectant pas dans la réalité, pas envers les colonisés, en aucun cas. « Paria », sans doute le serait-il en Afrique du Sud (pour reprendre un terme utilisé par Hannah Arendt dans sa description de la condition juive, et qui vient d'ailleurs du nom propre d'une caste tamoule d'intouchables) mais paria qui, retournant la situation, ferait de lui-même un exemple, et de son peuple, il le voulait, un modèle non seulement pour l'Angleterre mais aussi pour le monde.

Quand il quitta ce pays, il avait remporté maints succès, intérieurs comme extérieurs. Il parlait bien l'anglais (son emploi du mot juste fut commenté par la suite, même par ses ennemis), il savait au besoin s'habiller comme un gentleman. Il avait acquis certains éléments de l'identité britannique, appris assez de choses pour pouvoir s'adapter par la suite à ce que les Anglais avaient de meilleur. Sans pour autant perdre une once de son indianité qui se trouvait au contraire plus assurée.

Le mouvement végétarien l'avait mis en contact avec des écrivains occidentaux, comme Carlyle (*Les Héros et le culte des héros*) ou Tolstoï, qu'il lut en Afrique du Sud et qui eut sur lui une influence considérable. Et, pendant cette période, il fit aussi la connaissance des grandes religions du monde, ce qui allait lui permettre d'élargir sa conception de l'hindouisme. Il lut alors, pour la première fois, tout à la fois en traduction et en sanscrit, la *Bhagavad Gita*, qui deviendrait « le guide infaillible de sa conduite », le dictionnaire auquel il se référerait tous les jours : un texte qu'il apprendrait par cœur, traduirait en goujarati, et où il faut chercher la source aussi bien de la valorisation de l'action — mais l'action sans l'attente du résultat (« Ne te préoccupe que de l'acte, jamais de ses fruits ») — que du détachement nécessaire à la quête de la vérité (« La vérité est masquée par cet éternel ennemi du sage qui, sous la forme du désir, est un feu insatiable »). Quant à la non-violence que Gandhi trouva aussi dans la *Gita* (où Krishna exhorte pourtant Arjuna à faire la guerre contre les siens), en se réclamant non de la lettre, mais de *l'esprit* de ce texte, son affirmation suscita plus d'un commentaire étonné. *La Lumière de l'Asie*, de Sir Edwin Arnold * — un mélange de textes classiques de l'Inde et de littérature occidentale —, lui produisit tout autant d'impression : il lut ce livre sans « pouvoir s'en détacher ». De l'Ancien Testament, violent et vengeur, il ne put venir à bout, tandis que le Sermon sur la montagne lui alla au contraire « droit au cœur ». « Les versets : "Et moi je vous dis de ne point résister à celui qui vous maltraite ; au contraire si quelqu'un vous frappe sur la joue droite, présentez-lui encore l'autre..." me ravirent au-delà de toute mesure... »

Désormais, dans son esprit, la *Gita*, Tolstoï, le Sermon sur la montagne et *La Lumière de l'Asie* étaient liés. Ainsi devait-il, en se servant d'affinités, d'échos, de ressemblances, introduire des idées en provenance d'Occident dans l'ancienne tradition indienne. Mais les livres que nous aimons le plus ne font que réveiller, ou exprimer, des pensées qui sont déjà en nous ; il est probable que, dans ces ouvrages, Gandhi n'a fait que prendre ce qui existait en lui à l'état encore vague, construisant à

* Edwin Arnold (1832-1904), longtemps correspondant en Inde, a décrit dans des livres poétiques la spiritualité hindoue par laquelle il était fasciné.

l'aide de leurs préceptes religieux ce qui allait devenir, comme dans la *Gita*, sa « grammaire de l'action ».

TIMIDITÉ

Il était, raconte-t-il, d'une timidité maladive,
incapable de parler en public, ce qui, pour un avocat, ne facilite pas la tâche. Un jour qu'il devait
prendre position en faveur du végétarisme, ne se
fiant pas à son inspiration, il avait rédigé un discours : une mince feuille de papier avait suffi. Pourtant il se trouva sans voix. « Je me levai pour lire.
J'en fus incapable : tout se brouillait devant mes
yeux, je tremblais. » Honte, impuissance, tristesse.

Le cas n'est pas isolé, puisque, après son retour en Inde, alors qu'il se lançait dans la carrière
d'avocat — « c'étaient mes débuts en correction-
nelle » —, le cœur à nouveau lui manqua au
moment de prendre la parole. « La tête me tournait
et j'avais l'impression que toute la salle n'était
qu'un vertige. » L'esprit bloqué, les rires imaginés.
« J'étais dévoré de honte et je décidai de ne plus me
charger d'aucune cause... »

Mais, comme toujours, à partir de la blessure
et de l'échec — exposés avec l'humiliation qu'ils
infligent —, Gandhi explique qu'il travaille sur
lui-même, et en tire un avantage. Ce mécanisme
devient encore plus évident par la suite. La morale

à tirer de l'histoire étant la suivante : d'abord « un gros ennui », la timidité finit par lui enseigner l'économie des mots. « J'ai naturellement pris l'habitude de resserrer ma pensée. »

On est tout de même en droit de penser que ses trois ans de formation de juriste en Angleterre contribuèrent également à ordonner cette pensée et à en « resserrer » la formulation. L'art de Gandhi de s'exprimer en phrases lapidaires, formules à l'emporte-pièce, maximes destinées à faire mouche et à être mémorisées, tout comme son habileté à cheminer dans les arcanes de la justice sont dus en partie à ses études d'avocat, même si l'autobiographie, à la manière des manuels instructifs, insiste sur d'autres points, utilisant ce handicap qu'est la timidité pour faire un petit cours sur l'importance de la réflexion et, même, du silence.

Tout aussi essentielle que la nécessité de réfléchir avant de parler — et que faire d'autre quand les mots ne viennent pas ? —, celle de se taire. Savoir garder le silence — une aptitude qui reposa d'abord sur une impossibilité — est en définitive une plus grande force, nous dit-il, que de savoir parler. « L'expérience m'a enseigné que le silence a sa part dans la discipline spirituelle de quiconque s'est voué à la vérité. » Autrement dit, la vérité est inséparable du silence.

Et la dernière phrase du chapitre : « Ma timidité a été pour moi une égide, un bouclier. Elle m'a permis de me développer. Elle m'a aidé à discerner la vérité » (EV, 82). C'était donc là encore une victoire.

Il est probable que c'est à ce moment de sa vie, lors de son retour en Inde, alors qu'il était un avocat sans client (qui plus est incapable d'exercer), un époux malheureux (il continuait, par jalousie, de persécuter Kasturbai) et un père récalcitrant, c'est en ce moment de doute et d'échec que Gandhi atteignit le point le plus bas. Il chercha à enseigner (l'anglais), ce qui lui aurait permis de faire face aux dépenses de la famille. Mais, faute des diplômes voulus, son offre fut déclinée. « Je me tordais les mains de désespoir. »

Un autre incident devait lui faciliter la résolution de repartir. Son frère fut accusé d'avoir donné de mauvais conseils dans sa charge. À sa demande, Gandhi, à qui l'idée déplaisait pourtant, alla plaider sa cause auprès de l'agent politique de Porbandar, un fonctionnaire britannique dont il avait fait la connaissance à Londres. Il présenta sa requête, insista, se fit mettre dehors par l'important personnage. Quand il voulut donner suite à l'affaire, une relation, moins naïve que ce jeune avocat frais émoulu, fit répondre : « Il ne connaît pas les fonctionnaires britanniques. S'il a envie de gagner sa vie et de ne pas avoir trop de difficultés ici, qu'il déchire sa lettre et avale l'insulte... »

Ce fut la première rencontre de Gandhi avec l'arrogance raciale britannique. L'insulte, il l'avala effectivement, ainsi que le conseil, amer comme un poison. « Le choc que j'avais éprouvé changea le cours de ma vie. » Et on le croit sans peine lorsqu'on constate que, par la suite, la dignité lui sembla toujours le bien le plus précieux, plus important que la vie, celui auquel aucun homme ne doit jamais renoncer — et qu'il allait s'efforcer de rendre aux foules terrassées de l'Inde.

L'Afrique du Sud
1893-1914

Quand une offre lui fut faite en Afrique du Sud, Gandhi y vit, c'est probable, une façon de fuir son pays, des tracasseries et des humiliations sans fin, et une chance de se faire un avenir.

La mission était modeste : il s'agissait d'aider les hommes de loi locaux à rédiger une action en justice intentée par la firme Dada Abdoulla et Cie, appartenant à un ancien Goujarati, marchand musulman au Natal. « On ne pouvait guère prétendre que c'était aller là-bas en qualité d'avocat. Plutôt comme domestique de la firme. Mais je voulais quitter l'Inde à tout prix. »

Et donc, il partit, pour un an au plus, lui avait-on dit, passager de première classe, ce qui lui semblait son dû, rémunéré 105 £, de modestes honoraires, mais avait-il le choix de refuser ?

Il ne resta pas longtemps à Durban, suffisamment cependant pour avoir un avant-goût de la discrimination raciale. Dada Abdoulla l'avait emmené à une séance du tribunal. Le juge européen lui demanda d'enlever son turban (il portait redingote et turban, à l'imitation du « pagri » du Bengale, une tenue qui le distinguait des autres Indiens) — ce que Gandhi refusa. Le magistrat insistait ; il quitta la salle, puis, comme il se doit, il rédigea une lettre de protestation à l'intention de la presse locale, où il se vit traiter de « visiteur indésirable ». L'expérience était nouvelle. La superbe des quelques fonctionnaires britanniques qu'il avait pu rencontrer en Inde, il pouvait encore la mettre sur le compte de particularités individuelles, mais dès l'instant où il avait embarqué, lui était apparu le manque d'égards avec lequel on traitait les Indiens — cela et « l'espèce d'arrogance de parvenus » que manifestaient les relations européennes d'Abdoulla, pourtant un homme riche et bien considéré dans sa profession.

De l'histoire du turban, il tira d'autres enseignements, qui concernaient notamment les différences existant entre Indiens : marchands musulmans qui se donnaient le nom d'Arabes ; parsis qui s'appelaient Persans, ou simples employés hindous qui se mélangeaient aux « Arabes » afin d'être pris au sérieux. Mais, pour la plus grande partie, les immigrés étaient des Indiens pauvres, que ces subtilités n'effleuraient pas, travailleurs sous contrat, envoyés en Afrique du Sud sur la base d'un accord qui les plaçait dans les mines ou les champs pendant cinq ans, période après laquelle ils pouvaient retourner en Inde (leur voyage étant payé) ou rester en Afrique du Sud en qualité d'Indiens « libérés » (en fait ils ne sortaient guère d'un semi-esclavage). Cette classe de travailleurs manuels, la plus basse et la plus nombreuse, on les appelait « coolies » et comme il s'agissait d'une majorité, il devenait facile de placer tous les Indiens dans la même catégorie et de tous les nommer « coolies ». Ainsi Gandhi était-il un « avocat-coolie », comme les marchands musulmans étaient des « marchands-coolies ». Ce qui choqua Gandhi était devenu habituel à ses compatriotes. Lorsque par la suite il leur raconta ses mésaventures, il se vit répondre : « Il n'y a que nous qui soyons capables, pour gagner de l'argent, d'essuyer des affronts sans nous formaliser... Ce pays n'est pas fait pour les hommes de votre espèce. »

Cette phrase, suggère Erikson, servira « de devise négative à l'identité naissante de Gandhi, comme l'homme-dont-on-a-besoin ». Il le prouverait, ce pays serait changé précisément par des hommes de son espèce. Avocat-coolie : l'affront qui lui était fait atteignait sa classe, les travailleurs indiens immigrés en Afrique du Sud, l'Inde humiliée par la colonisation et, plus tard, il s'étendrait à tous les peuples exploités de la terre.

L'histoire fit quelques remous dans la presse où Gandhi se vit soutenu en même temps qu'attaqué. « L'incident me valut une publicité inattendue, en Afrique du Sud, quelques jours après mon arrivée. » La publicité par voie de presse, c'était là une autre nouveauté dont il saurait tirer profit. Quant à son couvre-chef, il ne le quitta pas de longtemps.

L'incident de Durban n'était rien comparé à ce qui allait suivre. Durant son voyage de Durban à Pretoria (où il devait plaider), il subit un outrage qui orienterait le cours de sa vie. Bien entendu il voyageait en première classe. En gare de Pieter-maritzburg, capitale du Natal, sur le coup de neuf heures du soir un voyageur blanc entra dans le compartiment où se trouvait Gandhi. Il fut bouleversé de trouver là un « homme de couleur ». Quelques minutes plus tard, la loi vint prier Gandhi de quitter le compartiment (« Suivez-moi, votre place est dans le fourgon »). Ce qu'il refusa avec fermeté — rien là que d'habituel de sa part. Et la loi le déposa sans plus de façons sur le quai de la gare. Pietermaritzburg était en altitude, c'était l'hiver, il faisait terriblement froid et sombre dans la salle d'attente. Gandhi n'avait pas son pardessus, laissé avec ses valises auprès du chef de gare. Il grelotta la nuit durant.

Pendant cette nuit d'attente, de froid, d'humiliation, alors qu'il était touché dans son corps, placé sur cette ligne étroite qui sépare la résignation de l'engagement, il prit sa décision : « Le traitement injuste que l'on m'infligeait n'était que superficiel ; pur symptôme du malaise profond qu'entretenait le préjugé racial. Il fallait essayer, si possible, d'extirper le mal, quitte à souffrir de l'injustice en cours de route » (EV, 143).

Du ressentiment personnel, il faisait l'économie en analysant la cause d'un mal qui dépassait de loin sa personne. Au-delà de l'offense et de l'offenseur, il percevait l'endoctrinement dont ce dernier était l'objet. Et il transformait ses propres réactions immédiates en volonté d'action : désormais, ce mal il le combattrait, en s'attaquant non aux symptômes (dont cet affront faisait partie) mais aux sources. Il est probable que, durant cette nuit à Pietermaritzburg, Gandhi sentit naître en lui sa vocation de réformateur.

Alors que jusqu'à présent, il s'était fait remarquer plutôt pour sa timidité et son attitude réservée, écrit Nanda, son biographe,

dans cette salle d'attente désolée de la gare de Pietermaritzburg, tandis que l'insulte le brûlait encore, une force d'acier pénétra son âme. En rétrospective, cet incident lui apparut comme l'une des expériences les plus créatives de sa vie. Dès ce moment, il refusa d'accepter l'injustice comme faisant partie de l'ordre des choses... jamais il ne serait une victime consentante de l'arrogance raciale. Dès ce moment, le sentiment d'infériorité qui l'avait poursuivi comme étudiant en Angleterre, puis comme jeune avocat en Inde, s'effaça (MG, 24).

Le lendemain les choses allèrent de mal en pis et la décision de Gandhi fut mise à rude épreuve. Pour la première fois de sa vie d'adulte, il fut roué de coups. De Charlestown à Johannesburg — un trajet que n'effectuait pas le train — il fallait prendre la diligence. « Les voyageurs devaient prendre place à l'intérieur de la voiture ; mais comme on me tenait pour un "coolie"... il convenait, estimait le "chef" de ne pas me mettre avec les passagers européens. » Le jeune Gandhi resta donc à l'extérieur. À la première halte, le « chef », prenant la place qu'il avait occupée, lui désigna un « vieux morceau crasseux de toile à sac » disposé au préalable sur le marchepied, et fit signe à Gandhi de s'y placer : « Assieds-toi là, *sami* ; j'ai envie d'être à côté du postillon. » Le stade suivant : une aggravation de l'insulte. Car Gandhi, bien entendu, fidèle à son idée de la dignité, devait refuser. Il prononça même un discours revendiquant ses droits, qui étaient de s'asseoir à l'intérieur. « Pendant que je débitais tant bien que mal ce discours, il sauta sur moi et m'appliqua plusieurs gifles de toutes ses forces... Je me cramponnai à la rampe... bien décidé à ne pas lâcher prise... Les voyageurs assistaient au spectacle : l'homme m'injuriant, me tirant et me frappant, et moi ne bronchant pas... » (EV, 146) Précisons que l'homme était vigoureux, que Gandhi était frêle et que les voyageurs, pris de pitié, finirent par s'émouvoir : une scène annonciatrice de maintes autres, plus graves et douloureuses encore, puisque la mort était souvent au bout, lors des satyagraha* organisés par Gandhi. « C'était une scène classique ; le courage tranquille et la dignité humaine en face de l'arrogance raciste et de la force brutale » (MG, 23).

Dès son arrivée à Pretoria, le nouveau venu, âgé de vingt-trois ans, organisa, avec l'aide d'une personnalité influente, une réunion de tous les Indiens de la ville afin de leur tracer un tableau de leur condition au Transvaal. « Je le rencontrai dès la première semaine et lui fis part de mon intention d'entrer en rapport avec tous les Indiens de Pretoria, sans exception. » Quelques années plus tard, une décision de ce genre signifierait une activité incessante pour tous ceux qui seraient concernés et,

---

* Satyagraha : Littéralement « fermeté dans la vérité ». Nom donné par Gandhi à la technique de résistance non-violente.

le plus souvent, une réforme importante de la situation au bout du parcours.

Gandhi prononça un discours sur un sujet qui lui devint familier : « De la loyauté en affaires ». Il s'agissait de redresser la réputation des marchands indiens, peu scrupuleux, qui prétendaient que « la vérité est incompatible avec les affaires », et qui, par là même, faisaient tort à des milliers de leurs compatriotes jugés d'après eux. Et puis, arguer que la vie pratique est une chose, que la religion en est une autre, voilà ce que ne pouvait admettre Gandhi. Donc, après leur avoir fait la morale — « J'éveillai les marchands indiens au sens de leur devoir qui était double » —, après les avoir incités à l'hygiène (un point important aux yeux des Anglais) et avoir démontré que les distinctions telles que hindous, musulmans, parsis, chrétiens étaient vaines, il leur proposa la création d'une association à laquelle il consacrerait tout son temps disponible : elle aurait pour but d'exprimer auprès des autorités responsables les doléances de la communauté indienne. En témoignage de son engagement, il offrit de donner des leçons d'anglais à ceux qui le désiraient. Pas de responsabilité réelle sans assumer également la charge pratique ; la suite de la vie de Gandhi, un réformateur pragmatique, soucieux d'organiser les choses jusque dans leurs moindres détails, le montre amplement.

Cette intervention rencontra un succès considérable.

Environ un an plus tard, quand Gandhi quitta Pretoria, il n'y avait pas un Indien qu'il ne connût, et « dont les conditions de vie ne (lui) fussent familières » : son étude des conditions de vie sociales, économiques et politiques des Indiens du Transvaal et de l'État libre d'Orange, complétée par de nouvelles expériences personnelles, à peine moins amères que les précédentes, était maintenant aussi approfondie que possible. En outre, il avait pleinement réussi en tant qu'avocat. Le procès dont il s'occupait mettait en jeu la somme considérable de quarante mille livres et il impliquait deux des plus gros marchands indiens d'Afrique du Sud. Gandhi devait examiner les comptes d'Abdoulla et servir de lien entre les avocats — un rôle modeste, mais qu'il mit à profit pour progresser dans l'art de la comptabilité aussi bien que dans celui de la traduction (il dut traduire les lettres qui étaient en goujarati). Sa tâche le passionna d'ailleurs suffisamment pour qu'il s'y absorbe entièrement, faisant passer au second plan ses intérêts d'ordre spirituel et religieux que des contacts récents avaient pourtant réveillés. Finalement, la profession ne consistait pas en exploits d'éloquence ni en citations savantes, mais dans l'étude des faits : les faits menaient à la vérité. Le cas d'Abdoulla se présentait de façon favorable, mais le procès se révélait ruineux pour les deux parties, les choses traînaient en longueur, la mauvaise volonté allait croissant de part et d'autre... Gandhi, dégoûté par tant de gâchis et de temps perdu, s'employa à suggérer un compromis, qui fut finalement accepté. Et comme son client gagna dans l'arbitrage, il obtint son accord pour que l'adversaire vaincu puisse le payer par versements échelonnés sur une longue période ; ainsi ce dernier ne serait-il pas ruiné. Gandhi avait compris que « la véritable mission de l'homme de loi était de combler l'abîme entre les parties adverses » et, pendant vingt ans qu'il exerça cette profession en Afrique du Sud, il s'employa, dit-il, à provoquer des règlements à l'amiable.

Je n'ai rien perdu dans cette affaire, conclut-il, « pas même d'argent, et moins encore, certainement, mon âme ».

Pendant cette première année, de son âme, bien sûr, il avait continué à s'occuper ; avec des amis chrétiens il s'était penché sur le christianisme, et sur l'hindouisme, dont les défauts lui apparaissaient de façon évidente — cette multitude de sectes et de castes avec, en particulier, l'existence, comparée à une gangrène, à une tumeur malsaine, des intouchables. Dans son trouble, il avait écrit en Inde, à Raychandbhai, un marchand, fin connaisseur en perles et diamants, un érudit de surcroît, qui possédait une connaissance étendue des Écritures et dont la passion dominante était « l'accomplissement de l'être » — l'un des trois modernes (avec Tolstoï et Ruskin), écrit Gandhi, qui marquèrent d'un sceau profond sa vie et firent son enchantement. Et Raychandbhai lui avait conseillé la patience : il trouverait dans l'hindouisme subtilité, profondeur de pensée, vision de l'âme et clarté. Gandhi avait aussi acheté une traduction du Coran, des commentaires de la Bible, qui lui avaient plu, mais surtout *Le royaume de Dieu est en vous*, de Tolstoï, l'avait enthousiasmé. C'est en lui-même qu'il trouverait Dieu, et dans les autres, et par le travail sur soi qu'il tenterait de se libérer. Et peut-être cette pensée lui offrait-elle en outre la réponse à son objection au christianisme :

> Je ne cherche pas à me racheter des conséquences de mes péchés. C'est du péché en soi que je veux être libéré, ou plutôt, de l'idée même du péché. Tant que je n'aurai pas atteint cette fin, je me contenterai de mon inquiétude (EV, 157).

« JE SUIS JEUNE ET ENCORE INEXPÉRIMENTÉ »

Après le procès, Gandhi se rendit à Durban dans l'intention de retourner en Inde. Mais, dit-il, Dieu en disposa autrement. Par l'une de ces coïncidences étranges qui « changèrent le cours de sa vie », il tomba, lors d'un dîner donné en son honneur, sur un entrefilet tout en bas d'un journal. On y faisait allusion à un projet de loi — « le Franchise Amendment Act » —, déjà déposé devant la Chambre de législature du Natal et qui devait priver les Indiens importants (comme ceux qui l'avaient invité ce soir-là) du droit de vote au Natal.

« Les Asiatiques, écrit lord Milner, sont des étrangers qui se sont imposés à une communauté qui ne désirait pas les accueillir. » En fait, l'immigration indienne en Afrique du Sud avait commencé vers 1860 à l'instigation de colons européens qui avaient besoin de main-d'œuvre pour leurs plantations de canne à sucre, de thé ou de café, alors que les Noirs, libérés de l'esclavage, ne pouvaient plus être forcés à travailler. Le premier navire chargé de travailleurs indiens « sous contrat » arriva au port de Durban en novembre 1860. En 1890, il y en avait environ quarante mille. Parfois, coupés de leurs racines indiennes, ils préféraient s'installer au Natal une fois leur contrat expiré. Ils achetaient de petits lopins de terre, y cultivaient des légumes, gagnaient à peu près leur vie et élevaient leurs enfants. Cette prospérité, même modeste, ne tarda pas à exciter la jalousie des petits colons qui commencèrent à réclamer le rapatriement des Indiens désireux de s'implanter sans renouveler leur contrat. L'immigré devait être esclave, ou bien repartir.

De son côté, le marchand indien, pourvu de cette clientèle, prospérait. Une concurrence commerciale inadmissible aux yeux des négociants blancs. Tel fut le ferment de la haine.

Nos mœurs différentes, ajoute Gandhi, notre simplicité, le fait que nous nous contentions de gains minimes, notre indifférence pour les règles d'hygiène et la paresse que nous mettions à veiller à l'ordre et à la propreté de nos quartiers... tout cela, joint à la différence de religion, contribua à attiser la flamme de la haine (EV, 195).

Bientôt le gouvernement du Natal (un État à l'origine colonisé par des Boers, occupé depuis 1893 par les Britanniques), étant déclaré « responsable », put donner libre cours à une politique de discrimination raciale. Le projet qui avait frappé

Gandhi avait pour but de retirer les libertés civiques à tous les Indiens. Finalement, ce qu'on voulait, c'était les empêcher de s'intégrer à la nation sud-africaine qui se construisait et qui devait être réservée aux Blancs. On commença par enlever le droit de vote aux marchands déjà inscrits sur la liste des électeurs, et on inventa une nouvelle taxe pour les Indiens sous contrat. Ceux-là devraient retourner en Inde à l'expiration de leur contrat, ou bien signer à nouveau, ou encore payer une taxe annuelle de vingt-cinq livres, ce qui leur était impossible. En Inde, le vice-roi, soucieux d'avantager les Européens, donna son accord, ramenant la taxe à trois livres. Si bien qu'une famille de quatre personnes, par exemple, devait payer douze livres d'impôts, alors que les revenus moyens de l'homme ne pouvaient dépasser quatorze shillings par mois. Pauvres, illettrés, désorganisés, ces Indiens-là étaient bien incapables de se battre. « C'était atroce, conclut Gandhi, c'était le fait d'une barbarie unique au monde. » Et il se lança dans « une campagne farouche contre la taxe » (qui de longtemps ne devait pas aboutir).

Cela sans compter les humiliations permanentes. Interdiction de marcher sur un trottoir (Gandhi se vit un jour repoussé d'un coup de pied), interdiction de circuler la nuit sans permis. Interdiction de voyager en première ou seconde classe. Pour peu qu'un passager blanc élève une objection, interdiction de rester dans le même compartiment. Interdiction de résider dans des hôtels européens…

« Vermine », « Asiatiques semi-barbares », « races

non civilisées de l'Asie »... Tandis que le *Cape Times* écrivait : « Où que l'Indien se rende, il se montre utile, discipliné, respectueux des lois, frugal dans ses besoins, travailleur. Mais ce sont de telles qualités qui en font aussi un redoutable concurrent sur les marchés où il opère » (MG, 28). En définitive, c'étaient « les qualités, bien plus que les défauts des Indiens, qui les mettaient en butte à la jalousie des Européens et les exposaient à la persécution politique ».

Les Indiens présents ce soir-là ignoraient tout de la question du droit de vote. « Ce projet de loi nous atteint aux racines de la dignité personnelle », leur dit Gandhi. Et ce « nous » l'impliquait déjà : ce « nous » autorisa ses amis à lui demander de prolonger son séjour pour mener le combat. Gandhi accepta de différer son retour d'un mois.

Et il ne perdit pas de temps pour se mettre au travail. La passion politique lui était venue d'un coup, et un instinct remarquable pour trouver la stratégie adéquate. À vingt-cinq ans, Gandhi menait sa première campagne et se révélait un organisateur comme un « homme de la communication » remarquable.

D'abord, rassembler les Indiens, riches marchands aussi bien que pauvres travailleurs sous contrat ; leur montrer les implications de la loi, ainsi qu'à cette partie de l'opinion européenne restée plus objective ; donner une publicité aussi large que possible, en Inde comme en Angleterre, au mouvement indien.

Cette nuit-là Gandhi dressa les grandes lignes de

son plan et ses mots devaient résonner jusqu'en Angleterre — où le *Times* en trois ans consacra huit articles importants à la situation en Afrique du Sud —, jusqu'en Inde où, lors de sa session de décembre 1894, le Congrès national indien fit état de ces protestations, l'opinion publique indienne étant ainsi largement alertée.

Le projet de loi était sur le point de parvenir en seconde lecture. En hâte le texte d'une pétition fut rédigé; on s'élança à la recherche de signataires; on en trouva cinq cents en une seule journée. Présentée à l'Assemblée législative du Natal, cette première pétition de l'histoire du Natal échoua, mais désormais les Indiens étaient sortis de leur léthargie, la communauté «formait un tout, un et indivisible», et elle était prête à lutter pour ses droits.

Gandhi, dans une lettre adressée à Dadabhai Naoroji, le grand nationaliste indien, chef du Congrès et membre du Parlement britannique, lui demandait son appui : «Je suis jeune et encore inexpérimenté, exposé à commettre bien des erreurs. La responsabilité que j'ai endossée dépasse de loin mes capacités» (MG, 28). Et pourtant, continuait-il, «je suis la seule personne disponible en mesure de s'occuper du problème». Dénuée de vanité, évidente comme une constatation, la certitude d'être l'homme de la situation : elle allait devenir partie intégrante de son identité.

Pour avoir force de loi, le projet devait encore passer devant la reine. Gandhi décida de présenter une pétition monstre. En deux semaines, lui et ses amis, lancés sur les routes, à pied et en voiture, réunirent dix mille signatures qui furent envoyées au ministère des Colonies à Londres. Mieux : il utilisa cette campagne politique pour éduquer les masses ; nul ne fut autorisé à signer avant d'avoir lu, et accepté, le texte en question. Puis, avec cet art inné de la publicité qui le caractérisait, il envoya un millier d'exemplaires à la presse et à des hommes politiques en vue.

En attendant le résultat de cette initiative, Gandhi fonda le « Congrès indien du Natal », une sorte de pendant au Congrès indien, l'organe du mouvement nationaliste en Inde. Traiter de problèmes politiques, sans doute, mais aussi des questions sociales et morales, élever le niveau de la communauté, apprendre aux jeunes à oser penser. Et recruter de nouveaux membres, et recueillir des souscriptions, une activité à laquelle Gandhi, muni d'une « technique douce mais irrésistible pour exercer une pression morale sur les partisans récalcitrants », s'entendait particulièrement (on raconte qu'il resta assis une nuit entière, refusant de manger son dîner, jusqu'au moment où son hôte, un marchand indien, consentit à augmenter sa contribution de trois à six livres). Et la propagande : Gandhi ne l'oubliait jamais. Avec cette idée en tête, il rédigea deux brochures : *Appel à tous les Anglais d'Afrique du Sud* était une dénonciation des conditions générales de vie des Indiens ; *Appel à l'opinion*, un bref historique de la situation au Natal. Toutes deux eurent « une diffusion considérable ».

Le mois s'était écoulé et Gandhi devait partir. Ses amis indiens le supplièrent de rester. Le problème d'un financement se posait. Pas question de toucher aux fonds de la communauté, quelle que soit la quantité de travail effectué pour elle. L'œuvre publique ne devait pas être rémunérée, puisqu'elle représentait un devoir, d'une part, et qu'elle nécessitait, de l'autre, une parfaite indépendance : celle de critiquer comme de suivre sa propre voie (plutôt que celle d'un parti).

Or (et ceci ne correspond nullement à l'image traditionnelle de Gandhi), il désirait « une maison de belle apparence, située dans un bon voisinage » et « un train de vie digne d'un avocat », ce qui impliquait au moins trois cents livres par an. Une vingtaine de marchands s'engagèrent donc à utiliser ses services comme avocat et lui versèrent des honoraires équivalant à un an de travail.

Il posa sa candidature au barreau de la Cour suprême du Natal, où, malgré une tentative des avocats pour l'exclure, il fut accepté. Cette fois il enleva son turban, préférant garder ses forces pour les combats plus sérieux qu'il pouvait d'ores et déjà entrevoir. User ses forces pour si peu ? « Mon habileté méritait mieux que cela. » Ici se fait jour l'aptitude de Gandhi au compromis, cette façon d'adapter une loi générale aux exigences de la situation. Il mentionne « la valeur de ce principe qui veut que des circonstances différentes imposent, pour le même fait, des façons de voir différentes ». Évidemment, ses amis restèrent perplexes et mécontents devant de telles subtilités, comme ils le seront par la suite en des occasions autrement graves que le port d'un turban, quand il fut question de la démobilisation de tout un pays : de l'arrêt d'une campagne impliquant des millions de gens. Pour expliquer sa position, ce paradoxe magnifique : « Durant toute ma vie, le culte opiniâtre de la vérité m'a appris à mesurer toute la beauté du compromis » (EV, 185). Cette différence entre vérité et compromis, cette façon de céder puis de se reprendre, d'en revenir à la ligne initiale dont la pression des nécessités politiques l'avait écarté, Gandhi y verra l'effet d'un état d'esprit nécessaire à la pratique de la non-violence, quelles que fussent les conséquences. Tant pis si on le taxait d'opportunisme dans son relativisme, d'imprécision dans des justifications qu'il ne donnait d'ailleurs pas toujours.

L'opposition de la société juridique n'avait fait qu'étendre sa réputation en Afrique du Sud — la plupart des journaux ayant condamné ses opposants — et cette publicité, il le reconnut, lui simplifia la tâche. Dans ses dossiers comme dans ses discours, sa pensée était d'une clarté irréprochable, son vocabulaire d'une précision sans faille et son honnêteté rigoureuse. Si bien que, lorsque le ministre du Natal présenta un amendement au nouveau projet sur le droit de vote (le premier avait finalement été rejeté par la reine), il put souligner l'importance nouvelle du Congrès indien : un organisme doté de dirigeants remarquables, avec lequel il fallait compter dans la vie politique. Cette loi de remplacement, Gandhi conseilla à ses concitoyens de l'accepter : la pétition avait réussi à empêcher la reine de donner son accord à une loi ouvertement raciste et, même si la seconde version laissait à désirer, c'était à son sens une victoire non négligeable.

Doté d'une somme consistante, pourvu d'une belle maison située face à la baie de Durban (« Je pris une charmante petite maison dans un quartier très en vue. Je la meublai de façon convenable également »), Gandhi partit en 1896 pour chercher sa famille.

MAÎTRE DE MAISON

Dans la conception hindoue du cycle de la vie, on peut s'établir dans un stade, puis le quitter pour entrer dans un autre. À cette époque de son existence (il n'avait pas trente ans), Gandhi était un maître de maison, il avait une famille, il parvenait à concilier son activité d'avocat, sa passion de réformateur et sa recherche de la vérité. Et il était sur le point de devenir riche, ou tout au moins très aisé. Plus tard, il serait « un nouveau type de révolutionnaire religieux », un novateur visionnaire, qui, renonçant à tous ses biens, allait se dédier entièrement au service public, c'est-à-dire à la quête de Dieu — un ascète qu'un travail incessant sur lui-même mettrait en possession de pouvoirs supérieurs. Mais, dans une optique hindoue, il n'y a pas de contradictions entre ces deux états, il s'agit au contraire d'un progrès naturel, d'un élargissement progressif de ses domaines d'action, comme d'une volonté d'aller peu à peu plus loin dans le dépouillement de soi et dans le service des autres — jusqu'à tout donner de soi. On l'a vu tenir ses comptes avec une précision méticuleuse et dépenser ses fonds avec parcimonie, prendre un soin scrupuleux de sa santé et exercer patiemment son corps ; il avait appris à gérer un budget comme à utiliser ses ressources physiques : à en tirer le meilleur parti possible. Bientôt ces expériences de maîtrise de soi, il en fera profiter les autres, étendant les domaines de recherche et d'application initiaux, s'occupant non plus d'une maison, mais d'une communauté, puis d'un pays entier, puis du vaste monde avec ses exploités. Guérir, enseigner, réformer, gouverner et, d'abord, se gouverner soi — soi et ses désirs — comme l'enseigne la *Bhagavad Gita* : l'œuvre d'un ouvrier de Dieu. Ouvrier de Dieu, il voulut le rester sa vie durant, n'acceptant le pouvoir officiel que pour le quitter (sachant bien que son influence n'en serait que plus grande), alors que les masses pauvres de l'Inde étaient devenues sa famille et l'Inde tout entière son champ d'action.

Comment s'effectua le passage d'un stade à l'autre, dans le contexte de la lutte politique en Afrique du Sud, telle est la question que posent ces premières années de sa maturité.

Son bref séjour en Inde le mit en contact avec Gokhale *, qui s'était consacré entièrement à la vie

---

* « Il était, et devait rester pour moi, l'homme le plus parfait sur la scène politique. » « Il me semblait correspondre à tout ce que je demande d'un homme politique : pur comme le cristal, doux comme l'agneau, brave comme le lion et chevaleresque en tout point » (GI, 11).

publique, un leader sage et respecté, désireux de s'entourer de jeunes hommes de talent, et avec le grand Tilak, «politicien jusqu'au bout des ongles», toujours en désaccord avec son aîné plus modéré, et qui avait posé les bases d'une idéologie en radicale opposition avec ce que sera le message gandhien de non-violence (tout en s'appuyant, comme Gandhi, sur la religion). Tous deux s'entendirent pourtant pour l'accueillir et lui organiser une vaste réunion publique. Gandhi souleva l'opinion par des discours et des pamphlets (notamment celui qu'il avait écrit en un mois à Rajkot et envoyé aux quatre coins du pays — aux hommes influents comme aux journaux, selon une technique maintenant éprouvée —, et qu'on dut vite réimprimer), il reçut le soutien enthousiaste de la presse et des leaders importants, il se dépensa sans compter... Tant et si bien qu'une version déformée de ses hauts faits atteignit l'Afrique du Sud, où il devint du jour au lendemain le meneur le plus connu et le plus haï du pays.

Il ne s'était pas départi d'un ton modéré. On l'accusa néanmoins d'avoir souillé la terre qui l'avait accueilli, d'avoir «traîné dans la boue les Européens du Natal et de les avoir rendus aussi noirs que sa propre peau». Et comme le bateau sur lequel il arrivait avec sa famille était chargé de «coolies immigrants», comme, par malheur, un second bateau parvint en même temps au port, chargé d'une cargaison similaire, on l'accusa en sus d'avoir organisé une invasion du pays, un déferlement d'immigrants sur le Natal. Deux mille Européens se réunirent pour empêcher les Indiens de débarquer, puis pour les convaincre de retourner en Inde, ou les menacer de les jeter à la mer en cas de résistance. Plus morts que vifs, les Indiens résistèrent pourtant. Les autorités du port, utilisant le prétexte d'un épisode de peste en Inde, avaient décidé d'une quarantaine. Gandhi, pendant ce temps, la « bête noire » des Européens, cause de ce malheur, s'employait à remonter le moral des troupes. Après un mois environ de vaines menaces, les Indiens furent autorisés à débarquer. À l'exception de Gandhi qui devait attendre la nuit. On lui enverrait de l'aide pour le défendre en cas d'attaque. Enfin, il mit pied à terre. Il fut aussitôt reconnu par la foule et sauvagement frappé. « J'étais près de m'évanouir ; je parvins à saisir la grille en fer d'une maison et m'agrippai... Mais on ne m'en laissa pas le loisir ; gifles et coups pleuvaient. » Fort heureusement pour Gandhi, Mme Alexander, la femme du lieutenant de police, vint à passer par là : elle ouvrit une ombrelle protectrice et se campa entre la foule et sa victime, le protégeant ainsi à la tête. Jusqu'au moment où du renfort arriva et l'on put escorter Gandhi à la maison d'un ami. « La nuit venait. La foule hurlante criait : "Nous voulons Gandhi !" » La situation était menaçante, et même si grave que M. Alexander, craignant pour la vie de Gandhi, celle de son ami et de sa famille, lui conseilla de fuir déguisé. Revêtu d'un uniforme de policier indien, la tête entourée d'une écharpe qui recouvrait un plat de métal, entouré par deux inspecteurs dont l'un avait le visage grimé, Gandhi opéra sa fuite par la porte de derrière (une nouvelle tenue, un acte qu'il ne manque pas de commenter, si, cette fois, il se contente d'une allusion à cet étrange type de casque), tandis que le brave M. Alexander, afin de distraire la foule, chantait à pleine voix avec elle : « Au pommier l'vieux Gandhi/Nous l'pendrons, le bandit. » Lorsque le chef de police astucieux raconta à la foule comment sa proie lui avait échappé, beaucoup ne purent s'empêcher de rire, une minorité continua à écumer de rage.

Gandhi passa quelques jours sous protection. La presse le disculpa des propos qu'on lui avait attribués. Joseph Chamberlain, alors secrétaire d'État aux Colonies, demanda au gouvernement du Natal de poursuivre ses agresseurs. Mais Gandhi refusa de les désigner : « Ce n'est pas sur ces gens que doit retomber le blâme... Ce sont leurs chefs, et, avec votre permission, vous-même que l'on doit blâmer. Vous auriez pu guider honnêtement le peuple... » répondit-il et, de façon caractéristique : « Je suis certain que, lorsque l'on connaîtra la vérité, ces gens regretteront leur attitude » (EV, 244).

Bien entendu, son prestige s'en trouva immensément accru. Il avait maintenant l'affection des Indiens et l'estime des Européens, en tout cas celle des moins bornés d'entre eux — l'image d'un homme aux intentions nobles, ennemi de la violence. « La presse proclama mon innocence et condamna la racaille. Ainsi cette tentative de lynchage devint-elle, en définitive, une bénédiction pour moi, c'est-à-dire pour la cause. »

En 1899, la guerre des Boers éclatait : Gandhi allait devoir prendre une décision majeure : quelle attitude les Indiens devaient-ils adopter dans un conflit qui allait changer l'histoire de l'Afrique du Sud ?

LA GUERRE DES BOERS

La guerre des Boers fut la phase finale des rivalités qui opposaient Britanniques et Boers en Afrique du Sud. Quant aux Indiens, que pensaient-ils de cette guerre ? Sans doute nombre d'entre eux n'étaient-ils pas mécontents à l'idée de voir s'entretuer deux peuples qui les avaient l'un et l'autre tant maltraités.Tel n'était évidemment pas le point de vue de Gandhi. Même si ses sympathies personnelles allaient toutes aux Boers, comme il le dit, il soutenait, à cette époque, encore fermement l'Empire britannique (il décrit le combat qui se livra en lui dans *Satyagraha in South Africa*, publié bien plus tard, en 1928). En fin de compte, il prit parti pour l'Angleterre : « Mon sentiment était que, si je réclamais pour moi les droits de citoyen britannique, il était aussi de mon devoir, à ce titre, de participer à la défense de l'Empire britannique » (EV, 268). Autre raison, peut-être tout aussi forte que la loyauté : « J'estimais alors que l'Inde ne pouvait arriver à l'émancipation complète que dans le cadre de l'Empire et grâce à lui. » S'opposer aux abus de l'Empire, à ce qu'il avait de pire — comme le faisait Gandhi qui commença par s'attaquer, dans l'ordre établi, aux maux et aux excès les plus inhumains — supposait qu'on pourrait un jour bénéficier de ce qu'il avait de meilleur : donc qu'il garantissait des avantages supérieurs à ceux des autres systèmes existants.

Si bien que Gandhi réunit autant de coéquipiers qu'il le put et constitua un corps d'ambulanciers. Non que sa proposition ait déclenché l'enthousiasme des Anglais (ils la refusèrent), mais finalement, dit fièrement Gandhi, on eut un jour besoin des « onze cents hommes, dont une quarantaine de chefs » qu'il avait assemblés. Ils s'aventurèrent même sous le feu ennemi, cherchant les blessés sur le champ de bataille, parcourant trente à quarante kilomètres par jour avec leurs civières. Et tout le temps, ils espéraient que le gouvernement leur en serait reconnaissant.

Il est vrai que, brièvement, le prestige indien se trouva rehaussé. Il y avait parmi eux une fierté nouvelle, une conscience plus éveillée, le sentiment qu'« hindous, musulmans, chrétiens, Tamouls, Goujaratis et Sindhis étaient tous fils de la même patrie ». Et la conviction générale : « On allait sûrement assister au redressement des torts faits aux Indiens. »

À l'issue de la guerre, Gandhi sentit que le moment était venu pour lui de regagner l'Inde. Il n'était pas plus tôt arrivé qu'il se mit à parcourir le pays ; retrouva Gokhale avec lequel il s'était lié d'amitié, qui appréciait sa sincérité, son zèle et son esprit pratique, et qui voulait lui donner un rôle politique ; bientôt commença à exercer à Rajkot puis s'installa à Bombay, dans un bungalow avec sa famille, se fit une clientèle... Jusqu'au jour où arriva un télégramme qui allait encore une fois changer le cours de sa vie : on le demandait d'urgence ; Chamberlain arrivait en Afrique du Sud ; Gandhi, nul autre, devait lui présenter les doléances récentes des Indiens. Non seulement les griefs anciens pesaient toujours, mais loin que la guerre (et la conduite irréprochable des Indiens) les ait allégés, il s'en était ajouté de nouveaux, notamment au Transvaal. Même ces intérêts que les Indiens avaient défendus par un travail acharné au cours d'un quart de siècle se trouvaient maintenant remis en question. Et la lutte menaçait d'être longue.

Pour Gandhi, une fois le secrétaire d'État rencontré et sa mission achevée, la tentation était forte de repartir. À la demande de la communauté indienne, il prit pourtant la décision contraire. En 1893, il était venu pour un an : il en était resté huit ; en 1902, la prévision fut la même : un an au maximum, croyait-il, et cette fois, il resta douze ans. « Dieu n'a jamais permis à aucun de mes projets d'aboutir. Il en a toujours disposé à Sa façon. » Le centre de gravité de la lutte s'étant déplacé au Transvaal, il ouvrit une étude à Johannesburg et demanda son admission comme avocat à la Cour suprême.

1902 : une date décisive. Il était entré au service d'une cause devant laquelle ses propres intérêts et ceux de sa famille ne comptaient plus. Sa vie allait se transformer, extérieurement, intérieurement, et sa doctrine peu à peu s'élaborer.

LA MISSION DE SERVIR

Dieu ou l'homme?

Une critique intéressante de l'homme et de sa doctrine — parce qu'elle situe le problème et remonte à ses sources — est celle que George Orwell, dans un article de revue, fit de Gandhi peu de temps après sa mort, à propos de la parution de son autobiographie. (Tout comme l'une des plus violentes, emportées et partiales, sera celle du romancier antillais V.S. Naipaul, dans *L'Inde brisée*.) Bien entendu, à cette critique, il faut ajouter les attaques habituelles, plus ciblées : sur sa position à l'égard des castes, son action en faveur des intouchables, son puritanisme et son mépris de la sexualité, sur son autoritarisme envers sa femme, ses enfants ou ses disciples, sur son « archaïsme » (c'est-à-dire, principalement, sa critique de la civilisation moderne et de la machine), et sur sa non-violence, bien sûr... Bolchevique et révolutionnaire, ou réactionnaire et fanatique, excentrique et lunatique, saint ou hypocrite, un apôtre, un nouveau Christ, le « petit saint François de l'Inde »... il a déchaîné les commentaires les plus acerbes et les plus contradictoires. À croire que la ligne de sa pensée — essentiellement religieuse — échappait à ses commentateurs et qu'ils en suivaient seulement les revirements et variations dans l'action (parfois déroutants, c'est vrai), choisissant l'une ou l'autre des affirmations de Gandhi au gré de leurs propres allégeances, oubliant que, sur ce point-là aussi, il avait évolué avec les circonstances, passant d'une « expérience de vérité » à la suivante, dans une approximation qui ne peut avoir de fin :

La vie n'est qu'une suite sans fin d'expériences.

La critique d'Orwell a cet avantage qu'elle permet de comprendre ce qui, dès le départ, va éloigner certains esprits de Gandhi, ou au contraire les rallier à lui. Tout dépend de la conception qu'on se fait de l'humain. Selon que l'on accepte, ou que l'on refuse le besoin de Dieu, et, plus largement, la dimension spirituelle, avec le besoin de progression intérieure qu'elle implique, on sera tenté de croire en la sincérité de Gandhi, l'homme religieux, et d'envisager son action en la reliant à sa doctrine; l'alternative étant de mettre l'accent sur son action, sans trop se préoccuper des raisons que Gandhi lui donna, le jugeant à partir des faits et des résultats plus que des intentions proclamées.

Orwell, lui, posait le problème en ces termes : « God versus Man.» Ce qui implique : « On doit choisir entre Dieu et l'homme[1]. »

Plus précisément : « Il n'est pas nécessaire de discuter pour savoir quel est l'idéal le plus élevé : l'humanisme ou le détachement du monde. La vérité c'est qu'ils sont incompatibles. » Ces phrases, il les écrivait en 1949, date de publication de son roman *1984*, années fortes du communisme, et c'est dans ce contexte qu'il faut les comprendre.

Selon Orwell, une division existe entre deux camps ennemis : ceux qui ont le culte de « tout ce qui est de l'Homme », l'homme tout entier contenu dans cette vie, et les autres, qui sont tournés vers Dieu, ou vers une quête spirituelle et l'idée de perfection. Pour les premiers, les seconds vivent sous l'empire d'une illusion, nuisible à l'amélioration de leur condition, et que l'on se doit donc de combattre.

« Il faut, je pense, comprendre que les enseignements de Gandhi ne peuvent s'accorder avec l'idée que l'Homme est la mesure de tout et que notre tâche est de faire en sorte que la vie soit acceptable sur cette terre — après tout, la seule que nous ayons. Ils ne prennent de sens que si nous croyons que Dieu existe... »

Et il développe sa pensée, opposant les mots : humain/inhumain, ou : humain/perfection ; ou : humain/sainteté. La perfection, comme la sainteté, comme les efforts pour y tendre seraient « inhumains ».

L'essence du fait d'être humain, dit-il, est que l'on ne recherche pas la perfection, que l'on consent parfois à commettre des péchés pour rester loyal, que l'on ne pousse pas l'ascétisme au point que l'amitié et ses échanges deviennent impossibles et que, à la fin des fins, on est prêt à être défait, vaincu, cassé par la vie, parce que c'est le prix inévitable à payer pour avoir lié son amour à celui d'autres êtres humains.

Orwell pousse le raisonnement plus loin : « Sans doute l'alcool, le tabac et le reste sont des choses qu'un saint doit éviter, mais la sainteté est aussi une chose que les êtres humains doivent éviter. »

On présume, poursuit-il, que si l'on ne recherche pas le détachement, pourtant jugé préférable à la pleine acceptation de la vie sur cette terre, c'est qu'on le trouve trop difficile à atteindre : l'homme ordinaire serait en ce cas un saint raté. Mais il faudrait peut-être retourner la proposition, dit Orwell : ceux qui aspirent à la sainteté n'ont peut-être jamais eu la tentation de devenir des êtres humains. Le vrai mobile du détachement serait ainsi le désir d'échapper à la douleur de vivre et, surtout, à celle d'aimer, l'amour, qu'il soit sexuel ou non, étant, chacun le sait, un état dangereux.

Bref, si l'on refuse la « sainteté comme idéal », on est en droit de se dire, conclut-il, que les « buts fondamentaux de Gandhi étaient anti-humains et réactionnaires… ».

Si l'on suit ce raisonnement, si l'on oppose d'emblée deux termes comme le fit Orwell, à savoir Dieu et l'Homme, alors on remettra en question — et l'on sera tenté de condamner — le travail sans relâche que Gandhi opéra sur lui-même, son besoin extrême d'élévation spirituelle et l'ascétisme qui lui est lié, son vœu d'abandonner des plaisirs jugés égoïstes, entre autres la vie de famille, comme celui de renoncer à la vie sexuelle (un sujet qui continue de faire débat). Évidemment une telle approche simplifie les données du problème, au point d'ailleurs de les fausser complètement.

Car, dans le cas de Gandhi, il n'y a pas d'idéal de sainteté (il ne chercha nullement à être un saint, s'il voulut atteindre la délivrance), pas plus, d'ailleurs, que d'opposition entre Dieu et l'Homme. L'homme est au centre de sa vision du monde — l'homme et son bonheur (le mot bonheur prêtant évidemment à discussion. La conception de Gandhi, forgée dans un contexte très dur, est largement étrangère à l'Occident qui, depuis quelque deux siècles jouit d'une économie d'abondance et entretient d'autres valeurs. On est cependant en droit de se demander si, dans ces nations où prime l'intérêt économique — nations où « les intelligences se rétrécissent, l'élévation des esprits devient impossible... et il s'en faut de peu que l'esprit d'héroïsme ne s'éteigne tout à fait », comme l'écrit Adam Smith[2] qui en dénonçait les périls —, la recherche du bonheur n'en est pas venue à signifier, plus simplement, désir de fortune et de pouvoir).

« Le seul point de vue à considérer est de servir l'homme. » C'est en l'homme que Gandhi trouve Dieu, son objectif ultime, cela par l'amour. Car la recherche de Dieu aboutit nécessairement à l'homme comme elle a en lui son origine : « Je suis une parcelle du grand tout et *je ne puis trouver Dieu en dehors de l'humanité* *. »

Si bien qu'à la différence des ermites, de ceux qui

---

* C'est moi qui souligne.

cherchent Dieu dans la solitude, il le chercha, lui, parmi les foules pauvres de l'Inde. :

> Si j'étais sûr de trouver Dieu dans une caverne de l'Himalaya je m'y rendrais sur-le-champ. Mais je sais qu'Il n'est nulle part ailleurs qu'au cœur de l'humanité (mt, IV, 108).

Dieu au cœur de l'homme, une présence intime, nullement étrangère, qu'on peut découvrir par le travail sur soi :

> La preuve qu'on expérimente en soi la présence réelle de Dieu ne vient pas d'une évidence qui nous serait étrangère, mais d'une transformation de notre conduite et de notre caractère (sb, 9).

Dieu en « chaque homme et chaque chose — animée et inanimée ». Prier, c'est s'adresser au divin en soi. Afin de se dépasser, c'est-à-dire de rejoindre cette part-là, la plus haute de soi-même. Une complète identification avec le « vrai soi » étant le but recherché, qui signifie, en excédant ses particularités, la fusion avec le grand Tout cosmique. « Vous pouvez la décrire (la prière) comme le besoin continuel de se perdre dans la Divinité qui englobe tout » (gi, 266).

Tout est là : dans cette transformation de soi que Gandhi allait demander, enseigner à ceux qui le suivirent. Transformation de soi à partir de laquelle il devenait possible de transformer les autres.

Loin de viser à la sainteté dont se défiait Orwell (du titre de Mahatma, la Grande Âme, Gandhi disait : « il m'a souvent profondément peiné »), il voulut plus simplement incarner dans sa vie, en commençant par travailler sur lui-même, les valeurs en lesquelles il croyait et qui selon lui, devaient changer l'Inde et, par l'exemple de l'Inde, peut-être le monde. Toute sa doctrine et le fondement sur lequel repose le satyagraha, qui était une morale et une technique de la volonté et la raison même de sa vie, sont là, dans ce travail sur soi. Agir, convaincre par la puissance de l'exemple. Le but n'étant pas la sainteté mais l'action.

L'action : vérité et/ou politique?

« On sent, disait de lui Orwell, que s'il est beaucoup de choses qu'il ne comprit pas, il n'en est aucune qu'il fût effrayé de dire ou de penser. » Il avait un esprit d'une audace et d'une originalité remarquables. Conciliant à ses heures (« Je suis autant en faveur du compromis que je suis contre lui »), totalement intransigeant à d'autres (« Louanges ou injures, pour nous, c'est la même chose », écrivait-il à Nehru), il trouva pour chaque mot essentiel — Dieu, par exemple, ou religion — un sens qui lui était propre, au-delà des règles, des lois et des idées reçues.

Dieu, que signifiait donc ce mot pour lui?

« Une Force mystérieuse et indéfinissable (qui) pénètre tout ce qui est. » « Une Force de Vie qui demeure immuable et soutient tous les êtres... »

Amour (ou ahimsa)? Vérité? Non-violence? Longtemps Gandhi hésita entre ces mots dans son approche de Dieu. Des dénominations différentes, mais non distinctes, qui ne suffisent jamais à décrire « en sa réalité ultime, cette entité insaisissable » qu'il entrevoit *. Vie. Vérité. Lumière. Amour. Suprême Dieu.

En définitive, la vérité est Dieu. « Dans la réalité, il n'est rien, il n'existe rien sauf la Vérité. C'est pourquoi sat ou Vérité est peut-être le nom le plus important de Dieu » (LA, 29).

Et, tout de même, Dieu est amour.

> Pour trouver la Vérité en tant que Dieu, le seul et inéluctable moyen est l'amour, c'est-à-dire la non-violence. Or puisque je crois que finalement le but et les moyens sont des termes interchangeables, je n'hésite pas à dire : « Dieu est Amour » (LA, 129).

Sur l'équivalence de ces mots : « L'ahimsa et la Vérité sont si étroitement entrelacées qu'il est pratiquement impossible de les démêler et de les séparer l'une de l'autre. Elles sont comme les deux faces d'une même médaille, ou plutôt d'un disque de métal lisse et sans empreinte. Qui peut dire quel en est le revers et quel en est l'avers ? Néanmoins l'ahimsa est le moyen, la Vérité est le but » (LA, 39).

Encore fallait-il établir un ordre des termes, trouver une formulation qui, négligeant les subtilités de la métaphysique, serve à la discipline de l'action vers laquelle s'était résolument orienté Gandhi. Donc, distinguer entre « Dieu est Vérité » et « la

---

* « Non pour se perdre mais pour s'exalter en Valeur suprême en réintégrant l'Un dont elle n'est séparée que par les servitudes de la pensée et du langage, l'*ahimsa* — qui dit *ahimsa* dit Amour, Vérité, force de l'Amour identique à la force de l'Âme ou Vérité —, pénètre et se fond en l'Âme (*atman*)... ou en la Vérité (*sat* ou *satya*), laquelle est rectitude de la pensée et de l'agir, être et Énergie de l'Être et des êtres, essence et existence, *atman*, Dieu. » Suzanne Lassier, *Gandhi et la non-violence.*

Vérité, c'est Dieu », même si « Dieu », « Amour » et « Vérité » avaient une force et une signification égales.

Après cinquante ans de recherches incessantes, Gandhi en vint à préférer la seconde formule, « la Vérité, c'est Dieu ». Cela afin de rallier même ceux qui refusaient l'idée de Dieu, car, dit-il, s'il se trouve des hommes que leur passion de la vérité pousse à nier Dieu, ce qui est leur droit, il n'en est pas pour affirmer : « La vérité n'est pas », sans, dans l'instant, ôter toute vérité à leurs dires. Quant à l'amour, finalement le mot contenait trop d'ambiguïtés, celui de vérité lui était préféré. L'amour n'en restait pas moins le moyen le plus direct pour aller à Dieu ; moyens et fins étant, selon lui, des « termes convertibles ».

Certes, disait Nehru, « c'est un hindou jusqu'au plus profond de son être et pourtant sa conception de la religion n'a rien à voir avec quelque dogme, coutume ou rituel que ce soit » (DI, 412). Cette « religion » correspondait plutôt à « sa ferme croyance en une loi morale qu'il nomme loi de la vérité ou loi d'Amour ». Et, sur le fait que Gandhi forgea en réalité sa propre religion :

Gandhi affirme comprendre l'esprit de l'hindouisme et rejette tout texte, toute pratique qui ne cadre pas avec l'interprétation idéaliste qu'il en fait, en les taxant d'interpolations ou de surenchères ultérieures... Ainsi, en pratique, il est libre d'emprunter la voie de son choix, de changer et de s'adapter, de développer sa philosophie de vie et d'action, ne se soumettant qu'à sa propre conception de la loi morale suprême (DI, 412).

Gandhi n'hésita pas à rejeter telle ou telle partie de l'hindouisme (selon lui, l'intouchabilité, un fait social, ne faisait nullement partie de cette religion, dont il constituait une perversion), comme il donna à la *Bhagavad Gita* l'interprétation qui lui convenait *. De la même façon, parmi les rituels, il choisit de conserver la prière, un acte essentiel qui lui était aussi naturel que de respirer, une méditation, un ressourcement où retrouver sa voie et la force de la suivre — jamais une demande : « Prier n'est pas demander, mais admettre chaque jour notre faiblesse. »

En bref, le mot « religion » pour Gandhi revêtait un sens neuf. Lorsqu'il affirmait : « Mon amour de la vérité m'a fait entrer dans la politique. Je peux dire sans la moindre hésitation, et pourtant en toute humilité, que ceux-là n'entendent rien à la religion, qui prétendent qu'elle n'a rien de commun avec la politique ** » (EV, 645), il employait ce mot, dit Nehru, dans un sens — probablement moral et éthique — bien différent de celui qu'il a pour les critiques de la religion.

Comme dans sa définition de Dieu, vague et englobante, Gandhi, fier de son héritage culturel

---

* Tilak se réclama, lui aussi de la *Gita*, mais, à l'inverse de Gandhi, pour défendre le recours à la violence légitime, comme le fit plus tard l'assassin du Mahatma, Nathuram Godse, qui savait par cœur le texte sacré.

** Si Gandhi voulut réunir religion, (en tant qu'éthique) et politique, dans ses dernières années, au moment de la Partition, il insista avec une vigueur toujours plus grande sur sa séparation d'avec le domaine public : « La religion est l'affaire personnelle de chacun. Elle ne doit pas être mêlée à la politique ni à la vie publique » (*Harijan*, 7 décembre 1947). Une insistance qui, selon certains, évoquerait le « concept occidental de sécularisme ».

hindou, sachant aussi que cet héritage le liait au peuple, voulut, plutôt que le restreindre par souci de le renforcer, lui donner au contraire un aspect universel, intégrant toutes les religions sous la bannière de la Vérité («toutes les religions sont vraies»). Il conservait le jaïnisme de son enfance tout en absorbant l'essence des autres religions, élargissant ainsi, sans l'abandonner, le fonds ancestral (de même, il utilisa largement la technologie de son temps, tout en comprenant que des objets symboliques et anciens, tel le rouet, pouvaient rendre vie à des centaines de milliers de villages, non préparés à l'industrialisation). Sans doute était-il hindouiste, mais il avait conscience que l'énorme majorité de son pays ne formerait un tout, au-delà des religions particulières, que grâce à sa culture ancienne — la seule force, face à la modernisation irréversible, sur laquelle s'appuyer pour restaurer l'unité spirituelle du peuple, souder les élites occidentalisées et les masses illettrées : «La culture indienne n'est ni hindoue, ni islamique, ni autre dans sa totalité. C'est un amalgame de tout cela.» Une attitude par laquelle il espérait, en particulier, aplanir les divisions entre hindous et musulmans. Unifier, plutôt que diviser; montrer les ressemblances, plutôt que les différences; inclure, jamais exclure. Ici la vision religieuse, qui rassemble, convient aux décisions politiques qu'elle va ordonner *.

* «Ce qui distinguait Tagore et Gandhi (des autres grandes figures), c'était qu'ils voyaient qu'aucune religion au sens traditionnel du terme ne pouvait servir de base à une foi ou une morale universelle. Ainsi la propre trajectoire intellectuelle de Gandhi entraîna un démantèlement et un réagencement acharné des traditions religieuses; et ceci le fit déboucher sur un sens de l'éthique profondément original,

Un ajustement difficile

« Ses vues religieuses et morales sont d'une hauteur remarquable, bien que j'avoue ne pas très bien
comprendre comment il peut les appliquer à la
politique » (lord Reading, en 1921, dans une lettre
à son fils). Cette réunion de la religion et de la politique — ou « vérité et politique » (selon le titre d'un
essai d'Hannah Arendt), puisque religion équivalait pour Gandhi à vérité — fit couler beaucoup
d'encre. Que Gandhi, loin de considérer seulement
le but, ait accordé une importance primordiale aux
moyens utilisés — c'est la « spiritualisation de la
vie politique » —, voilà, selon Nehru, quelle fut
l'une de ses contributions majeures à l'activité collective (et un message qui prend une urgence nouvelle, puisque, si l'on en croit des esprits avertis,
la « régression politique, culturelle et morale fait
désormais partie de notre horizon politique ; la
déshumanisation dont nous sommes les héritiers
est une menace pour notre survie [3] »). Le recours à
l'éthique, son application à la vie politique : « une
entreprise très difficile, poursuit Nehru. Dans un
monde qui pense presque exclusivement en termes
de fin sans s'interroger sur les moyens, cette insis-

qui ne peut être saisi dans les termes de l'hindouisme traditionnel. En s'ouvrant à
l'islam, au christianisme et aux traditions populaires de la dévotion hindoue, il créa
son propre langage moral, qui, même lorsqu'il les dépassait, était profondément respectueux des religions existantes », Sunil Khilnani, « Portrait politique de Nehru.
L'idée libérale de l'Inde », *Esprit*, février 2005.

tance sur les moyens paraît singulière et étonnante »(DI, 36). Et pourtant, elle reste un espoir possible — ce fut le génie de Gandhi de le croire, et de l'obtenir : « Il est indéniable que cette attitude a laissé une empreinte durable dans l'esprit d'une multitude de gens » (DI, 36).

Au départ, il posa donc le désir de vérité. Ou d'amour. Le « désir passionné de relever ce peuple terrassé », pour lequel il n'y avait « de choix qu'entre une veille permanente et une stupeur permanente ».

Le mot de vérité, qui recouvre celui d'amour, va commander l'ensemble des positions de Gandhi : donc déterminer son action dans tous les domaines, le politique, ou l'économique, n'étant pas dissociable de ce qui se présente comme une totalité. Il n'y a pas la religion d'un côté — et des efforts personnels pour assurer son salut —, et la vie pratique de l'autre, avec ses propres lois, mais une vision religieuse de l'homme qui englobe nécessairement l'ensemble de ses activités.

S'il faut tout aimer de la création, comme il le disait, on ne doit se soustraire à aucune des dimensions de la vie. La politique n'étant que l'une de ces dimensions, une forme d'action plus particulièrement nécessaire, puisqu'elle permet d'aider les plus démunis.

Je ne suis qu'un pauvre homme qui s'acharne à découvrir la Vérité... Sachant qu'on rencontre Dieu plus souvent dans la plus humble de Ses créatures que chez les plus puissantes, je m'efforce de partager la condition des premières ; ce qui n'est possible qu'en me consacrant à leur service. *Et comment venir en aide aux classes les plus défavorisées autrement qu'en entrant dans la politique* ?...* (SB, 46)

La politique, ainsi que l'économie, l'action sociale, il les concevait au fond comme des domaines d'application de sa morale d'amour. « Ma vie forme un tout indissociable : un même lien unit toutes mes actions. Elles ont toutes leur source dans un amour inextinguible pour l'humanité. »

Un lien selon lui évident, qui fut pourtant mal compris et qu'il eut parfois des difficultés considérables à maintenir. Saint ou politicien ? La question n'a pas fini d'être posée : elle n'a pas de réponse. « On dit que je suis un saint qui se perd dans la vie politique. Le fait est que je suis un homme politique qui fait de son mieux pour être un saint. » Souvent, il chemina sur une dangereuse ligne de crête, tiré tantôt sur un versant, tantôt sur l'autre, déchiré entre des missions divergentes, quand les nécessités de l'action l'emportaient sur l'intégrité de son message, les raisons de la politique sur la vision religieuse. Alors, à force de retrait, de jeûne et d'aveux — de purification —, il tentait d'en revenir à plus de vérité.

Qu'est-ce donc que la vérité ?

« D'ordinaire, cette question (celle de la vérité) ne préoccupe pas les gens. Ils isolent la vérité dans

---

* C'est moi qui souligne.

un coin de leur esprit... et adoptent les expédients pour mesure de l'action. En politique, c'est la règle générale, non seulement parce que les politiciens sont, hélas, une espèce particulière d'opportunistes, mais parce qu'ils ne peuvent agir sur un plan strictement personnel » (DI, 508). Le compromis est de règle, la vérité lui est adaptée. « La tendance à ignorer et délaisser la vérité se répand, et l'expédient devient l'unique critère de l'action. »

Ou, Hannah Arendt, dans un essai intitulé « Vérité et politique » : « Il n'a jamais fait de doute pour personne que la vérité et la politique sont en assez mauvais termes, et nul, autant que je sache, n'a jamais compté la bonne foi au nombre des vertus politiques. Les mensonges ont toujours été considérés comme des outils nécessaires et légitimes, non seulement du métier de politicien et de démagogue, mais aussi de celui d'homme d'État[4]. »

Mais « qu'est-ce que la vérité ? », interrogeait Nehru, « il est possible que nos vérités soient relatives, que la vérité absolue nous dépasse... La vérité, au moins, pour un individu, c'est ce que lui-même sent et sait être vrai. D'après cette définition, je ne connais personne qui soit attaché à la vérité plus que Gandhi » (DI, 409). Ce que l'on sent et sait être vrai. Avec un élément de subjectivité, donc, que reconnaît Gandhi.

En racontant dans son autobiographie ses « expériences de vérité », il prit soin de souligner que ses conclusions valaient pour lui-même et ne présentaient pas « un caractère définitif d'infaillibilité ». Il précisait simplement que, au moment présent, il ne pouvait parvenir à plus d'exactitude : dans son analyse, il était allé jusqu'au bout du processus d'acceptation ou de rejet. Vérités *relatives*, donc — et sur cette relativité, il insiste —, de la pensée et du verbe, modifiables selon les circonstances et l'expérience, en conséquence causes de changements spectaculaires, d'ailleurs avoués, parfois explicités, qui n'en laissèrent pas moins le monde perplexe, désapprobateur, à tout le moins désemparé. « Au moment où j'écris, je ne pense jamais à ce que j'ai dit avant. Mon but n'est pas de rester fidèle à mes premières affirmations, mais d'être fidèle à la vérité telle qu'elle se présente à moi à un moment donné. Cette attitude m'a permis d'évoluer de vérité en vérité et d'épargner à ma mémoire des efforts inutiles » (MT, V, 206). L'un des plus grands reproches faits à Gandhi fut celui d'inconséquence : était-il un socialiste des temps modernes ou un conservateur ancré dans un passé archaïque, un pacifiste ou un militariste, un anarchiste ou un traditionaliste, un activiste à l'occidentale ou un saint à l'orientale, un homme intransigeant dans sa religion ou le libéral qui affirmait voir Dieu jusque dans l'athéisme ? Cet homme aux vérités multiples, qui se définissait lui-même comme « un curieux mélange de Dr Jekyll et Mr. Hyde », avait-il vraiment un centre fixe ?

Une recherche, une interrogation permanentes, avec, pour centre et pour objet, l'idée de Dieu, ou de Vérité. « Il est difficile de définir Dieu ; mais la définition de la vérité est inscrite dans le cœur de chacun. La vérité est ce que vous croyez être vrai à un instant précis. Voilà votre Dieu. Si un homme adore cette vérité relative, il est sûr, avec un peu de temps, d'atteindre à la Vérité absolue, c'est-à-dire Dieu[5]. » La vérité relative n'en implique donc pas moins une recherche inlassable, une exigence impitoyable envers soi et, pour Gandhi, la fidélité à ses vœux difficiles, comme le végétarisme, à Londres ou, plus tard, la chasteté, serments dans lesquels il s'engageait entièrement et qu'il s'acharnait à suivre jusqu'au bout, sans ruser ni se pardonner, en affrontant les conséquences les plus dures. (On se souvient qu'il fit un jour un compromis en acceptant de boire, alors qu'il était à l'article de la mort, du lait de chèvre offert par sa femme : « L'usage que je fais aujourd'hui du lait de chèvre me tourmente, non point tant du point de vue de l'ahimsa diététique, que de celui de la vérité — il ne s'agit rien tant que d'une rupture de serment. » Or l'idéal de vérité ne pouvait souffrir d'incartade, ni les vœux d'arrangements, ou alors la réalité ultime, insaisissable, reculerait au point de se perdre.)

Au bout de ces expériences, Gandhi recherchait la vérité absolue, « sat », qui signifie « être », et qu'on ne peut atteindre sous sa forme mortelle, seulement entrevoir. Dans l'introduction à son autobiographie :

J'adore Dieu comme Vérité seulement. Je ne L'ai pas encore trouvé, mais je Le cherche sans relâche... aussi longtemps que cette Vérité Absolue ne sera pas pour moi un fait accompli, je devrai m'accrocher à la vérité relative telle que je l'ai conçue. Cette vérité relative doit me servir, en attendant, de phare dans la nuit, de bouclier, de rempart.

Une conviction soudaine lui venait, le moment de vérité était arrivé, une voix intérieure lui parlait et il était à l'écoute. Souvent il a fait état de cette voix intérieure qui s'élevait à l'improviste, en pleine nuit, parfois, après une longue préparation, méditation ou jeûne, et qui exigeait son engagement immédiat, de façon irrésistible, définitive. Alors, une certitude. Ses collaborateurs se sont plaints de ne jamais connaître ses plans à longue échéance : « Il y avait en lui quelque chose d'inconnu que, malgré une intimité de quatorze années maintenant, je n'arrivais pas à comprendre et qui m'emplissait d'appréhension, écrit Nehru. Il admettait la présence de cet élément inconnu en lui et me disait que lui-même ne pouvait l'expliquer, ni dire à l'avance à quoi cela le mènerait »(VP, 227). (Nehru, qui, lui, pensait que « l'action efficace ne peut se passer d'une définition lucide des fins », n'était pas loin de voir dans cette « apparence de confusion et d'obscurité volontaire » une tactique qui serait destinée à voiler l'écart entre le but réel de Gandhi et les conditions de la vie moderne : « Il n'arrivait pas à faire le joint entre les deux ni à délimiter les étapes intermédiaires qui le menaient à son but » (VP, 361). Une interprétation qui en dit long sur deux approches opposées de la politique). Selon Nehru, Gandhi se fiait plus à son intuition, qui était prodigieuse, qu'à des théories préétablies. L'action suivait. Ce qui supposait que les masses étaient prêtes elles aussi. Cette conjonction entre la voix intérieure et ce que le peuple désirait entendre,

c'est bien sûr le secret d'un leader charismatique —
avec la responsabilité d'avoir défini pour tous la
vérité. Mais quelle assurance Gandhi avait-il de ne
pas se tromper ? Chaque fois le fait d'être prêt à
souffrir, et ce principe auquel il ne faillit pas que
c'est en s'engageant « à mort », en éprouvant la
vérité dans l'action, qu'on peut être vrai — vrai
pour soi-même et pour les autres. Et montrer la
voie.

L'enseignement par l'exemple

Une voie si contraire aux réactions instinctives
qu'on peut se demander comment Gandhi parvint
« à influencer des millions de gens en Inde » (on
pense à la phrase de Hobbes, dans *Léviathan*, citée
par Hannah Arendt, qui soutient que seule « une
vérité qui ne s'oppose à aucun intérêt ni plaisir
humain reçoit bon accueil de tous les hommes »).
Certains allant jusqu'à changer complètement leur
mode de vie, beaucoup jusqu'au sacrifice de leur
profession, de leur statut social, de tous leurs biens,
de leur sécurité et, finalement, de leur existence.
Cette phrase de Gokhale s'adressant à une assemblée à Bombay en 1912 : « Gandhi a en lui un pouvoir spirituel merveilleux, celui qui transforme les
hommes ordinaires en héros et martyrs. »
Bien entendu, la vérité de Gandhi n'aurait jamais
eu cette force de persuasion si elle n'avait été soutenue par l'exemple. Jamais il n'aurait réussi à
entraîner tant de gens dans le sacrifice de soi, à leur

communiquer à ce point son feu intérieur, s'il n'avait été animé lui-même d'une telle foi dans la méthode qu'il défendait, prêt chaque fois à mourir. Est-ce à une telle température que se démontre la vérité ? Qu'elle devient assez forte pour entraîner la multitude ? Dans son analyse, Arendt, prenant l'exemple de Socrate, dont la thèse « restait peu convaincante aussi bien pour ses amis que pour ses ennemis », se demande comment cette thèse put obtenir son haut degré de validité. « Manifestement, dit-elle, cela a été dû à un mode plutôt inhabituel de persuasion ; Socrate a décidé de jouer sa vie sur cette vérité, pour donner l'exemple, non lorsqu'il a comparu devant le tribunal athénien, mais lorsqu'il a refusé d'échapper à la sentence de mort[6]. » Gandhi, qui nombre de fois mit sa vie en jeu, n'agit pas autrement dans la volonté de faire triompher la vérité. Et Hannah Arendt de citer Kant à l'appui de ses conclusions : « Des préceptes généraux empruntés à des prêtres ou à des philosophes, ou même à ses propres ressources, ne sont jamais aussi efficaces qu'un exemple de vertu ou de sainteté. »

Par la voie de l'exemple, Gandhi, en homme religieux, transforma ses affirmations en vérités incontestables et il convainquit le peuple de le suivre. « En établissant un exemple et en "persuadant" la multitude par la seule voie qui lui soit ouverte, il (le philosophe) a commencé d'agir. »

Sur cet effet de persuasion, qui concerna même les opposants à ses idées, Nehru est explicite : « Son influence ne se limite pas à ceux qui sont d'accord avec lui ou l'ont adopté comme guide de la nation. Elle s'étend également à ceux qui ne sont pas d'accord avec lui et qui le critiquent » (DI, 509). Sans doute, jointe au charisme qu'il exerçait, son approche originale de l'éthique, appliquée à des problèmes politiques, toucha-t-elle un large public — les diverses couches de population confondues —, toute question de religion, au sens traditionnel du terme, mise à part. Un vocabulaire moral volontiers employé de nos jours, pour ces mêmes raisons, par les politiciens (« une idéologie de compassion et d'espoir », lit-on à l'occasion), simples formules qui prêtent à rire tant chacun sait ce qu'elles recouvrent de mensonge, quand ces mêmes chefs ou meneurs d'hommes, dans quelque camp qu'ils se trouvent d'ailleurs, ne brandissent pas le nom de Dieu, ou l'idée du Bien, par souci de justifier l'injustifiable — l'offense à la vérité étant devenue l'habitude, si bien que l'idée même de vérité échappe au champ du possible.

Dans le cas de Gandhi, cependant, sa vie était garante de la véracité de ses mots ; dans chacun d'eux, il s'engageait tout entier. « Ses propos et ses actes s'épousent comme le gant et la main. Ainsi, quoi qu'il advienne, il ne perd jamais son intégrité, et sa vie, son travail conservent toujours une complète cohérence » (DI, 413).

Donc on le croyait. Et on agissait en conséquence, au point que le climat ambiant en était transformé : sa réflexion morale « a un certain effet sur l'action et le comportement : la politique cesse de n'être qu'expédients et opportunisme, comme elle l'est partout en général, et dans l'esprit une lutte morale constante précède la réflexion et l'action » (DI, 509).

Et même si ses théories ne prenaient pas toutes force de vérité, la vérité générale, comme une direction à suivre, n'en restait pas moins là, attachée à son exemple, qui pointait du côté du bien : « L'essentiel de son enseignement était la bravoure et la vérité, alliées à l'action, et constamment orientées vers le bien-être des masses » (DI, 409). Le reste, les désaccords de détail, devenait secondaire.

TRANSFORMATION DE SOI

« Servir est une religion. » Même pendant la période où il se cherchait encore, Gandhi ne vivait pas uniquement pour lui-même et son cercle familial (à la différence de Tolstoï qui raconte que, avant sa conversion, sa philosophie de l'existence consistait à désirer le meilleur pour lui-même et pour sa famille). Très tôt sa quête intérieure le travaille.

S'il était parti pour l'Afrique du Sud, il l'avoue, c'était pour fuir les mesquines intrigues du Kathiyavar et gagner sa vie. Un but qui n'effaçait pas son orientation profonde : « Je me retrouvai en quête de Dieu et luttant pour l'accomplissement de mon être. » Or atteindre Dieu, selon lui, on ne le pouvait qu'en entrant au service des autres. Un peu plus loin, dans un chapitre de l'autobiographie intitulé « La volonté de servir » : « J'aspirais à une tâche humanitaire d'ordre permanent. » L'œuvre publique ne suffisant pas, il s'engage dans un petit hôpital, prenant soin des travailleurs sous contrat c'est-à-dire des Indiens les plus pauvres. Ce qui représente deux heures, tous les matins, et ce travail lui apporte « un peu de paix ».

Soigner, surtout, c'était là l'important. Deux autres fils lui étaient nés en Afrique du Sud, en 1897 et 1900 (date importante, puisque Gandhi voit là le moment où il commença de penser à faire vœu de chasteté). Durant les premières années, il les soigna lui-même, étudiant dans un petit livre les instructions à suivre pour l'accouchement (ce fut d'ailleurs lui qui veilla à la naissance de son dernier fils, puisque la sage-femme engagée n'arriva pas à temps).

Et renoncer, aller vers le moins.

Sa nouvelle installation, la jolie maison à Durban, meublée avec « tous ses soins », il remarque qu'elle ne parvient pas à exercer d'emprise sur lui. En fait, il a besoin de moins : de vivre avec peu. Dans ce décor aisé, qu'il avait voulu à la hauteur de sa vie professionnelle, il ne se sent pas à l'aise. Il va donc recommencer à faire des économies, à expérimenter, comme à Londres, et ces expériences ont l'avantage de l'amuser, comme de faire rire ses amis : ainsi son col mal blanchi (il avait décidé de se livrer à cette opération lui-même) dont l'amidon tombe par plaques pendant une séance au tribunal ; ainsi ses cheveux qu'il taille à la tondeuse, parce qu'un coiffeur anglais méprisant a refusé de les lui couper, et qui s'étagent de façon étrange. « Mes amis du barreau rirent à en être malades. » Ce n'était jamais là que la poursuite de ces excentricités, de ces lubies qui troubleront parfois ses amis, mais correspondent à un besoin profond : à cette « passion de l'autarcie et de la simplicité » qui finit, avoue-t-il, par emprunter des formes extrêmes. Pour l'heure, il est barbier, blanchisseur, infirmier, pharmacien, éducateur, enseignant (ayant refusé pour ses enfants, malgré les protestations de leur mère, une faveur qui est déniée à d'autres, à savoir l'entrée dans une école européenne, il les instruit lui-même, tandis qu'il chemine vers son bureau, à Johannesburg, et que les petits trottent à ses côtés : seize kilomètres à l'aller et au retour). Bon gré mal gré, sa famille partage ses expériences et applique les conclusions qu'il en tire (ce que certains critiques lui reprocheront avec force).

Au moment de son second départ du Natal, en 1901, on le couvrit de marques d'amour et de coûteux cadeaux. « Il y avait là, entre autres, un collier en or de cinquante guinées, à l'intention de ma femme. » Or tous ces présents, et même celui-là, qui ne lui était pas destiné, étaient dus à son activité publique. Cette nuit-là, il ne put fermer l'œil. Des bagues ornées de diamants, des chaînes en or, des montres en or, une pluie de joyaux : à l'inverse d'Ali Baba dans la caverne des quarante voleurs, Gandhi est atterré par ce spectacle. Et décide, suivant un principe qu'il généralisera, que ces biens ne lui appartiennent pas, qu'il les remet en dépôt à la communauté. Quant à sa femme et à ses enfants, il les formait à employer leur vie à servir, « à se pénétrer que l'idée de servir comporte en soi sa récompense », comment pourraient-ils donc ne pas suivre son exemple ? Néanmoins, il pressent que Kasturbai ne l'entendra pas de cette oreille. Les enfants acceptent avec joie, il s'y attendait. Mais Kasturbai montre une opposition farouche, torrent de reproches et flots de larmes se succèdent : « Vos services ne sont-ils pas un peu les miens aussi ? J'ai peiné ; jour et nuit j'ai été votre esclave… Vous m'avez imposé toutes sortes de choses et de gens… » La justesse de ces objections, Gandhi la sent bien. À Durban, il avait table ouverte, ses employés de bureau vivaient souvent chez lui, chrétiens, hindous ou autres, traités comme des membres de la famille, sans compter les invités, indiens et européens, qui se succédaient, et cette vie en communauté souvent pesait à Kasturbai. Une crise grave survint le jour où, ayant invité un chrétien né de parents intouchables, Gandhi voulut nettoyer sa chambre et vider son vase de nuit, ce qu'ils avaient l'habitude de faire pour leurs hôtes, lui ou Kasturbai. « Elle ne pouvait supporter de me voir vider ce vase ; non plus qu'elle n'aimait le faire elle-même. » Bref, Kasturbai pleurait et fulminait, alors que son époux aurait voulu qu'elle « s'acquittât joyeusement de la tâche ». Une violente dispute s'ensuivit, Gandhi, aveuglé de colère traîna « la pauvre femme sans défense » jusqu'à la grille du portail comme pour la jeter dehors. La critique a beaucoup reproché à Gandhi cet acte de cruauté (mais il est difficile de trop insister quand l'intéressé est le premier à s'accuser). L'incident se produisit en 1899, précise Gandhi dans son autobiographie, avant qu'il ne prononce son vœu de chasteté ; il estimait alors que « la femme n'était qu'un objet de désir pour le mari, qu'elle était née pour obéir au doigt et à l'œil à l'époux... ». Mais aujourd'hui, ajoute-t-il, « je ne suis plus le mari aveugle et infatué que j'étais ; je ne suis plus l'éducateur de ma femme. Kasturbai est libre, s'il lui plaît, d'être aussi désagréable à mon égard que je l'ai été autrefois pour elle. Nous sommes des amis éprouvés, l'un ne considérant plus l'autre comme l'objet de son désir » (EV, 351), et l'anecdote en vient à exalter les mérites de la chasteté. La conclusion étant que leur existence de couple était, finalement, « toute de contentement, de bonheur et de progrès ». En lisant ces lignes (pourquoi ne pas les croire ?) on peut comprendre pourquoi Kasturbai n'éleva aucune objection lorsque Gandhi, en 1906, lui demanda son accord pour mener une vie chaste.

Donc, Gandhi encore une fois se montre inflexible : les bijoux ne seront pas acceptés. Finalement, il parvient, il ne sait comment, dit-il, à arracher son consentement à Kasturbai.

La totalité des cadeaux fut déposée dans une banque pour être utilisée au bénéfice de la communauté. Et Gandhi n'eut pas le moindre regret de cette décision. Avec les années, ajoute-t-il, sa femme en reconnut à son tour la sagesse.

LA COLONIE DE PHOENIX

Le jour où Gandhi, grâce à l'un de ses nouveaux amis européens, Henry Polak, découvrit *Unto the Last* de John Ruskin *, un cri contre l'injustice et l'inhumanité de l'industrialisation, sa vie changea à nouveau. « Impossible de m'en détacher dès que je l'eus ouvert », écrit-il dans le chapitre intitulé « La magie d'un livre ». Il le lut durant le trajet de Johannesburg à Durban. Le soir, il avait pris des résolutions et il était prêt à les mettre en pratique. Il allait conformer sa nouvelle existence aux idées exprimées dans l'ouvrage.

Ruskin pensait qu'on ne pouvait séparer les domaines de l'économie et de la moralité, que l'industrialisation avait réduit les hommes à l'état de machines et que l'argent, toujours plus d'argent, accumulé entre les mains de quelques-uns, ne compensait pas la perte de la dignité humaine. « Ce n'est pas le travail qui est divisé », avait pu lire Gandhi, « mais les hommes : divisés en de simples segments d'hommes — brisés en de petits fragments, en des miettes de vie. » Le goût du travail avait été remplacé par celui du profit, devenu le

---

* Ruskin (1819-1900), un grand théoricien de l'art, l'auteur des *Pierres de Venise*, eut une influence considérable sur son époque et fit scandale par ses idées sur les problèmes de morale sociale et d'économie politique. Profondément conservateur, il vit le Moyen Âge comme un âge d'or ; ses théories n'en influencèrent pas moins le mouvement socialiste anglais. *Unto the Last* : littéralement « Jusqu'au dernier ». Gandhi le traduit par *Sarvodaya*, « le bien-être de tous ».

seul but de l'existence (Gandhi se souviendra de ces phrases en écrivant *Hind Swaraj*, condamnation violente de la civilisation moderne). « Le résultat de notre hâte moderne à devenir riches, c'est, de façon sûre et constante, le meurtre d'un certain nombre de personnes, chaque année, de nos mains. » Des milliers de personnes envoyées chaque jour à la tombe pour le plus grand bien de l'économie et de ceux qui la dirigent. Dans ces accents, après tout prophétiques, Gandhi lut, « comme dans un miroir, certaines de (ses) convictions les plus profondes ». Et il découvrit par la même occasion la grandeur du travail manuel (« le travail de l'homme de loi ne vaut ni plus ni moins que celui du barbier »), idée inhabituelle pour un Indien, mais qui le convainquit entièrement, ses théories économiques — entre autres son insistance sur l'usage du rouet — en seront la preuve.

Ainsi, inspiré par la lecture de Ruskin, Gandhi fonda-t-il en 1904 la première de ses colonies, plus tard appelées du mot indien d'ashram (qui recouvrait pourtant une autre réalité). Il en fit son lieu de travail. En 1903, il avait créé un journal à Durban : *Indian Opinion* (semaine après semaine il y déversait son âme — ce qui représentait en fait « un exercice de maîtrise de soi » —, exposant les principes et les applications pratiques du satyagraha : « sans *Indian Opinion*, il est probable que le satyagraha n'aurait jamais pu exister », et provoquant ces flots de lettres « amicales, acerbes ou amères » auxquelles il répondait). Avec Albert West, un ami chargé de l'imprimerie, il allait transférer le journal dans son ashram : une ferme dont les habitants vivraient littéralement à la sueur de leur front. Convaincre les ouvriers de l'imprimerie fut l'affaire de deux jours. Une semaine encore, moins même, West et lui étaient propriétaires de dix hectares de terre, bientôt plus, avec une jolie source et des arbres fruitiers, quelques nids de serpents venimeux en sus, le tout pour un millier de livres. Phoenix, la gare la plus proche, était à quatre kilomètres. Il voulait y mettre en pratique ses idées sur la vie simple à l'aide de sa nouvelle famille : des jeunes gens qui avaient quitté l'Inde pour lui, de nouveaux intimes, sympathisants de ses idées, européens pour beaucoup, tel Polak qui, enthousiasmé par l'effet qu'avait eu sur Gandhi le livre de Ruskin, offrit de partager son aventure et, loin de trouver dure la vie à Phoenix, se jeta dans cette existence « comme un canard à l'eau ». Qui le suivit encore, en qualité de clerc cette fois, à Johannesburg où Gandhi, accablé de travail, dut revenir, tous deux vivant ensemble « comme des frères de sang » ; et quand Polak se maria, sa femme, une Anglaise, fut adoptée elle aussi par la vaste « famille » : « des gens de toute espèce et de tout tempérament », tant il est vrai, disait Gandhi, que « nous ne formons tous qu'une seule et même famille ».

Puis il encouragea ses amis indiens à faire venir leurs parents de la mère-patrie. Une demi-douzaine de ménages supplémentaires s'installa donc à Phoenix pour croître et multiplier. Premier exemple de ces laboratoires où Gandhi forma ses disciples, les entraînant à une vie de lutte et à la pratique du satyagraha.

LA DÉCOUVERTE DU SATYAGRAHA

Sur ces entrefaites se produisirent deux événements qui le poussèrent à prendre des mesures radicales et à rompre définitivement avec son moi, si déchiré fût-il, de citoyen britannique, un moi bien éduqué, bien habillé, encore ancré dans la société et ses coutumes. Il allait dénouer les derniers liens qui l'entravaient pour s'engager de plus en plus profondément dans sa recherche de la vérité, qui passait par l'action. Faire don de tous ses biens, de tout ce qu'il avait pu épargner jusqu'alors : « Ce que j'économiserais désormais (si j'économisais), je l'utiliserais pour le bien de la communauté. »

Ces événements devaient lui inspirer l'attitude qui deviendrait le moyen de sa lutte et sa raison de vivre. Il s'agit de la « révolte » des Zoulous et d'une nouvelle loi discriminatoire contre les Indiens, l'Asiatic Registration Act ou « Black Act ».

Certes Gandhi n'avait aucune raison d'en vouloir aux Zoulous ; en outre, il avait des doutes sur cette « révolte ». Mais il croyait encore que « l'Empire britannique existait pour le bien du monde ». Il se tenait aussi pour un loyal citoyen du Natal. Sa participation non combattante consisterait à former un petit corps d'ambulanciers indiens.

Il s'aperçut alors que rien, absolument, de ce qu'il voyait ne pouvait justifier le terme de révolte. Les Zoulous n'étaient ni organisés ni révoltés, ils refusaient simplement de payer un impôt trop lourd. Lorsque Gandhi et ses aides s'occupèrent des blessés zoulous, que les Européens refusaient de soigner, leurs blessures étaient restées ouvertes pendant des jours et elles puaient horriblement (ce que Gandhi raconte dans *Satyagraha in South Africa*). Quant aux malheureux Zoulous, qui ne pouvaient guère parler, ils étaient si heureux qu'on prenne soin d'eux, ils semblaient croire que Dieu même avait envoyé Gandhi et ses aides à leur secours. Or ces blessures avaient été causées par le fouet. Des Zoulous « fidèles », qu'on n'avait su distinguer des autres, se trouvaient eux aussi blessés. Et Gandhi de conclure : « Cela n'avait rien d'une guerre : c'était la chasse à l'homme. »

C'est alors que l'idée s'imposa à lui de se consacrer corps et âme au service des autres. Devant l'horreur de ce qu'il avait vu, l'idée de servir, de tout temps entretenue, prenait une force nouvelle : il n'était plus question de s'abandonner aux joies de la vie de famille ni à l'éducation d'enfants, ni à la procréation.

La décision d'être chaste, Gandhi l'avait prise en fait après la naissance de son quatrième fils : il le dit expressément, il ne voulait plus d'enfant. Et sa femme lui avait donné son accord. Mais il constata, alors comme par la suite, que la chasteté s'avérait une conquête difficile, n'étant pas une simple affaire de corps, mais aussi de désir, mais aussi de pensée. « À la racine de toute sensualité, il y a l'esprit. » L'esprit doit donc collaborer avec l'abstinence du corps. « Le renoncement sur le plan physique n'est d'aucun secours s'il n'est pas secondé d'un véritable détachement de l'esprit. » Esprit et corps mâtés : au fond, la domination de la sexualité était le stade suprême, et le plus ardu, du détachement — cette protection du corps, de l'esprit et de l'âme — qui, selon la *Gita*, mène à la vérité, c'est-à-dire à Dieu.

Cette signification profonde du brahmacharya, en tant qu'étape nécessaire dans la recherche de Dieu, Gandhi avoue ne l'avoir pas pleinement mesurée jusqu'alors, ni s'être rendu compte du caractère indispensable de ce vœu pour l'homme qui « aspirait de toute son âme à servir l'humanité » (ou encore : à s'avancer vers Dieu). « Qu'est-ce que le brahmacharya ? C'est la règle de vie qui nous conduit à Brahma, à Dieu. Elle suppose une maîtrise totale de la sexualité : en pensée, en paroles et en actes. Si la pensée n'est pas contrôlée, le reste va à la dérive... Tout n'est qu'un jeu d'enfant dès lors qu'on tient les rênes de sa pensée[7]. »

Restait à mettre au point les règles de ce jeu d'enfant (discipliner son corps, passait encore, son esprit, c'était une autre affaire, et pourtant l'un n'allait pas sans l'autre). Lors de ces repas végétariens, à Londres, le contrôle du palais avait commencé d'instruire Gandhi sur les moyens dont il pouvait s'aider dans sa quête ; de nouvelles expériences diététiques enrichirent son savoir : la nourriture du brahmachari devait être « réduite, simple, non épicée, et, si possible, crue », en fait des fruits frais et des noix. Le lait, en revanche (qui décidément lui causa bien des problèmes), avait sur lui l'effet contraire, il agissait comme stimulant (et il essaya sa vie durant de lui trouver un substitut). Jeûne, choix des aliments, régime alimentaire, autant de moyens, d'aides apportées à l'esprit dans la difficile conquête du contrôle de soi, dont l'apogée était le vœu de brahmacharya. Une progression vers la force intérieure requise pour servir l'humanité et, peut-être le pressentait-il, pour la pratique du satyagraha.

« Les événements prirent une telle tournure, à Johannesburg, qu'ils devaient faire, de cette purification de soi que j'entreprenais, une sorte de prélude au satyagraha. »

Voici venue cette période de la vie de Gandhi où toutes les méthodes de combat non-violent et de désobéissance loyale furent développées les unes après les autres. Il était alors, en tant que serviteur public, enfin entré dans son identité totale, au-delà de ses rôles divers : professionnel, politique, économique.

Le « Black Act », ou Loi Noire : tous les Indiens du Transvaal, hommes, femmes et enfants au-dessus de huit ans, devaient se faire enregistrer et donner leurs empreintes digitales. Inspirée par le fantasme d'une invasion d'immigrants indiens, cette mesure apparut aux Indiens comme une volonté de les pousser hors du Transvaal et de les humilier, en particulier les plus prospères d'entre eux (ces marchands musulmans qui ne pouvaient supporter l'idée que des descentes de police violent la réclusion de leur femme). Gandhi, quant à lui, pensait que mieux valait mourir que de se soumettre à une telle loi. Mais mourir, comment ?

En septembre 1906, les Indiens se réunirent à l'Empire Theatre à Johannesburg. Le théâtre était plein à craquer d'une foule houleuse, déchaînée, prête à se venger. « On parlait de tout saccager. » Gandhi, assis au fond comme à son habitude, attendait que passe sa résolution, qui était d'accepter n'importe quelle peine plutôt que de s'incliner devant la « Loi Noire ». De son propre aveu, il ne savait pas bien ce qu'il allait faire, mais sentait tout de même (et cette situation est typique de Gandhi) que « quelque chose d'étrange allait arriver ». À ce moment, un certain Haji Habib jura, au nom de Dieu, que jamais, non, jamais, il n'obéirait à cette loi. Un serment fait au nom de Dieu. Or les vœux et les serments étaient l'affaire de Gandhi : il en avait fait sa vie durant. En un instant, sa perplexité fit place à l'enthousiasme. Il prit alors la parole : un serment, on ne le fait pas devant son voisin, mais devant son Dieu, un serment vous engage jusqu'à la mort. « Il n'y a pour moi qu'une voie possible, mourir plutôt que me soumettre à la loi. C'est peu probable, mais même si tout le monde se désistait, me laissant seul à faire face, je sais que je ne trahirais pas mon serment. » Il leur demanda de sonder leur cœur : confiscation des biens, insultes, prison, travaux forcés, peine du fouet, privation de nourriture, jusqu'à ce que mort s'ensuive, étaient-ils prêts à supporter tout cela ? La séance se termina par une promesse solennelle faite à main levée et devant Dieu : personne ne plierait devant la loi nouvelle.

À cet instant, Gandhi sut que quelques principes nouveaux étaient nés. Du fin fond de l'affront racial avait émergé une méthode, peu à peu mise au point, qui permettrait de le vaincre. Faute de mieux, Gandhi emprunta d'abord, pour la désigner, l'expression anglaise « résistance passive », mais ce mouvement-là, celui des suffragettes, n'excluait ni la violence ni la haine. Un disciple forgea le mot de satagraha (à partir de deux mots sanscrits, sat : vérité, et agraha : fermeté) qui devint, pour plus de clarté, satyagraha. (Martin Luther King préféra, lui, « non-violence militante », ce qui a pourtant le désavantage de ne pas rappeler l'origine spirituelle du courage non-violent.)

Les principes du satyagraha ne seraient clairement définis que peu à peu, passé les premiers temps de tâtonnements et d'improvisation, hors de toute théorie préétablie ou, plutôt, au bout d'une suite de déclarations et mises au point, quand seront déchiffrées les expériences (mot clé) en ce domaine et que Gandhi aura approfondi une découverte inventée à l'aube des temps par les « rishis », encore mystérieuse, cependant, et toujours perfectible.

« Étymologiquement le mot signifie : se retenir à la vérité — d'où force de vérité. Je l'ai appelé également Force d'Âme ou Force d'Amour » (JI, 6). Vérité, amour, âme, des mots saturés de sens et toujours insuffisants. Mais comment traduire cette notion qui est incommensurable, aussi indéfinissable que Dieu ?

> Dans le satyagraha est tout l'espoir de l'Inde. Et qu'est-ce que le satyagraha ? Il a souvent été décrit, mais de même que le soleil ne peut l'être complètement même par le serpent Sheshaga aux mille langues, le soleil du satyagraha ne saurait se décrire de façon satisfaisante. Nous voyons sans cesse le soleil et pourtant nous n'en savons pas grand-chose... (JI, 3)

Force d'Âme dont l'idée a jailli comme seule réaction acceptable à l'expérience de l'humiliation qui lui fut imposée, à Pietermaritzburg, par le racisme d'Afrique du Sud. Comme les Indiens qui subissaient les insultes, impuissants et résignés, Gandhi aurait pu s'incliner devant la loi du plus fort, rentrer dans le rang, se soumettre. Il ne le voulut pas. L'humiliation fut si profonde qu'elle ne pouvait être annulée que par l'affirmation contraire : celle de la dignité humaine, fondée sur une force, invisible, toute-puissante, invincible pourvu qu'on en ait la maîtrise, et dont aucune forme de coercition ne pourrait jamais avoir raison — une force qui le rendait, en quelque sorte, invulnérable, comme elle rendrait invulnérables tous ceux qui souffraient auprès de lui et dans le monde, en butte à l'injustice et à la discrimination. « La dignité de l'homme exige l'obéissance à une loi plus haute — à la force de l'esprit. » Par la seule vertu de leur souffrance et de leur supériorité morale, ces victimes acquéraient le pouvoir d'inverser les positions et de transformer l'adversaire : d'opérer en lui ce que Gandhi appelait un « changement de cœur ». Pour cela, il ne fallait pas offrir au tyran la résistance physique à laquelle il s'attendait, mais, trompant cette attente, « une résistance de l'âme qui échappera à son étreinte. Cette résistance d'abord l'aveuglera et ensuite l'obligera à s'incliner. Et le fait de s'incliner n'humiliera pas l'agresseur, mais l'élèvera... » (*Young India,* 8 octobre 1925). Toucher le cœur, convaincre l'ennemi, l'émouvoir, parce que tel est le pouvoir de la souffrance, ouvrir en lui un autre regard : « C'est le seul moyen pour voir s'ouvrir en l'homme une autre sorte de compréhension qui, elle, est tout intérieure. C'est la souffrance, et non l'épée, qui est le blason de l'homme » (SB, 146). Refus, ou dédain, de s'abaisser au niveau de la brute — celui où sévit l'usage de la force, que ce soit la force physique ou celle des armes —, désir d'élever l'homme, de le pousser vers le dépassement de soi, dans l'accomplissement de ses facultés les plus hautes, hors des pièges de la haine et de la vengeance, hors de l'engrenage sans fin de la violence.

L'homme ne devient pas divin lorsque, dans sa personne, il incarne l'innocence ; c'est alors seulement qu'il devient véritablement homme (JI, 33).

Commencer par le travail sur soi

Peut-être, pour aller contre les idées reçues, faudrait-il d'abord s'interroger sur ce qu'est la violence. Non cette violence massive qui se déploie de façon spectaculaire dans les guerres, mais celle, insidieuse et invisible, qui couve à petit feu en chacun de nous, d'autant plus dangereuse qu'elle est habituelle et qu'on n'y prête pas attention ; celle qui prend plaisir à humilier et dominer plus faible que soi, ou qui, d'une parole cinglante, exerce une vengeance à bon compte. À force de ne penser qu'aux grandes causes et aux guerres, dit Gandhi, la conscience s'endort et on oublie ces

mille autres formes bien plus insidieuses de violence telles que les paroles méchantes, les jugements sévères, la malveillance, la colère, le mépris et le désir de cruauté. Faire souffrir à petit feu les hommes et les animaux... humilier et opprimer sans motif les faibles et tuer leur dignité comme cela se voit chaque jour autour de nous, tous ces actes sont autrement plus empreints de violence que le fait de supprimer une vie par simple bienveillance (GI, 91).

Supprimer la vie par bienveillance ou amour n'est pas contraire aux lois de la non-violence, car en certains cas l'intérêt de la personne l'exige (Gandhi admettait ainsi le recours à l'euthanasie). La petite décharge de haine quotidienne est à l'opposé de l'amour et donc, contraire à l'esprit du satyagraha. On approche de ce qu'est la non-violence selon Gandhi : moins l'abstention de la violence que le recours à la force d'amour. En commençant par la découverte en soi (et non dans un gouvernement « satanique ») des sources cachées de la violence. Prise de conscience qui mène au travail sur soi-même, à la domination de l'instinct, puis aboutit à un mouvement plus vaste d'influence sur les autres.

Pour combattre une autre idée reçue : rien de moins passif que la non-violence gandhienne, il s'agit au contraire d'un combat actif. « La non-violence a pour condition préalable le pouvoir de frapper. C'est un refrènement conscient et délibéré du désir de vengeance que l'on ressent. » Pas de pacifisme bêlant et lâche non plus : « La vengeance est toujours supérieure à la soumission passive, efféminée, impuissante, mais la vengeance aussi est une faiblesse. » Ou, plus clairement encore : « J'aimerais mille fois mieux risquer la violence que risquer l'émasculation de toute une race. »

En fait, la non-violence suppose une force qui ne s'acquiert qu'au terme d'un apprentissage long et ardu. De même que, à un homme mutilé, il faudrait pouvoir rendre son bras perdu si l'on veut lui faire sentir le mérite de ne pas tuer, dit Gandhi, de même « une nation qui n'est pas capable de lutter ne peut guère prouver par son expérience la vertu de ne pas lutter ». (Pour le brahmacharya, il tiendra le même raisonnement : observer le vœu de chasteté revient à maîtriser un besoin physique, alors qu'on est en *possession de la plus grande virilité*.) Si bien que la non-violence fondée sur la peur et le désir de se préserver est à l'opposé de cette « non-violence » que prêchait Gandhi et qui exige la maîtrise des réactions instinctives.

Il ne s'agira donc jamais de s'incliner (mieux vaut mourir). Mais — la vengeance étant tout de même une faiblesse (céder à une impulsion mauvaise) — de déployer une force qui lui soit supérieure, plus grande que celle conférée par la haine.

La non-violence, sous sa forme active, consiste... en une bienveillance envers tout ce qui existe. C'est l'Amour pur. Je l'ai lu dans l'Écriture sainte hindoue, dans la Bible et dans le Coran. La non-violence est un état parfait. C'est un but vers lequel tend, bien qu'à son insu, l'humanité tout entière...

L'empire sur soi est seul obligatoire. La vengeance est une satisfaction qui exige des règles compliquées. La maîtrise de soi est la loi de notre être. La plus haute perfection demande la plus haute maîtrise. La souffrance devient ainsi le symbole de l'espèce humaine (JI, 33).

Dans cette vision d'un état parfait, la question de l'échec ne se pose pas, puisque ce n'est pas le souci du résultat qui motive l'action, mais l'action même (ce que prescrit la *Gita*), l'effort en soi, qui est tension vers Dieu.

Le but s'éloigne sans cesse de nous... La satisfaction se trouve dans l'effort accompli, non dans le but atteint. Dans l'effort absolu se trouve la victoire absolue.

Pour moi, la loi d'Amour est la loi de mon être. Chaque fois que j'échouerai, et justement à cause de mon échec, mon effort n'en sera que plus résolu (JI, 33).

Une certitude en accord avec l'observation d'une loi générale : au-delà de la mort et de la destruction, au-delà de la haine, l'affirmation de la vie qui reprend son cours et toujours domine. « La loi de l'amour gouverne le monde. La vie persiste en dépit de la mort. L'univers continue malgré la destruction incessante. La vérité triomphe de l'erreur. L'amour l'emporte sur la haine[*] » (*Young India*, 23 octobre 1924). Ou, plus simplement : « L'amour ne meurt jamais. »

Et cette phrase étonnante : « L'Histoire consiste à prendre acte des interruptions dans le travail continu de la force d'amour. »

Au monde qui se militarisait toujours plus, Gandhi allait offrir une alternative en envisageant une humanité non-violente. Il avait vu, et ressenti dans son corps, sondé jusqu'au fond l'évidence de la mort, de la haine et de l'humiliation ; d'une telle évidence résultait non l'amertume, mais un « optimisme invétéré » — et des obligations envers la vie. Ayant fait vœu de ne tuer ni procréer, de servir la vie, quoi qu'il lui en coûte, il avait « payé le prix », gagné le droit de tenir sa position, et beaucoup, pour cette raison, le suivirent.

---

[*] « À l'Être-Vie-Vérité-Amour s'épandant dans l'univers, vie et énergie cosmique agissant de l'intérieur sans contrainte, répond la non-violence de l'homme, sa vérité, son amour... Par elle, en elle, le satyagrahi épouse la bonté universelle... s'arrachant à l'égoïsme, à l'agressivité dans l'identité reconnue de son soi et du Soi cosmique » Suzanne Lassier, *Gandhi et la non-violence.*

Les qualités requises

« Fearlessness », l'absence de peur (« plus que la non-peur, le courage de celui qui a dépassé la peur [8] ») était selon lui la qualité la plus importante, celle qui était indispensable au satyagraha. Absence de toutes les peurs — nécessaire au détachement —, à commencer par la toute première, celle qui nous fait trembler chaque jour, nous ôtant jusqu'au sentiment de notre dignité : une peur liée à l'impuissance quand un plus fort exerce sur nous son pouvoir. Celle qui écrasait l'Inde sous la puissance anglaise. « Sous la domination britannique, le premier réflexe du peuple indien était celui de la peur : une peur envahissante, oppressante, étouffante, peur de l'armée, de la police, des services secrets tentaculaires, peur de la classe au pouvoir dans l'administration, peur des lois conçues pour réprimer, de la prison, peur de l'agent du propriétaire foncier, peur de l'usurier, peur du chômage, de la famine toujours à l'affût. » Et, poursuit Nehru, « c'est contre cette peur ubiquitaire que s'éleva la voix paisible et déterminée de Gandhi. N'ayez pas peur » (DI, 408). Voici que quelqu'un était enfin venu leur dire, et leur prouver, qu'ils avaient en eux la force voulue pour redresser la tête.

Le satyagraha — le sentiment de posséder en soi une puissance supérieure à celle des armes — fut peut-être la première forme d'émancipation du pays, la plus grande force de la faiblesse : « un moyen efficace de mettre les masses en mouvement, en accord, semblait-il, avec le génie particulier du peuple indien. Il tira de nous le meilleur et mit l'adversaire dans son tort. Grâce à lui, nous nous défîmes de la peur qui nous écrasait, nous commençâmes à regarder les gens en face, ce que nous n'avions jamais fait, et à leur parler de façon franche et ouverte. Un grand poids nous était ôté de l'esprit, et cette nouvelle liberté de parole et d'action nous emplit de confiance et de force » (GWH, 743). Ce n'était pas que le caractère fondamental du peuple avait changé, bien sûr, mais « une inversion du courant » était devenue perceptible à mesure que le besoin de mensonge et de dissimulation diminuait. « C'était une transformation psychologique, un peu comme si un psychanalyste avait sondé le passé du patient, trouvé l'origine de ses complexes, et, en les exposant devant lui, l'avait débarrassé de ce fardeau » (DI, 408).

Rendre à un peuple humilié sa fierté, n'est-ce pas là, déjà, une victoire certaine ? Mieux encore : transformer « l'homme ordinaire en saint ou en héros » ; exiger de lui le plus dur, et avoir confiance en lui — en son aptitude à se vaincre et en son endurance —, savoir qu'il sera à la hauteur de cette exigence. L'indépendance ne fut acquise qu'au prix d'une telle détermination, si nombre d'autres facteurs entrèrent en jeu.

En 1908, quand on l'interrogea sur l'origine du satyagraha, Gandhi répondit en citant le Nouveau Testament : le Sermon sur la montagne l'avait éveillé à l'idée de résistance passive ; la *Bhagavad Gita* ne fit qu'approfondir son impression et la lecture du livre de Tolstoï, *Le royaume de Dieu est en vous*, lui donner sa forme définitive.

PRISON

Le gouvernement ordonna aux Indiens du Transvaal de se faire enregistrer avant la fin juillet 1907. Des piquets de volontaires (à partir de douze ans) furent postés devant les bureaux, afin de dissuader les Indiens qui pourraient se présenter, avec la stricte consigne de montrer la plus grande courtoisie envers les entêtés. En fin de compte, il n'y eut que cinq cents hommes pour s'enregistrer. Le 28 décembre 1907, Gandhi dut comparaître devant le tribunal où il avait plaidé encore récemment : dans le box des accusés cette fois. Non seulement, il avoua, mais il demanda un jugement sévère comme chef de bande. Il ne fut pas écouté puisqu'on ne le condamna qu'à deux mois. Pour la première fois, il enfila une tenue de prisonnier et fut enfermé dans une cellule. Si le gouvernement avait espéré briser ainsi le moral des troupes, il en fut pour ses frais : avant peu, d'autres prisonniers satyagrahi vinrent le rejoindre, hilares et en groupes serrés ; en fait, on rivalisait pour se faire condamner ; la peur de la prison, nommée « l'hôtel du roi Edouard », avait disparu ; 155 résistants se pressaient là, dormant par terre et mangeant mal, mais le moral était au plus haut. Une gaieté, un

optimisme qui passent dans les lignes de *Satyagraha in South Africa*. Un nouvel esprit soufflait.
À peine Gandhi s'était-il installé dans cette existence, qui devait lui devenir coutumière, qu'il fut
convoqué dans le bureau du général Smuts à Pretoria. Là s'élabora un « gentleman's agreement » :
l'acte en question serait révoqué pourvu que les
Indiens se fassent enregistrer *volontairement*. Il
était sept heures du soir, Gandhi n'avait pas un sou
en poche, le secrétaire du général lui prêta quelques
pièces, de quoi s'acheter un billet de train, et il se
précipita vers la gare. À Johannesburg, il expliqua
à ses camarades l'accord proposé par Smuts. Et les
critiques de pleuvoir : pourquoi n'avoir pas commencé par abolir l'acte ? Et si Smuts se montrait
traître à sa parole ? Un satyagrahi ne doit, par principe, jamais craindre son adversaire, mais au
contraire lui faire confiance. Telle fut la réponse de
Gandhi, que les Indiens décidèrent de suivre. Seuls
les Pathans, soupçonneux et guerriers, étaient sûrs
qu'il avait trahi, et pour de l'argent, croyaient-ils.
L'un d'eux menaça de tuer le premier Indien à
oser s'enregistrer. Comme de bien entendu, ce fut
Gandhi.

Le matin du 10 février 1908, il se rendit au
bureau d'enregistrement. Un groupe de Pathans
l'attendait au tournant, parmi eux Mir Alam, l'un
de ses clients. Gandhi n'eut que le temps de crier
« He Rama » (Ô Dieu), les mêmes mots qu'il devait
prononcer le 30 janvier 1948, le jour où il mourut,
et une pluie de coups s'abattit sur lui. N'était l'in-

tervention de quelques passants, il eût été rossé à mort.

Donc, il avait risqué sa vie pour remplir sa part du contrat passé avec le général Smuts. Ce dernier valida les enregistrements volontaires... et ne retira pas la Loi Noire. Qui des deux s'était montré un gentleman ? Gandhi exposa sa pensée dans un article de *Indian Opinion*; il écrivit aussi à Smuts, dont les souvenirs ne correspondaient malheureusement pas aux siens.

SECONDE TENTATIVE

Un « ultimatum » fut envoyé au général : ou il retirait la loi, ou il y aurait un grand autodafé : les certificats d'enregistrement seraient brûlés. Devant une telle audace, les membres de l'Assemblée du Transvaal faillirent s'étrangler de colère. La loi ne fut pas abrogée. Deux heures après l'expiration du délai, le plus grand chaudron qu'on put trouver était prêt et deux mille cartes y flambèrent en un grand feu de joie. Un journaliste de Johannesburg compara l'occasion à la « Tea-party de Boston ». Cette équipée-là n'eut sans doute pas la même ampleur que la guerre américaine d'Indépendance, mais elle ne manqua ni d'audace ni de panache — ni d'un côté spectaculaire; Gandhi allait prouver qu'il avait à la fois le sens du symbole et de la mise en scène.

Pour que tout finisse mieux encore, Mir Alam, une fois sorti de prison, vint demander publiquement pardon à Gandhi, qui assura n'avoir jamais gardé contre lui de rancune.

La question demeure : comment Gandhi allait-il peu à peu réussir à entraîner les masses indiennes d'Afrique du Sud dans son mouvement, les travailleurs sous contrat aussi bien que l'élite ? Il est évident qu'il sut utiliser, en grand stratège qu'il était, les événements politiques — ces promesses que le gouvernement se hâtait d'enfreindre dès qu'il les avait faites —, pour mettre à exécution les plans qu'il avait formés ou, sinon, envisagés, donnant chaque fois une nouvelle impulsion au mouvement — qui menaça parfois de s'enliser —, gagnant un soutien toujours plus étendu.

Ainsi, lorsque Gokhale vint en Afrique du Sud en 1912 (un voyage triomphal, où l'on déroula le tapis rouge, comme les Anglais savaient le faire pour ces représentants en visite, si peu qu'ils les aient par ailleurs respectés), on l'assura que la Loi Noire serait abolie et que l'impôt de trois livres, payé par les travailleurs sous contrat, le serait aussi. Ce que crut Gokhale. À peine avait-il tourné les talons que le général Smuts, toujours lui, déclara que — l'opinion blanche étant ce qu'elle était — la taxe allait demeurer. Une autre trahison : un nouveau moyen pour Gandhi, en reprenant ce point particulier de la lutte, en incluant l'abrogation parmi ses exigences, de fournir un intérêt immédiat aux travailleurs les plus pauvres.

Un exemple supplémentaire serait donné par la façon dont il étendit le mouvement aux femmes. En 1913, la Cour suprême du Cap commit la sottise de déclarer que seuls seraient légaux les mariages contractés suivant le rite chrétien : c'était invalider tous les autres. Les femmes hindoues, parsies, musulmanes… devenaient de simples concubines — un affront si violent, contre ces épouses et mères, contre leur pays d'origine, que Gandhi n'eut aucune peine à faire admettre leur participation au satyagraha : désormais les femmes indiennes, possédant des droits égaux en tant que satyagrahi, auraient l'opportunité de se sacrifier sur la « ligne de feu ». Les femmes étaient enrôlées dans la cause. Avec ces apports successifs, le satyagraha devenait, comme le voulait Gandhi, un mouvement populaire, un instrument qui partait de la base, prêt à soutenir les méthodes nouvellement mises au point.

La difficulté que rencontra Gandhi fut à la fois de contenir le mouvement dans ses limites, et de lui garder un objectif précis, quand d'autres auraient voulu mobiliser plus largement et le charger de tous leurs griefs. Il savait que, pour être efficace, une campagne devait être nettement définie, que si l'on mettait sa vie en jeu, il fallait le faire dans un but donné : étendre et fragmenter ce but ne ferait que lui enlever de la force et ses chances d'être atteint. Sans compter le discrédit attaché à l'échec : c'est l'instrument même, le satyagraha, qui serait alors contesté. En chef des satyagrahi, secondé par les lieutenants dévoués qu'il avait formés, Gandhi dut, lors de chaque campagne, veiller à ces dangers.

Les méthodes employées, on les a vues depuis, reprises sur les scènes de contestation du monde. Pour l'heure, elles consistaient principalement à remplir les prisons. Et, pour ce, à défier la loi, harceler un gouvernement qui, souvent, réagissait lentement.

Vendre sans une autorisation vous valait la prison. Les permis se perdaient donc en masse. Et les riches, marchands ou avocats, se faisaient du jour au lendemain colporteurs. On les voyait poussant une charrette de légumes et, le jour d'après, en prison. Ils étaient condamnés aux travaux forcés.

Enfreindre l'interdiction de franchir la frontière du Transvaal offrait un autre moyen d'être incarcéré. La première de ces « invasions », qui causaient tant de peur aux Blancs, fut menée par des Indiens instruits, parlant anglais, parmi eux, le fils de Gandhi, Harilal. On les arrêta à Volksrust, une petite ville sans intérêt particulier, située sur la frontière, qui allait entrer dans l'histoire de la désobéissance civile. En octobre 1908, ce fut au tour de Gandhi. La première nuit, alors qu'il se trouvait en compagnie de criminels, « sauvages, vicieux, meurtriers, crapuleux, lubriques », il lut la *Gita*. Les jours passaient, son dos lui faisait mal et ses paumes se couvraient d'ampoules. Mais il faisait la cuisine avec enthousiasme pour ses compagnons indiens, du porridge sans sucre qu'ils mangeaient sans un murmure, et, le soir et le dimanche, il lisait Ruskin et Thoreau (dont il découvrit alors, dit-il, l'essai sur la Désobéissance civile. On a souvent dit que Gandhi avait puisé son idée du satyagraha dans Thoreau, ce qu'il a réfuté : « La résistance à l'autorité en Afrique du Sud avait déjà bien progressé avant que je ne lise l'essai sur la Désobéissance civile »). Bref, la prison ne lui déplaisait pas : « Le vrai chemin du bonheur, c'est d'aller en prison et de subir souffrances et privations dans l'intérêt de son pays et de sa religion. » Il devait d'ailleurs être bientôt emprisonné encore une fois, en 1909. Peu après, il entra en contact épistolaire avec Tolstoï (qui avait noté dans son Journal : « Ce matin, deux Japonais sont arrivés. Hommes sauvages, en extase devant la civilisation européenne. D'autre part, le livre et la lettre de l'Hindou révèlent la compréhension de toutes les insuffisances de la civilisation européenne et, bien entendu, de sa totale incapacité » LMG, 92).

En juillet 1909, Gandhi s'était rendu à Londres pour y rencontrer diverses personnalités et faire progresser la question sud-africaine. Un voyage sans grand résultat ; le sceau infamant de l'inégalité raciale demeurait. La lutte continuait.

Poursuites, refoulements, pressions diverses, le mouvement ne cédait pas mais s'essoufflait. Les déportations, la punition la plus dure, avaient pourtant l'avantage d'alerter l'opinion publique en Inde et dans l'Empire, ce qui n'était pas contraire aux visées de Gandhi. Mais le temps jouait en faveur du gouvernement du Transvaal. Les fonds de l'association étaient à sec, le journal avait besoin d'argent, les bureaux de Johannesburg et de Londres aussi. Gandhi arriva à la conclusion que, pour des raisons d'économie, et pour aider les familles des satyagrahi emprisonnés, il fallait loger tout le monde dans une ferme coopérative. Phoenix, à trente heures de train, était trop loin de Johannesburg.

Comme toujours, un bon ange vint à la rescousse. Cette fois ce fut en la personne de Kallenbach, un architecte juif allemand fort riche, que son intérêt pour le bouddhisme avait rapproché de Gandhi. Ils devinrent inséparables et, après la première sortie de prison de Gandhi, se mirent à vivre ensemble. « Ce fut une vie assez dure que nous menâmes. » Kallenbach, qui avait connu un luxe raffiné, suivit Gandhi dans sa « vie de retenue », éprouvant même le besoin de jeûner avec lui et de partager ses multiples expériences diététiques. « Notre ambition était de mener la vie des gens les plus pauvres qui fussent. » Plus de cuisine, un gain de temps, ils ne mangeaient que des fruits, et encore, les moins chers possible. Ensemble, ils poursuivaient leurs « expériences de vérité ». « Un homme, a dit Gandhi, aux sentiments forts, aux sympathies ouvertes, à la simplicité d'enfant. »

C'est donc Kallenbach qui acheta la ferme Tolstoï pour en faire don aux satyagrahi. Elle était située à trente-quatre kilomètres de Johannesburg (soixante-huit kilomètres à marcher pour l'aller et retour). Gandhi, qui avait plus de quarante ans et ne se nourrissait que de fruits, les parcourait allégrement dans la journée.

À la ferme, Gandhi était heureux, il progressait dans la voie du peu, cuisait son pain, ce dont il était fier, écrivait un guide de la santé, apprenait la menuiserie et la cordonnerie sous la direction de Kallenbach (ce dernier avait acquis, dans un monastère trappiste près de Durban, l'art de fabriquer des sandales). Il n'y avait ni chaises ni lits, on dormait à la belle étoile, chacun muni d'un oreiller et de deux couvertures, et on mangeait légèrement. Pas de serviteurs, bien entendu. Après un tel régime, pourquoi craindre la prison ? Gandhi testait, en compagnie de Kallenbach, le pouvoir de la non-violence sur les serpents. Éducateurs en sus, ils faisaient l'école aux enfants de la colonie : l'éducation du cœur était privilégiée et le travail manuel honoré. Ce groupe de gens qui, dans leur défi au gouvernement du Transvaal, menaient une vie de pauvreté et d'austérité volontaire, et s'en trouvaient heureux, voilà qui rassurait le reste de la communauté indienne.

LA PHASE FINALE

Gokhale, après sa visite en Inde, s'était renseigné auprès de Gandhi sur la puissance de son « armée de la paix ». Le plus sérieusement du monde, Gandhi lui avait répondu qu'il comptait sur seize satyagrahi, au plus sur soixante-six. Des chiffres qui avaient laissé Gokhale songeur : une poignée d'Indiens contre le gouvernement du Transvaal. C'est qu'il ne pouvait prévoir la stratégie de

Gandhi qui allait attirer des milliers d'Indiens dans le mouvement.

Donc la campagne fut lancée. Deux groupes de « sœurs », les Phoenix sisters (Mme Gandhi parmi elle) et les Tolstoï sisters pénétrèrent sans permis, les unes dans le Transvaal, les autres dans le Natal. Avant que ce second groupe ne soit appréhendé, les sœurs avaient persuadé les mineurs de Newcastle de se mettre en grève. Ils s'étaient révélés prêts, abandonnant le travail par centaines, puis par milliers. Quand on arrêta les femmes, les emprisonnant avec les criminels de droit commun, la nouvelle se répandit dans tous les pays du monde, l'opinion s'enflamma, et la grève s'étendit. Une grève de mineurs était une affaire sérieuse. Gandhi, « aussi perplexe que content », se rendit en toute hâte sur les lieux, sans la moindre idée de la façon dont il allait agir. Une fois encore, il découvrait sa méthode sur le tas. Quand les propriétaires des mines coupèrent l'eau dans les maisons des grévistes, Gandhi leur conseilla de quitter les lieux et de prendre la route, laissant tout derrière eux, sauf quelques couvertures. Mais pour aller où ? Un couple de chrétiens de Madras, les Lazarus, avait invité Gandhi ; leur petit jardin devint un véritable caravansérail où ne cessaient d'affluer les « pèlerins » ; on dormait à la belle étoile, on mangeait le riz donné par les marchands de Newcastle. Bientôt quelque cinq mille pèlerins s'étaient assemblés en vue du lopin de terre des Lazarus et Gandhi se demandait que faire de cette multitude, de ces milliers d'hommes, de femmes et d'enfants. D'abord les mettre en sûreté. Il décida de les conduire en prison, dans le Transvaal, la frontière étant à cinquante-huit kilomètres de là, c'est-à-dire à deux jours de marche. Il leur fit part de la situation, leur décrivit la dureté de la prison, incita ceux qui hésitaient à retourner aux mines. Pas un ne recula. Au contraire, de nouveaux mineurs ne cessaient d'arriver.

C'est ainsi que, le 28 octobre 1913, commença la première des longues marches que devait mener Gandhi. Auparavant, il avait instruit son monde qu'il faudrait se conduire de façon pacifique : insultés ou frappés, ils se garderaient de riposter. Et ils devraient se laisser arrêter si la police en décidait ainsi. Chacun reçut une maigre ration de pain et de sucre pour la route. « Les pèlerins que conduit Gandhi, écrit le *Sunday Post*, forment une armée des plus pittoresques. Ils sont là devant nous, maigres, réduits à rien, avec des jambes comme des baguettes, mais en réalité, lorsqu'on les voit marcher, à peine nourris, on se rend compte de leur force » (MG, 81). Pour éviter l'agitation, Gandhi se chargea personnellement de la distribution de nourriture. Dans *Satyagraha in South Africa*, il note le stoïcisme de cette nouvelle espèce de pèlerins, les mineurs affamés et résolus, les comparant pour le courage aux héros d'épopée et aux grands modèles de l'histoire. Et il raconte comment deux femmes perdirent leur bébé ; l'une, impuissante, vit le sien emporté par le courant d'une rivière. « Il ne faut pas pleurer les morts, dit-elle, c'est pour les vivants que nous devons travailler. »

Gandhi fut arrêté, libéré sous caution, relâché, arrêté de nouveau. La marche dut continuer sans son chef. À Balfour, la police voulut contraindre les mineurs à monter dans le train qui devait les déporter au Natal. Ils refusèrent. Polak, auquel Gandhi avait confié le commandement, sut les persuader d'obéir. En chemin, on les priva de nourriture, à l'arrivée on les emprisonna. Le gouvernement, dans son ingéniosité, trouva le moyen de les remettre, de gré ou de force, au travail : le complexe minier fut transformé en camp de concentration (un terme employé lors de la guerre des Boers), la main-d'œuvre blanche se vit promue au rang de gardiens, quant au travail forcé, il se ferait au fond des mines. Les mineurs, qui étaient des hommes courageux, de vrais satyagrahi, refusèrent de descendre dans les puits. On leur appliqua la peine du fouet. Peine perdue. Cette répression sauvage déclencha d'autres grèves au nord et à l'ouest du Natal. De nouveau adeptes se levaient de partout. Le gouvernement suivit alors une politique de « sang et de fer ». « Le racisme et l'intérêt économique se liguèrent pour aboutir à une répression féroce et la police montée repoussa les pauvres travailleurs indiens dans leurs mines » (MG, 82). La sauvagerie même, et la triste banalité de cette réaction, face à l'invention, au courage et à la dignité des satyagrahi, ne pouvait que faire le jeu des résistants.

Gandhi, pendant ce temps, comme Polak et Kallenbach, était emprisonné. Il balayait le terrain et cassait des pierres. Puis on le transféra à Pretoria où il fut enfermé dans une geôle sans lumière. Privé d'un banc pour s'asseoir, privé du droit de parler, en une occasion menotté aux mains et aux pieds. Et la vague de résistance s'amplifiait, cinquante mille travailleurs sous contrat étaient en grève, plusieurs milliers d'Indiens « libres » jetés en prison.

Du jour au lendemain, la question sud-africaine était devenue un sujet brûlant en Inde et dans l'Empire. De l'Inde, arrivaient des flots d'or; un missionnaire chrétien, du nom de Charles Freer Andrews, qui devait devenir un ami proche de Gandhi, donna, comme d'autres, tout ce qu'il possédait au mouvement sud-africain (il arriva d'ailleurs de l'Inde, dépêché par Gokhale, afin de remplacer Albert West, qui venait d'être arrêté, à la tête d'*Indian Opinion*; l'information, comme la propagande, la communication entre l'Inde, l'Afrique du Sud et l'Angleterre étaient particulièrement importantes en cette période, et Gandhi avait veillé à laisser ses lieutenants aux commandes).

Lord Hardinge, vice-roi en Inde, impressionné par l'ampleur de la lutte, déclara : « Les résistants indiens d'Afrique ont toute la sympathie de l'Inde et de ceux qui, comme moi, sans être indiens, aiment votre peuple » (MG, 83). Il demanda une enquête sur les accusations d'atrocités. Aucun Indien n'étant prévu comme membre de la commission, Gandhi, qu'on venait de relâcher, protesta et commença de planifier une nouvelle campagne. Il fut décidé qu'Andrews et Pearson, sympathisants du mouvement, participeraient à la médiation. Le rapport de la commission trancha en faveur des

Indiens, et, finalement, après de multiples discussions entre Smuts et Gandhi (qui avait accepté, une fois de plus, de faire confiance au gouvernement et de différer la marche projetée), les revendications essentielles furent satisfaites. Sans doute, la liberté totale de résidence, de commerce et de propriété, le droit de migrer d'une province à l'autre — des libertés que les Indiens avaient voulu inclure dans la lutte satyagraha, ce que Gandhi avait sagement refusé, préférant concentrer ses campagnes sur un point particulier — n'étaient-ils pas accordés. Les Indiens obtenaient en revanche, une fois pour toutes, la suppression du fameux impôt de trois livres ; et les mariages indiens étaient légalisés. Mais, surtout, comme Gandhi le dit dans son discours d'adieu (prononcé avant son départ, définitif celui-là), on avait fait mieux que se battre sur des points particuliers de la loi, on avait défendu le principe abstrait de l'égalité raciale, effacé « la souillure de la race ».

La victoire revenait au mouvement de résistance civile : « Une force, écrit-il dans *Indian Opinion*, qui, si elle devenait universelle, révolutionnerait les idéaux sociaux, supprimerait les despotismes et le militarisme grandissant sous lequel les nations de l'Ouest ploient et gémissent, et qui menace de submerger même les nations de l'Est. »

Le 18 juillet 1914, Gandhi quittait l'Afrique du Sud et retournait au pays après avoir fait escale à Londres. Il avait quarante-cinq ans. Vingt ans plus tôt, il était parti de l'Inde et elle lui était devenue étrangère. Kallenbach l'accompagnait et, bien sûr,

Kasturbai. Une photo prise en 1915 les montre tous les deux, Gandhi et sa femme, lui bien droit, l'air très jeune, habillé à l'indienne, avec un lourd turban sur la tête ; elle toute petite, ses yeux immenses, une expression de souffrance marquant son beau visage.

Avant son départ, il envoya une paire de sandales confectionnées de sa main au général Smuts. Lequel, bien des années plus tard, en 1939, année du soixante-dixième anniversaire de Gandhi, les lui retourna en un geste d'amitié. Invité à contribuer à un volume d'hommages, Smuts écrivit :

> Je dois avouer franchement que ses activités furent éprouvantes pour moi. Gandhi... avait mis au point une technique nouvelle. Sa méthode consistait à violer délibérément la loi et à organiser des mouvements de masse... Un grand nombre d'Indiens dut être incarcéré pour conduite illégale et Gandhi lui-même obtint — ce que sans nul doute il désirait — une période de repos et de tranquillité en prison. Pour lui, tout se déroulait selon ses plans. Pour moi, défenseur de la loi et de l'ordre, j'étais dans cette situation odieuse où l'on doit faire respecter une loi relativement impopulaire, quitte à finalement tomber en déconfiture au moment où cette loi est abrogée (LMG, 110).

Quant au cadeau de Gandhi, la paire de sandales, Smuts observa avec humour qu'il l'avait portée pendant bien des étés, même s'il ne se sentait pas digne de marcher sur les traces « d'un si grand homme ».

Le retour en Inde
La montée en puissance
1915-1920

Lorsque Gandhi débarque à Bombay le 9 janvier 1915, il reçoit un accueil triomphal de ses compatriotes, et quelques médailles du gouvernement. Son ami Gokhale l'attend et lui propose de se joindre à la société qu'il a fondée, les « Serviteurs de l'Inde », un petit groupe soigneusement choisi d'intellectuels et de travailleurs sociaux, mais il lui demande, pendant une année de « mise à l'épreuve », de ne pas s'exprimer sur des sujets politiques. Ce que Gandhi accepte d'autant plus volontiers qu'il a besoin de réfléchir sur la situation de l'Inde avant d'agir.

Comment Gandhi, absent de l'Inde pendant si longtemps, encore peu connu de la masse des Indiens, parvint-il en quelques années, avant même le tournant de la décennie, à conquérir le peuple indien au point qu'il sera suivi dans ses moindres directives par des millions d'hommes, plus puissant qu'un chef d'État — alors qu'il ne détenait aucun pouvoir officiel —, vénéré comme un saint, voire comme un dieu, la nouvelle d'un jeûne (et il jeûna souvent) plongeant l'Inde entière dans l'effroi et l'attente ?

Il y a son exemple, incarnant des idées fortes qui contrastaient avec les valeurs du colonisateur — celles de la « civilisation moderne » fondée sur la domination (de l'argent, entre autres). La puissance des idées liée à celle de l'exemple. Une conception de l'homme, élevée, exigeante — première raison de son combat, avant même l'indépendance de l'Inde — qui puise ainsi une partie de son impact dans l'opposition avec l'ennemi. Sa vision offrait un autre moyen d'appréhender le monde en renouant avec une tradition religieuse millénaire. Pour cette raison, elle trouva un écho profond auprès du peuple. « L'estime du public, écrit Nehru, allait aux qualités plutôt qu'au statut officiel. La tradition était de respecter l'instruction et la bonté chez quiconque les possédait » (DI, 103). Le pouvoir inspirait de la crainte — du respect, non. Le respect était réservé à ce qu'on admirait. « Aujourd'hui, en ces temps où l'argent est maître, l'influence de cette tradition reste très présente, et c'est pourquoi Gandhiji (qui n'est pas un brahmane) peut devenir le dirigeant suprême de l'Inde et toucher le cœur de millions de personnes sans faire usage de la force coercitive, sans occuper de position officielle, ni posséder de biens »(DI, 103). Et Nehru conclut, à propos de l'Inde cette fois, en posant cette question qui peut nous concerner : « Peut-être un critère aussi valide qu'un autre pour déterminer l'arrière-plan culturel d'une nation et son objectif conscient ou inconscient se dégage-t-il de la réponse à cette question : à quel genre de chef prête-t-elle allégeance ? » (DI, 103) Que l'Inde ait pu suivre Gandhi dans les sacrifices qu'exigeait d'elle la non-violence (jamais totale, pourtant, c'est une évidence) nous renseigne autant sur la culture de ce pays que sur celui qui l'incarnait de façon si parfaite *. Il est certain qu'il sut la comprendre et l'exprimer dans ses ressorts les plus profonds et que l'indépendance fut en partie le résultat de cette symbiose entre un homme et un peuple — si un ensemble complexe d'éléments entrent également en jeu.

La mythologie indienne abonde en histoires de grands ascètes qui, par les rigueurs de leur esprit de sacrifice et les pénitences qu'ils s'imposaient, parvinrent à édifier « une montagne de mérite »... capable de bouleverser l'ordre établi. J'ai souvent songé à ces demi-dieux devant la formidable énergie et le pouvoir intérieur de Gandhi, comme devant les intarissables réserves de sa spiritualité. Il n'était évidemment pas frappé à l'image humaine courante de ce monde ; c'était un alliage différent, et rare. Et fréquemment, du fond de ses yeux, c'était l'Inconnu qui nous regardait (VP, 232).

---

* « Le concept central de la civilisation antique de l'Inde ou de la culture indo-aryenne était celui de dharma... C'était la notion d'un ensemble d'obligations, de l'accomplissement de ses devoirs envers soi-même et envers autrui... Si l'homme s'acquittait de ses devoirs et agissait dans le respect de l'éthique, les conséquences qui en découlaient ne pouvaient être justes... Cette vision du monde offre un net contraste avec l'affirmation des droits des individus, des groupes ou des nations à l'époque moderne » (DI, 103). Devoirs autant que droits, une attitude sur laquelle insiste Gandhi dans *Hind Swaraj*, et qui explique en partie comment le peuple de l'Inde le suivit.

L'ADMINISTRATION BRITANNIQUE
ET LA PENSÉE RACIALE

En face de Gandhi, qui reste une énigme même pour ses amis, en face du peuple indien qui allait si bien s'identifier à lui, l'administration anglaise, son ennemie : « Ce n'est pas mon intention de suggérer que tout fonctionnaire anglais est un monstre. Tout fonctionnaire, cependant, travaille au sein d'un système satanique et donc, que ce soit intentionnellement ou non, devient un instrument de l'injustice, du mensonge, de la répression » (GI, 6). Un jeu d'évitements et d'opposition, parfois mêlé d'amitié, qui allait durer une trentaine d'années. Étant entendu que l'Empire britannique était, comme l'a dit lord Curzon, « la plus grande force pour le Bien qui existe dans le monde » et que ses administrateurs œuvraient pour le développement des peuples.

« Comme les colons anglais avaient envahi la terre entière, le concept le plus dangereux du nationalisme, l'idée de "mission nationale", devint particulièrement influent en Angleterre », écrit Hannah Arendt dans son analyse des *Origines du totalitarisme*. « Même si, pendant longtemps, la mission nationale en tant que telle avait pu se poursuivre, dans tous les pays dont les peuples aspiraient à l'identité nationale, sans s'entacher d'influences raciales, elle se révéla finalement proche de la pensée raciale [1]. » Avec Disraeli, qui fit de la reine Victoria l'impératrice des Indes, la su-

144

périorité raciale — une idée sur laquelle il insista sans relâche — devint un facteur déterminant de l'histoire et de la politique. « La politique introduite par Disraeli signifiait l'établissement en pays étranger d'une caste fermée dont le seul rôle se bornait à gouverner, non à coloniser. Le racisme allait évidemment être un indispensable instrument pour réaliser cette conception[2]. » L'impérialisme, conclut Hannah Arendt, « aurait dû inventer le racisme comme seule "explication" et seule excuse possible pour ses méfaits même s'il n'avait jamais existé de pensée raciale dans le monde civilisé. » Un lien que Nehru met en lumière tout au long de son livre, *La Découverte de l'Inde* :

Depuis que Hitler a surgi de l'obscurité pour devenir le Führer de l'Allemagne, on a beaucoup entendu parler du racisme... Mais l'Inde connaît le racisme sous toutes ses formes depuis le début de la domination britannique. Toute l'idéologie de ce régime était la même que celle du *herrenvolk* et de la race supérieure, et sa structure de gouvernement était fondée sur elle. En fait, la notion de race supérieure est inhérente à l'impérialisme... (DI, 370)

Que la pensée raciale ait auparavant bel et bien existé permit seulement au racisme de s'exercer sous la caution d'une tradition, c'est-à-dire avec des allures de respectabilité, et donc sans avouer les forces destructrices qu'en fait il incarnait. Les fonctionnaires de l'administration britannique jouissaient d'une inaltérable bonne conscience et de la conviction inébranlable de leur supériorité raciale et morale sur les Indiens. « Intégrité et détachement furent les symboles d'une division absolue des intérêts au point que ceux-ci ne sauraient même plus s'opposer[3]. » Un sens élevé du service public, une véritable « religion du devoir, du labeur silencieux et obstiné, de l'abnégation, l'évangile de la loi, de l'ordre et de l'obéissance[4] », des vertus que prônait Carlyle, assuraient l'impersonnalité, le détachement et la froideur liés à l'idée de perfection — la stricte application des règles. Ainsi la répression était-elle une question de devoir bien compris, non d'oppression ni de cruauté. Un colonial et théoricien chevronné, John Strachey, résumait ainsi l'attitude de l'administrateur : « Notre devoir est clair. Il consiste à gouverner l'Inde avec une détermination inflexible, selon les principes que nos lumières supérieures nous révèlent être justes, même s'ils sont impopulaires[5]. » Le héros de Kipling avait assumé le « fardeau de l'homme blanc » : malgré ce qu'il lui en coûtait, malgré ses démêlés incessants avec un peuple mi-démon, mi-enfant, ingrat par nature et inconscient des bienfaits qui lui sont déversés, il assumait sa tâche avec énergie et sans se permettre d'états d'âme, parce que tel était son devoir.

Ce qui explique pourquoi le nationalisme, un mouvement soutenu par les élites indiennes éclairées, imprégnées des idées européennes, ne fut d'abord pas pris au sérieux. Le bonheur du peuple, c'est le gouvernement impérial qui en avait la responsabilité, malgré ces fauteurs de troubles. Il fallut que l'Inde entière sous l'impulsion de Gandhi, massivement, résolument, déclare sa détermination d'être libre pour que ce désir de liberté soit enfin admis. En Angleterre, après la Première Guerre mondiale, les travaillistes et certains libéraux commencèrent à penser que le statut politique des possessions britanniques devait évoluer. Mais l'appareil colonial, figé dans sa superbe, « freinera jusqu'à la Seconde Guerre mondiale le lent processus de retrait mis en route par la métropole[6] ».

Voici ce que disait d'eux Nehru, leur ennemi il est vrai : « Les Britanniques en Inde ont toujours représenté la frange la plus conservatrice de la population anglaise... Ils sont convaincus de leur propre rectitude, des avantages et de la nécessité d'un gouvernement britannique de l'Inde, de la valeur de leur mission personnelle en tant que représentants de la tradition impériale » (DI, 554).

Et ce portrait de lord Linlithgow (qui devait décider de l'entrée en guerre de l'Inde sans l'avoir consultée) ; on y lit l'histoire des malentendus entre deux peuples : « Lourd de corps et lent d'esprit, solide comme un roc et presque aussi dénué de vision, doté de qualités et de défauts propres aux aristocrates britanniques à l'ancienne, il chercha avec beaucoup d'intégrité... un moyen de démêler la situation. Mais ses limites étaient trop nombreuses ; son esprit ne quittait pas les ornières anciennes et fuyait toute innovation ; les traditions de la classe dirigeante dont il était issu lui faisaient des œillères » (DI, 500).

Le plus obstiné dans ses vues fut cependant Churchill, l'ennemi implacable de Gandhi. En 1930 : « Tôt ou tard, il nous faudra écraser

Gandhi, le Congrès indien et tout ce qu'il représente. » Churchill qui, même au moment de la
guerre, toujours dominé par sa volonté de pouvoir
et de grandeur, aveuglé par sa conception d'une
Angleterre dominant le monde, ne voulut pas
comprendre que le temps de cette domination était
révolu et que l'heure de l'indépendance avait
sonné. « Aveugle aux changements intervenus, il
continuait de vivre dans les glorieux souvenirs
de l'époque de Wellington, de Lawrence et de
Kipling. L'Inde qu'il avait servie au 4e Hussards
était celle du polo et de la chasse au sanglier, des
fougueuses expéditions aux confins de l'Empire,
d'un gouvernement paternaliste accepté de plein
gré et de la grande impératrice blanche révérée
comme une déesse mystérieuse[7]. » Un homme qui
(selon Nehru) « incarnait le XIXe siècle, l'Angleterre
conservatrice, impérialiste, (et qui) semblait incapable de comprendre le monde nouveau avec ses
problèmes et ses forces complexes, et encore moins
l'avenir qui s'esquissait » (DI, 501). Il fallut une
guerre mondiale et un changement de régime —
l'arrivée au pouvoir du parti travailliste — pour
que se règle enfin la question de l'Inde.

Les clés du gouvernement de ce pays étaient bien
aux Communes, où s'exprimait la volonté de l'opinion britannique, et le libéralisme relatif dont béné-
ficiera Gandhi peut s'expliquer par cette influence
autant que par le pouvoir de vice-rois qui essayè-
rent tantôt de l'utiliser, tantôt de le neutraliser.

Les hommes de notre pays se faisaient broyer et le processus d'exploitation, inexorable, perpétuel, aggravait notre pauvreté, minait notre vitalité. Nous n'étions plus qu'une nation
en ruine.

Mais que pouvions-nous faire pour inverser ce processus
destructeur? Nous nous sentions sans défense dans les griffes
d'un monstre tout-puissant : nos muscles étaient paralysés,
nos esprits paralysés (DI, 406).

Peur, absence de raisons d'espérer, exploitation
sous toutes ses formes — le sort de l'artisanat et
des textiles indiens était l'un des points les plus
noirs. « Le métier à tisser à bras et le rouet, qui pro-
duisaient des myriades de tisserands et de fileurs,
étaient le pivot de la structure de cette société.
Depuis des temps immémoriaux, l'Europe recevait
les admirables tissus de fabrication indienne,
envoyant en échange ses métaux précieux et fournissant ainsi la matière première aux orfèvres, ces
membres indispensables de la société indienne...
Les envahisseurs anglais ont brisé les métiers à tisser des Indiens et détruit leurs rouets. L'Angleterre
commença par évincer les cotonnades indiennes du
marché européen, puis elle se mit à exporter en
Hindoustan le filé, et enfin inonda de cotonnades
la patrie des cotonnades [8] », cela afin que vivent
mieux les capitaines d'industrie du Lancashire et
de Manchester.

Artisans sans travail, ou prolétarisés, cultivateurs incapables de payer l'impôt et chassés de leur terre : la base du problème de la misère en Inde. « Le lopin de terre que possédait chaque famille paysanne était trop petit pour la nourrir décemment. La pauvreté et la semi-famine menaçaient, même aux meilleures périodes. Et souvent les famines survenaient, de terribles maladies se propageaient et tuaient des millions de gens... Les paysans allaient chez le banya (l'usurier du village)... leurs dettes étaient toujours plus énormes et toute possibilité de paiement, tout espoir s'effaçait ; la vie devenait une charge trop lourde pour être supportée. Telle était la condition de la vie de la vaste majorité de la population indienne sous la domination britannique, au XIXe siècle » (GWH, 433). Des millions de parents devaient refuser à leurs enfants affamés une nourriture qu'ils n'avaient pas et, lors des grandes famines, les laisser mourir de faim (et pourtant une certaine redistribution des vivres de région à région eût parfois été possible si le système en vigueur ne s'y était opposé).

Que l'exploitation des artisans et cultivateurs n'ait plus connu aucun frein, que toute coutume et règle ancienne, si mauvaise fût-elle, ait cessé de fonctionner, que les schémas traditionnels aient été brisés, supprimés, sans qu'on ait à aucun moment songé qu'ils recelaient l'identité d'un peuple, voilà qui faisait partie du crime. Et l'interdiction implicite de remplacer l'ancienne identité d'artisan par de nouvelles identités, inhérentes aux méthodes nouvelles, ne faisait que renforcer cette perte, cette absence.

Pendant la guerre, la politique britannique changea et l'industrie prospéra, à la fois dans ses activités anciennes (industrie du jute et du textile) et dans des branches nouvelles liées à la production du matériel de guerre : industrie du fer et de l'acier. Les riches le devinrent encore plus, capitalistes anglais ou indiens ; les ouvriers, qui étaient à l'origine de ces bénéfices énormes, restèrent dans un état effroyable. La situation de la masse de la population s'était détériorée encore. À Bombay, le « capital indien s'étalait au grand jour » ; à Calcutta, c'était le capital britannique qui régnait en maître. Aux pauvres, des « taudis répugnants, sans fenêtre, sans lumière, sans eau courante » servaient de logement. « Je me rappelle avoir visité quelques-uns de ces bidonvilles habités par des ouvriers. Suffoqué, le souffle coupé, j'en ressortais chaque fois hébété, rempli d'horreur et de colère » (DI, 406). Et des millions d'hommes mouraient de faim, sans emploi. Dans une telle misère, quelle base pouvaient trouver le sentiment d'identité, et la fierté qui lui est liée ? Une dignité que Gandhi voudra rendre à son peuple, en même temps que du travail.

Ce sentiment-là, les classes moyennes, « immatures et frustrées », n'ayant aucun objectif social, l'avaient perdu elles aussi et elles se trouvaient en pleine déroute. Certains tentaient de s'accrocher aux « formes révolues du passé », d'autres se transformaient « en pâles et vaines copies de l'Occident ». L'intelligentsia elle-même était engloutie dans les « ténèbres envahissantes » et les « intellectuels *déclassés*, qui n'avaient aucun lien avec la terre et se trouvaient inaptes au moindre travail manuel ou technique, allaient grossir les bataillons de chômeurs ». Un tableau, dressé par Nehru, qui peut servir de toile de fond à la montée du nationalisme.

Sur le plan politique, quand Gandhi sortit de l'ombre en 1919, le Congrès national indien (fondé en 1885), où il allait jouer un si grand rôle, était l'expression de ce nationalisme et la principale tribune de l'élite instruite des classes moyennes. Tout l'éventail des tendances politiques s'y trouvait représenté, de l'extrémisme religieux militant au libéralisme modéré à l'anglaise, si bien que le Congrès ne pouvait guère prétendre à l'efficacité d'un instrument de bataille. À cette époque, deux leaders ont émergé : Tilak, un radical qui utilise les motivations religieuses pour stimuler l'enthousiasme des foules, son image est partout, il est adoré, divinisé ; l'Anglaise Annie Besant, gagnée à la théosophie, séduite par la métaphysique hindoue, qui engage sa vie entière, d'écrivain, d'oratrice, de militante dans les rangs du Congrès afin d'obtenir pour l'Inde le plus d'autonomie possible, tout en maintenant l'amitié entre les deux peuples — populaire elle aussi, quoique son soutien politique commence à s'effriter au moment où Gandhi apparaît. Tilak étant parti pour l'Angleterre, la voie est libre. En outre, le Congrès est alors en pleine effervescence et le besoin d'un chef se fait sentir (un rapprochement imprévu s'est fait — à propos de la Turquie, en guerre contre la Grande-

Bretagne — entre deux communautés antagonistes, hindous et musulmans : le Congrès et la Ligue musulmane, qui par la suite deviendront de si féroces ennemis, ont décidé de faire front commun contre les Anglais et signé un pacte dont le but est d'obtenir pour l'Inde le statut de dominion. Le choc entre gouvernement colonial et mouvement nationaliste est évité de justesse par le rapport Montagu-Chelmsford, en 1918, qui propose le principe de la « dyarchie » ou partage des responsabilités). À ce moment fatidique, alors que la guerre — qui changea la perception qu'avaient les peuples colonisés de la civilisation européenne —, alors que la révolution russe, avec l'influence profonde exercée par ses idées sur les nationalismes anticoloniaux, avaient atteint l'Inde de plein fouet, Gandhi, le futur « Père de la nation » pour la grande masse des Indiens, effectua son entrée sur la scène politique. Il serait le catalyseur de la situation nouvelle et, comme l'a écrit Nehru *, il ferait naître le peuple à lui-même.

En attendant le moment d'agir, Gandhi s'occupe de loger les disciples et amis qui l'ont suivi. Une partie de sa « famille », dirigée par Charles Andrews, avait trouvé refuge au célèbre ashram de Tagore, à Shantiniketan, au Bengale. Gandhi les y rejoint, en wagon de troisième classe, pour mieux

---

* Nombre d'historiens pensent que Nehru, pour des raisons politiques, eut tendance à favoriser la transformation de Gandhi en icône. J'ai néanmoins choisi de me reporter aux témoignages et descriptions contenus dans ses ouvrages, qui sont d'ailleurs souvent contradictoires et révèlent son déchirement, ses hésitations et ses rages, comme son attachement à Gandhi.

se mêler au petit peuple et l'écouter, arrive à l'ashram — où il ne peut s'empêcher d'enseigner aux maîtres et élèves l'art de « s'aider soi-même » (ce qui signifie faire la cuisine et, plus important, choisir une nourriture favorable à la bonne santé du corps et de l'esprit) — mais doit en repartir en toute hâte, la nouvelle étant parvenue de la mort de Gokhale.

Finalement, retrouvant ses racines, c'est-à-dire le Goujarat, le lieu qu'il connaissait le mieux et qu'il serait le plus apte à servir, puisqu'il y utiliserait sa langue natale, il établira son propre ashram à Ahmedabad. La ville pratiquait les méthodes les plus modernes de l'industrie textile en même temps qu'elle était un centre ancien de tissage à la main (le tissage, qui recelait une si grande partie de l'identité traditionnelle et que Gandhi, pour cette raison, voulait remettre en honneur : le rouet devait selon lui tirer les paysans de la misère et il deviendrait symbole national). Double avantage pour Gandhi, qui devait agir sur un double plan : retrouver certains aspects de l'ancienne structure sociale en même temps qu'émanciper (en quelque sorte moderniser) les consciences.

Auparavant, il s'était rendu en bateau à Rangoon, puis en train à Calcutta, puis de Calcutta à Haridvar, au pied de l'Himalaya, où il amenait sa famille en pèlerinage — le tout dans les pires conditions, souvent « entassés dans des wagons de marchandises ou des fourgons à bestiaux, la tête exposée aux violences du soleil de midi, les pieds brûlés par le parquet de fer» (EV, 497), bref des milliers de kilomètres, le tour de la Terre en troisième classe — premier aperçu du nomadisme de Gandhi, qui ne cessera plus, à pied ou en train, de se déplacer à travers l'Inde. À Haridvar, où se pressent un million et demi de pèlerins, il propose de se charger avec sa famille du travail des boueux ; se trouve immobilisé sous sa tente, en proie aux fidèles qui viennent contempler son image (darshan) et ne lui laissent pas un moment de paix ; compare les mérites de l'anonymat et de la « sainteté » (Tagore lui avait délivré le titre de Mahatma, la Grande Âme, destiné à faire fortune), pour conclure que, malgré les inconvénients, mieux valait encore, cent fois, subir le sort pénible de la multitude. Au reste, la « sainteté », sous la forme de l'essaim de sadhus* venus se poser là, qui ne vivent que pour « jouir des bonnes choses de la vie », lui semble le comble de l'hypocrisie, voire de l'imposture.

L'ASHRAM DE SABARMATI

Un ashram, écrira-t-il plus tard, est « une vie de groupe vécue dans un esprit religieux ». Religieux ? Il ne s'agit pas de suivre des rites, mais quelques règles de conduite simples, et de prononcer des vœux (inspirés pour certains de ceux que respec-

---

* Sadhu : homme de bien, saint homme.

tent les jaïns, une religion très pratiquée dans le Goujarat natal de Gandhi) : vérité, non-violence, non-vol, non-possession (les besoins devant être réduits au minimum), chasteté (comme partie d'une discipline plus vaste, menant au détachement, et qui s'appuyait sur un régime diététique strict, sur le travail manuel, le service social, la prière et le sommeil — ce qui n'a pas empêché certains critiques de voir là une exigence dictée avant tout par la défiance de Gandhi envers la sexualité). Une vie austère, active, placée sous la direction de Bapu, le père, un titre qu'il préférait à celui de Mahatma. L'ashram était le lieu où expérimenter dans le domaine spirituel, mais aussi le terrain d'entraînement des soldats de la non-violence : Gandhi allait y former les satyagrahi qui, dans l'Inde entière, avec les « compagnons » qu'il avait su attirer et choisir, le seconderaient lors de ses campagnes ou répandraient son influence et ses méthodes — son programme constructif — jusque dans les villages les plus reculés.

Il nous envoya dans les villages, et les campagnes se mirent à bourdonner de l'activité des innombrables messagers du nouvel évangile d'action. Le paysan, galvanisé, sortit la tête de sa coquille de passivité. Sur nous, l'effet fut différent, mais tout aussi profond, car nous vîmes, pour la première fois, le villageois dans l'intimité de sa hutte de torchis, talonné sans relâche par le spectre décharné de la faim (DI, 411).

Ses disciples ? Des enfants autant que des vieillards, des universitaires américains, européens, imprégnés du sens de l'absolu ou teintés de scepticisme, des gens de castes diverses. Une famille d'intouchables fut admise, un geste véritablement révolutionnaire de la part de Gandhi. Nombre de problèmes surgirent d'ailleurs de ce fait, les fonds tarirent dans l'instant et seule une intervention miraculeuse (encore une fois) sauva l'ashram : celle d'un inconnu qui vint lui déposer une somme suffisante pour vivre un an; il s'agissait en fait d'un industriel du textile, un homme remarquable, qui devint l'ami de Gandhi.

Durant son année de probation, Gandhi s'était tenu à l'écart de la politique. À la fin de cette période, il observa un retrait quelque temps encore. Prudemment il avait décliné l'offre d'entrer dans la société des Serviteurs de l'Inde. Il est évident que le style et les perspectives des divers mouvements présents sur la scène étaient moins audacieux et exigeants que les siens. Mieux valait agir seul que jouer les seconds rôles dans l'ombre.

À ce stade de ma vie, alors que mes vues sont définies sur un certain nombre de points, je ne pourrai entrer dans un organisme que pour influer sur sa politique, non pour être influencé par elle. Ce qui ne signifie pas que je n'aie pas l'esprit ouvert et ne puisse recevoir de nouvelles lumières. J'insiste simplement sur le fait que ces nouvelles lumières devront être tout spécialement brillantes pour m'éblouir (MG, 99).

Autrement dit, il n'avait nulle intention de se placer sous une autorité quelle qu'elle soit; son premier but : familiariser l'Inde avec la méthode qu'il avait essayée en Afrique du Sud, vérifier jusqu'à quel point, en Inde, l'application de cette méthode s'avérerait possible.

Il refusa encore de participer au lancement du mouvement pour l'autonomie (Home Rule League) dirigé par Annie Besant, dont il avait découvert la doctrine théosophique lors de ses jours étudiants à Londres. Le 4 février 1916, se méprenant sans doute sur ses buts, elle l'avait invité à l'inauguration de l'université hindoue de Bénarès, qu'elle avait fondée. Étudiants, maharajas mécènes, pandits en veston peuplaient la salle et le podium. Gandhi, dans son discours, choisit d'y faire scandale — en disant à chacun sa vérité. Il fut interrompu avant d'avoir pu finir. Aux princes couverts de bijoux : « Il n'y a pas de salut pour l'Inde à moins que vous n'ôtiez ces joyaux et les donniez en garde au peuple de l'Inde. » Aux grands propriétaires terriens : « Il ne peut y avoir de véritable autonomie si nous prenons aux paysans, ou laissons les autres leur prendre, le résultat de leur travail. Notre salut ne peut venir que du fermier. Ce ne sont ni les avocats, ni les médecins, ni les riches propriétaires qui l'assureront. » Aux étudiants : « C'est pour moi une grande honte et une humiliation profonde... que de devoir m'adresser ce soir à mes compatriotes dans une langue qui m'est étrangère. » Il continua quelque temps encore, représentant à l'assemblée distinguée que ce n'était pas l'argent qui leur donnerait l'indépendance, ni les belles paroles, ni l'arrogance, mais l'exemple : le fait de savoir se maîtriser soi-même, ce dont ils étaient loin, il leur en énonçait les preuves. Un discours où Gandhi brûlait ses vaisseaux et qui devait contribuer à asseoir sa réputation. Celle d'un réformateur social qui mettait le doigt sur les plaies de son pays, avec la volonté d'améliorer les choses — cela on le reconnaissait, faute de le prendre encore au sérieux. « Il s'habille comme un coolie, renonce à tout avancement personnel, vit de rien ou peu s'en faut, et c'est un pur visionnaire », écrit Edwin Montagu dans son journal en 1917.

Trois causes allaient lui fournir l'occasion de démontrer le contraire. Le Bihar, sur les contreforts de l'Himalaya, loin au nord d'Ahmedabad, fournirait le cadre de son premier essai de campagne satyagraha.

Rajkopumar, l'un des nombreux petits paysans qui avaient souffert sous la loi « tinkathia » dans l'État du Bihar (une loi qui obligeait les paysans à planter les trois vingtièmes de leurs terres en indigotiers, en laissant le bénéfice de l'indigo aux propriétaires, les planteurs anglais) se mit dans la tête que Gandhi était leur sauveur ; c'est lui qui effacerait « la tache d'indigo ». Il le poursuivit sans relâche de Lucknow (où Gandhi assistait au Congrès) à Ahmedabad, et d'Ahmedabad à Calcutta, jusqu'au moment où Gandhi consentit à le suivre dans le lointain Bihar.

Gandhi commence par s'entourer d'une petite équipe de jeunes hommes instruits, juristes pour la plupart, leur impose, comme à lui-même, une discipline monastique — si bien que tous vivent à la façon des paysans pauvres qu'ils vont défendre —, rassemble les faits auprès des intéressés, sillonne le district de Champaran, parcourt les villages, recueille des milliers de témoignages et accumule un nombre considérable d'informations. On lui fait bientôt savoir qu'il doit plier bagage, ou se préparer à être arrêté. À son habitude il refuse d'obtempérer, et, devant le tribunal où l'ont rejoint des milliers de paysans, il plaide coupable : il se soumet sans protester aux punitions qui frappent la désobéissance, observant par la même occasion qu'il n'a pas enfreint les ordres donnés par manque de respect, mais « pour obéir à une loi supérieure de notre être — la voix de la conscience ». Une affirmation proprement révolutionnaire. L'incitation (inadmissible) à une prise de responsabilité dans l'action (démarche que certains activistes contemporains ont confondu à tort avec le rejet de toute autorité — une attitude non gandhienne.)

Les paysans, dont aucun leader ne s'était jamais soucié, exultent. Première leçon en désobéissance civile et plein succès. Presque trop facile la leçon : le gouvernement de l'Inde, craignant l'agitation, annule les ordres locaux et donne à Gandhi toute liberté de poursuivre son enquête, puis lui attribue un siège dans la commission qui est formée. Les officiels, mis à l'aise, le laissent « contrôler les masses » (ce que les mouvements révolutionnaires ne lui pardonnèrent pas) — « une preuve évidente que leur autorité était ébranlée » —, tandis que le peuple, en le célébrant, « n'obéissait plus qu'au pouvoir de l'amour ».

« Libre à nous de considérer M. Gandhi comme un idéaliste, un fanatique, ou un révolutionnaire, selon nos opinions. Mais pour les rayiats (paysans), il est leur libérateur et ils lui attribuent des pouvoirs extraordinaires… il embrase chaque jour l'imagination de ces multitudes ignorantes avec les visions d'un prochain millenium » (MG, 107), écrit un officier britannique. Ayant réuni les témoignages de huit mille paysans, il n'était plus un aspect du problème agraire que Gandhi ne connût. Son plaidoyer emporta l'adhésion, le système « tin-kathia » fut aboli, et la tache de l'indigo effacée. Les planteurs avaient perdu la face. La rumeur que les pauvres étaient maintenant défendus voyagea de bouche à oreille, atteignant le vaste public des masses indiennes. La presse, informée par les rapports de Gandhi, avait beau avoir pour consigne de « ne pas publier », Gandhi devint un personnage politique national.

La preuve était maintenant faite que sa méthode fonctionnait. Il n'avait pas du tout parlé politique, pas cherché à convaincre les paysans d'« en haut », par des discours théoriques : il avait vécu parmi eux, comme eux, défendant leurs intérêts, leur apprenant simplement à ne plus avoir peur. Explorer la situation de bout en bout, exposer les griefs avec franchise et simplicité, formuler des exigences restreintes et précises — avec, toujours, la menace de recourir au satyagraha. Les leaders politiques, dont il n'était plus question, jugèrent, pour certains, sa conduite dangereuse et son style déplacé. Mais les jeunes, qui en revanche avaient besoin de se donner tout entiers à une cause, s'engagèrent avec enthousiasme derrière ce pèlerin de vérité qui se vêtait comme un pauvre.

PREMIER JEÛNE

Gandhi est encore très occupé à améliorer les conditions de vie dans le district de Champaran, quand il reçoit des nouvelles inquiétantes d'Ahmedabad, près de son cher ashram. Le peuple gronde. Les ouvriers des usines textiles se plaignent de leur salaire et s'affrontent aux patrons d'usine. Le receveur d'Ahmedabad écrit alors à Gandhi pour lui demander d'obtenir un compromis. Ambalal Sarabhai, grand industriel et chef d'une famille bien connue, un homme à l'esprit indépendant (qui ne manque pas de générosité, puisque c'est lui qui a secouru Gandhi lors des difficultés créées par l'accueil à l'ashram d'une famille d'intouchables), devenu depuis lors un ami du Mahatma, est l'une des parties en présence. Sa sœur, Anasuya, déjà engagée dans des activités sociales, va soutenir Gandhi lors de la grève. Une situation dont l'enjeu émotionnel est lourd. Gandhi convainc tout de même les deux parties de procéder à un arbitrage. Mais ce processus est interrompu sous un prétexte mineur.

C'est alors que Gandhi décide de lancer sa campagne : Ahmedabad, avec toutes les associations attachées à ce lieu, sera le terrain où il va expérimenter le pouvoir du satyagraha en matière sociale. Sur son conseil, les ouvriers se mettent en grève. Tous les jours, assis sous un grand banyan près des rives de la Sabarmati, Gandhi, aidé par Anasuya, les exhorte à la patience et au contrôle de soi, leur rappelle leur serment. Mais les propriétaires ne cèdent pas et il n'est plus question d'arbitrage. Le temps passant, les ouvriers, privés de salaire et bientôt de nourriture, se lassent et Gandhi sent cette usure du mouvement. Et si les ouvriers finalement cédaient sans avoir rien obtenu, perdant ainsi non seulement la bataille, mais leur dignité ? Une pensée insupportable. « Était-ce l'orgueil ou mon amour pour les travailleurs et mon souci passionné de la vérité, qui était derrière ce sentiment ? — qui pouvait le dire ? » Un matin, lors de la réunion rituelle sous le banyan, alors qu'il « tâtonnait encore et n'arrivait pas à voir clairement (sa) voie », la lumière se fait soudain en lui. « D'eux-mêmes et spontanément, les mots me vinrent aux lèvres. » Si les mineurs ne se ressaisissent pas, luttant jusqu'à la conclusion d'un accord, il va cesser de s'alimenter ; momentanément, afin de les aider, on les embauchera à l'ashram où ils vont combler les fondations de l'école de tissage. Et chaque jour, l'on voit une interminable file de travailleurs, paniers de sable sur la tête, sortir du lit profond de la rivière, tandis que Gandhi, étendu sur sa natte, s'emploie à ménager ses forces en prévision d'un jeûne de longue durée. Pourtant, le vice particulier de ce jeûne-là, le premier qu'il ait fait pour une cause publique (et le premier de ses nombreux jeûnes « à mort »), c'est qu'il ressemble fort, comme le remarque Gandhi lui-même, à un chantage ou, tout au moins, à une forte pression exercée sur la partie adverse, alors que seule la grève aurait dû jouer : les patrons filateurs sont ses amis. De ces amis, le plus proche, et le plus entêté, est Ambalal. « C'était un vrai plaisir que de lui livrer bataille. » Mais voilà, il ne s'agit plus d'un combat loyal et le moyen adopté n'est pas tout à fait digne de la cause : l'affectivité et l'angoisse s'en mêlent, et Gandhi souffre mille morts, non sous l'effet de la faim, mais de la division de ses devoirs, car son jeûne était en fait dirigé contre la défaillance des ouvriers, et non contre les patrons, comme on pourrait le croire maintenant.

Cette première grève révélait sous une forme aiguë un malentendu qui ne cesserait de jouer : le jeûne serait considéré par les ennemis de Gandhi comme un vulgaire chantage, une forme de coercition, alors que son intention à lui était, disait-il, d'agir sur ses troupes, de leur donner à réfléchir, de les ramener à la raison — éventuellement, d'expier pour elles une faute.

Pour l'heure, alors qu'il annonçait la solution en vue, Gandhi était en proie au doute, fatigué et abattu, déprimé. « Si je compare ma situation à celle des âmes illuminées, je me sens un tel nain que je ne sais que dire. »

Trois jours de jeûne et les propriétaires avaient cédé : un arbitrage aurait lieu. La décision fut prise en faveur des ouvriers auxquels l'augmentation demandée fut accordée. Gandhi, « pour l'amour des ouvriers » avait ravalé sa « honte » de satya-grahi. Mais il semble que chaque campagne (et chacune mériterait à elle seule un livre entier) lui ait coûté un tourment immense avant qu'il ne s'engage dans l'action, et, au bout du compte, la plupart de temps, des doutes considérables quant au bien-fondé de ce qu'il avait fait.

De cette simple répétition en famille, pour ainsi dire, au grand satyagraha qui eut lieu juste un an plus tard, en 1919, le premier à l'échelle nationale, où des centaines de milliers d'Indiens seront en mouvement, où le puissant Empire britannique deviendra l'adversaire, où l'opinion mondiale vibrera comme un seul spectateur, il n'y avait pourtant pas loin. Mais auparavant un pas décisif devait être franchi : la rébellion de Gandhi contre l'Empire.

S'ENGAGER DANS LA GUERRE ?

Pendant que se livraient ces escarmouches, l'Angleterre était en guerre. Gandhi n'avait nulle intention d'affaiblir le gouvernement : il espérait que les Indiens deviendraient dès la fin du conflit, en raison de leur participation à l'effort de guerre, des partenaires dans l'Empire, au même titre que les autres dominions, et que les « distinctions raciales appartiendraient au passé ». En outre une attitude chevaleresque s'imposait : « Il ne fallait pas, selon moi, tirer parti des difficultés que traversait l'Angleterre. » En temps de guerre, il était plus « convenable et plus avisé » de ne pas faire valoir ses revendications. « Tirant les conclusions de ces idées, j'invitais les volontaires à s'enrôler. » L'Inde devait être capable de se battre, capable d'avoir des armes, capable de les utiliser. Gandhi était retombé dans les conflits intérieurs qui l'avaient agité en Afrique du Sud, alors qu'il était déchiré entre le besoin d'offrir aide et secours, en cette période d'épreuve, à l'autorité britannique (en laquelle Erikson voit une sorte de « corps parental »), et la nécessité opposée de la combattre ; entre son désir d'obtenir pour l'Inde un gouvernement autonome, ce qui impliquait, croyait-il, d'apporter la preuve de sa loyauté, et son horreur profonde de la violence : sa fidélité au satyagraha. Sans compter les reproches qu'il allait encourir de la part de ceux qu'il avait récemment encore endoctrinés. Devant cette contradiction, il n'essaie pas de se dérober : « Certes, je n'ignorais pas que jamais le fait de participer à une guerre ne pourrait être compatible avec l'ahimsa. Mais il n'est pas toujours facile de savoir exactement où se trouve le devoir. On en est souvent réduit à tâtonner dans l'obscurité. Même si on s'est juré de tout faire pour voir la vérité. » Des vérités conflictuelles, un choix difficile.

Plus tard, revenant sur cette période, sur la guerre des Boers, la révolte des Zoulous, la Première Guerre mondiale, auxquelles il prit part, il explique qu'il ne fut pas question pour lui de refuser son soutien au gouvernement : à partir du moment où il acceptait de vivre « sous un régime fondé sur la force en profitant sciemment » des facilités et des privilèges qu'il offrait, son devoir était d'aider ce régime de son mieux. Il en alla tout autrement lors de la Seconde Guerre, alors que Gandhi luttait contre ce même pouvoir. « Ma position est tout autre à l'égard de cette institution. Il en résulte que je ne serai plus volontaire pour prendre part à une guerre où ce gouvernement se trouverait engagé. »

Mais pour l'heure, il écrit au vice-roi une lettre zélée et respectueuse, lui exposant le désir d'indépendance de l'Inde, répandu, il a pu le vérifier, dans toutes les couches de la population, l'assure des sacrifices que le pays est prêt à effectuer, fait valoir ses propres services au Champaran et au Kheda, où la population, loin de maudire le gouvernement comme elle le faisait jusqu'alors, sent désormais que c'est elle « qui détient la puissance » (un argument dont on doute qu'il convainquît le vice-roi), et signale, sans toutefois insister, que telle est sa propre contribution « bien définie et toute particulière » à la guerre : « Si je pouvais rendre populaire l'emploi de la force d'âme (qui n'est jamais qu'un autre nom pour la force d'amour), au lieu de la force brute, je sais que je serais en mesure de vous apporter une Inde capable de défier toutes les forces mauvaises du monde » (EV, 575). Et il termine ainsi cette lettre : « J'écris ces mots parce que j'aime d'amour la nation anglaise et que mon désir est d'évoquer en tout Indien l'image de la loyauté du peuple anglais. » (Un amour, maintenu à grand-peine, qui allait avant peu faire place à l'attitude radicalement opposée : « Je ne puis garder ni respect ni affection pour un gouvernement qui a commis une injustice après l'autre pour défendre son immoralité », écrivait-il au vice-roi en lui retournant ses médailles, en 1920.)

Une lettre encore au secrétaire du vice-roi, pour lui proposer de devenir son « principal agent recruteur ».

Et il se lance dans la bataille. Les paysans du Kheda, auxquels il avait récemment expliqué qu'il fallait, face aux fonctionnaires britanniques qui les pressuraient d'impôts, résister, certes, mais se conduire avec courtoisie, n'en croient pas leurs oreilles quand ils l'entendent cette fois les inciter à devenir de bons soldats anglais. Il essuie un refus, sur toute la ligne, s'agite, perd la tête, travaille jour et nuit, avec désespoir, avec fureur, parcourt parfois trente-deux kilomètres à pied par jour — et sans résultat notoire. « N'avez-vous pas fait vœu d'ahimsa ? Comment pouvez-vous nous demander de prendre les armes ? » Si bien qu'il tombe malade, terrassé par une attaque de dysenterie et une température élevée. Pour la première fois de sa vie, la maladie le met au seuil de la mort.

Mais il refuse tout médicament et il est toujours plus épuisé. Veut-il se punir, subir, comme il le dit, « la sanction de sa sottise » ? Il ne peut plus écrire ni marcher (ce qui restera le cas pendant des mois), plus lire ni guère parler. En fait, il emploie le mot, il a sombré dans une « dépression nerveuse », il a perdu « tout intérêt dans la vie, n'ayant jamais aimé vivre pour vivre », et il se prépare à mourir. Un dernier message est présenté aux membres de son ashram.

Jusqu'au jour où un médecin un peu cinglé, dans son genre, dit-il, surnommé le « docteur glace », vint lui appliquer de la glace sur le corps. Ce remède, joint à un peu de lait de chèvre que lui avait conseillé Kasturbai, la tentatrice (à qui il put ainsi reprocher la rupture de son vœu), lui rendit quelque force. « Le goût des activités publiques » fit le reste.

L'OMBRE D'AMRITSAR

En fait, la motivation la plus forte pour se remettre lui fut fournie par le gouvernement de l'Inde. Les « Rowlatt Bills * », qui attaquaient les libertés civiles, alors que les Indiens, à la fin de la guerre, attendaient le geste contraire — un geste pour lequel Gandhi avait plaidé et s'était battu —, lui rendirent sa pugnacité. « Si je ne devais pas garder le lit, je livrerais bataille seul, dans l'attente de voir mon exemple bientôt imité. » Il organise une réunion à l'ashram, où sont convoqués une vingtaine de ses compagnons ; lors de la séance, un serment de satyagraha est rédigé. La presse quoti-

---

* Ces projets de loi visaient à prolonger en temps de paix les mesures répressives exceptionnelles des temps de guerre.

dienne est alertée, une organisation fondée, le « satyagraha sabha * » : réunions publiques, communiqués, signatures... Cette nouvelle activité marche « d'un train d'enfer ». Gandhi lui-même écrit au vice-roi lettre sur lettre, plaide, menace — en vain. Le gouvernement va se hâter de faire du projet une loi.

Gandhi, qui n'était pas remis de sa maladie et pouvait à peine se faire entendre en public, commença alors à sillonner le pays, secondé par ses lieutenants et militants. Il était à Madras, s'interrogeant encore sur un mode possible de désobéissance civile, quand les lois Rowlatt furent officiellement annoncées. « Ce soir-là, je m'endormis en réfléchissant à la question. Vers le petit matin, je m'éveillai un peu plus tôt que d'ordinaire. J'étais encore dans cet état de clair-obscur entre la veille et le sommeil, lorsque soudain une idée me traversa comme l'éclair — on eût presque dit d'un rêve » (EV, 589). Le matin, il expliqua à son hôte que l'idée lui était venue en rêve d'appeler le pays tout entier à observer un hartal (une grève). Toute activité suspendue, le jeûne et la prière en protestation contre la loi haïe. « La lutte que nous livrons est un combat sacré ; il me semble on ne peut plus approprié de l'inaugurer par un acte de purification de l'être. » L'idée du hartal, comme signe de deuil ou de protestation, n'était pas nouvelle en Inde ; en faire une journée de grève nationale était en revanche un coup de génie.

* Sabha : conseil, assemblée.

L'entreprise, improvisée, était un pari, mais le vœu « toucha l'imagination religieuse d'un peuple tout entier » et le pays fit grève comme un seul homme. Gandhi en éprouva une divine surprise. « Qui pourrait dire comment cela se fit ? L'Inde entière, d'une extrémité à l'autre, villes et villages, observa un hartal complet ce jour-là. Ce fut un spectacle des plus extraordinaires » (EV, 590). Le 30 mars, pour Delhi, le 6 avril à Bombay, la date ayant été changée. Hindous et musulmans dans une union sacrée. C'était plus que le gouvernement n'en pouvait supporter. À Delhi, la police arrêta la procession du hartal et ouvrit le feu sur la foule — premier incident qui aurait pu constituer une mise en garde contre ce qui allait suivre.

Celui que l'on appelait désormais, de façon officielle, le Mahatma participa à la manifestation de Bombay. Longtemps avant le lever du soleil, la foule s'était amassée sur la plage de Black Bay ; Gandhi fut l'un des premiers ; il s'assit sur un banc, avec, autour de lui, une centaine de satyagrahi. Chaque nouvel arrivant prenait un bain purificateur puis venait se placer auprès de lui. « La foule augmenta ainsi de plus en plus et devint une énorme masse humaine. » Alors, Gandhi s'adressa familièrement à tous, se référant aux récents incidents de Delhi, expliquant ce qu'était le satyagraha (à Delhi, la faute avait consisté à refuser de se disperser, à résister à l'arrestation, alors que c'était précisément le but recherché), leur disant aussi qu'il fallait acquérir ces habitudes de discipline et de contrôle de soi qui sont nécessaires à la désobéissance collective. Il les incita donc à l'obéissance afin de mieux désobéir ensemble, et la foule se dispersa calmement, manquant toutefois d'étouffer le Mahatma dans un élan d'amour, ce n'était là que la première fois.

Au soir débuta la désobéissance civile proposée : on vendait au coin des rues des livres interdits, notamment l'adaptation par Gandhi de *Unto the Last*, de Ruskin, et son manifeste, *Hind Swaraj* ; on publiait, par défi à la loi sur la presse, un journal, *Satyagraha*, que Gandhi lançait ainsi. Tous les livres furent vendus, malgré le risque de la prison : « Mais pour le moment, la prison ne leur faisait plus peur. »

Le 8 avril, Gandhi partit pour Delhi. Il avait compris que, s'il pouvait contrôler la foule maintenant immense de ses adeptes, le mouvement était pourtant menacé par des groupes marginaux et violents, comme par la répression des autorités que paniquait l'élan insondable des masses. Avant même d'atteindre Delhi, il fut arrêté ; mieux que tout autre, il pouvait maintenir la paix, mais les autorités, affolées par l'agitation populaire, cédèrent à la crainte et le renvoyèrent à Bombay. Gandhi, qui raconte cette suite d'épisodes avec humour dans son autobiographie, était bien sûr enchanté : son emprisonnement (il avait refusé de rebrousser chemin) révélerait quel était le vrai malfaiteur et ne pouvait lui faire à lui, qui avait goûté pendant ces semaines à « l'amour infini », aucun mal, car son esprit était serein. Ce dont il ne se doutait pas encore, c'est que la nouvelle de son arrestation avait mis le comble à la colère populaire et « l'avait poussée à une apogée de frénésie furieuse ». La violence explosait çà et là. À peine était-il arrivé à Bombay que la foule, en le voyant, fut prise d'une joie délirante. La procession qui l'entourait se trouva bientôt face à face avec un cordon de police. Comme à Delhi, la police chargea. « De l'extrême confusion, les gens passèrent bientôt à la débandade. Il y en eut de piétinés ; d'autres furent mutilés, écrasés... Les lanciers tranchèrent aveuglément dans la foule... L'ensemble offrait un spectacle effroyable. Cavaliers et gens mêlés formaient un chaos insensé » (EV, 597).

À Ahmedabad aussi, des troubles avaient éclaté, contre toutes les prévisions de Gandhi, qui s'était porté garant de cette ville. Au commissaire de police qui l'avait prévenu : « Le peuple ne peut qu'échapper à votre contrôle... il est bien incapable de comprendre qu'il est de son devoir de garder le calme... il suivra son instinct naturel », Gandhi, animé de son bel optimisme, avait rétorqué que l'instinct naturel du peuple était au contraire d'être pacifique. Or, à Ahmedabad, un officier britannique avait été assassiné, la population s'était livrée à des actes criminels, causant la mort d'une cinquantaine de personnes (pour la plupart des Indiens). Gandhi demanda l'autorisation de tenir une réunion publique dans son ashram de Sabarmati. Il ne pouvait supporter que les ouvriers, qu'il avait formés et dont il « avait espéré mieux », aient participé aux violences, et il se sentait coupable avec eux. Prenant la faute sur lui, il commença un jeûne de trois jours et décida, le 18 avril, d'interrompre « temporairement » toute campagne. Il se rendait compte que la préparation au satyagraha n'avait pas été suffisante, qu'il avait lancé au peuple « l'appel à la désobéissance civile avant qu'il fût qualifié pour y répondre » et, surtout, qu'il avait besoin d'un encadrement plus aguerri (« Si ceux parmi lesquels je travaillais et dont j'attendais qu'ils fussent prêts à la non-violence et à la souffrance pour eux-mêmes, étaient incapables de non-violence, alors, sans nul doute, le satyagraha n'était pas possible » EV, 601) : il avait fait, selon une expression qui fit fortune, une « erreur de calcul grosse comme l'Himalaya ». Une confession, qui, dit-il, le couvrit de ridicule, mais lui rendit quelque paix, car « j'ai toujours tenu que ce n'est que lorsqu'on voit ses propres fautes à travers un verre convexe et que l'on fait exactement l'inverse dans le cas des autres, que l'on est capable d'arriver à une juste estimation des premières comme des secondes » (EV, 602). Se montrer aux autres dans ses mouvements les plus intimes, ses défaites et ses hontes, ne rien leur laisser ignorer de ses doutes, non par exhibitionnisme, mais par souci de vérité, et parce que c'est ainsi, dans cette révélation, dans cette nudité, qu'il pouvait véritablement être proche d'eux et en accord avec lui-même. Cette confession, en février 1936, dans *Harijan*, alors qu'il avait soixante-six ans et que, observant un repos forcé, il avait été troublé par le désir : « Je ne peux me rappeler aucun exemple, au cours de trente-six ans d'efforts constants, d'un (tel) bouleversement mental... J'étais dégoûté de moi-même » (GI, 237). Et la conclusion attendue : « La confession de cette malheureuse expérience m'a apporté un grand réconfort. »

L'aveu de son « erreur himalayenne » n'apaisa pourtant pas ceux de ses partisans qui virent dans la campagne un échec. Avaient-ils raison ces impatients qui pensaient que si on attendait l'ordre et le calme partout, aucun satyagraha de masse ne serait jamais possible ? L'un des problèmes majeurs de Gandhi fut de lancer des mouvements populaires, tout en évitant qu'ils ne dégénèrent en violence désorganisée ; alors, le gouvernement aurait eu beau jeu de répondre par la répression la plus sanglante et de s'assurer ainsi une victoire massive. Tandis qu'en l'occurrence, les autorités s'étaient montrées brutales, paniquées, et finalement, avaient perdu la face. De son côté, Gandhi avait fait la preuve qu'il était capable de lancer, et d'arrêter, un mouvement d'une ampleur sans précédent. Il était connu dans le pays entier et ressortait grandi de la confrontation. Le gouvernement, reconnaissant le pouvoir de Gandhi à calmer les foules, le traitera dorénavant comme un cas spécial, et non comme un agitateur ordinaire, cela pour tenter d'utiliser son influence.

Ces événements avaient déclenché une vague de peur parmi les Britanniques. Qui s'incarna en la personne d'un général de brigade. En dix minutes historiques, celui-ci devait donner au monde un modèle d'infamie destinée à marquer le cours du colonialisme.

L'arrestation de Gandhi avait agité la population du Panjab. Une vexation supplémentaire, l'arrêt de deux leaders locaux, et à Amritsar la foule se déchaîna, incendiant des bâtiments, sectionnant les fils télégraphiques, molestant quelques Européens. C'était le 10 avril 1919. Le général Dyer, envoyé à la rescousse fit interdire tout rassemblement. Une disposition qui ne fut pas connue immédiatement.

Le 13 avril 1919, jour du festival de Baisakhi, la foule se réunit, des hommes, des femmes, des enfants, venus pour célébrer et se réjouir, sans armes bien sûr, dans les ruines d'un parc public appelé Jaliyanvalabagh, qui était entouré de hauts murs. L'histoire est restée dans les annales sous le nom de « massacre de Jaliyanvalabagh » — un traumatisme irréparable. En fait, il s'agit d'une tuerie de sang-froid : Dyer et ses troupes entrent dans le parc. Ils se placent sur un terrain un peu plus élevé, à cent cinquante mètres environ de la foule : plus de dix mille personnes entassées à l'intérieur de l'enceinte, enfermées « comme des rats dans un piège ». Sans avertissement, Dyer ordonne à ses troupes de tirer. 1 650 coups en dix minutes. 379 morts, 1 137 blessés. Des chiffres. Derrière le canon d'un fusil, du haut d'un avion, il est devenu facile de tuer, et le résultat de ces actes « vertueux », effectués dans le cadre d'une mission, ce sont ces morts en masse, abstraites pour ainsi dire, réduites à des chiffres. Citons à nouveau Erik Erikson pour dire avec lui que « ce qui caractérise l'action du Mahatma, en 1919, c'est d'avoir envisagé une humanité non-violente comme alternative à ces aberrations » : « À une époque où d'orgueilleux hommes d'État pouvaient parler d'une "guerre pour en finir avec la guerre" ; où les superpoliciers de Versailles pouvaient se vautrer dans la gloire d'une paix qui rendrait le monde "plus sûr pour la démocratie" ; où les révolutionnaires en Russie pouvaient entretenir la croyance que la terreur serait le début du "dépérissement" final de l'État — un homme en Inde proposa au monde avec force un nouvel instrument politique qui, doté d'une nouvelle espèce de ferveur religieuse, laisserait à l'homme une alternative » (VG, 374).

Après cette action d'éclat, la répression au Panjab battit son plein. « On arrêtait les chefs politiques ; on proclamait la loi martiale (en d'autres mots : l'absence de lois) ; on instituait des tribunaux d'exception » (EV, 605). L'une des trouvailles du général Dyer fut d'obliger les Indiens à ramper sur le ventre « comme des vers », dans la rue où une femme blanche avait été attaquée (l'une de ces situations, selon Gandhi qu'un tel ordre révoltait plus encore que la tuerie, « auxquelles on ne peut faire face qu'en renonçant à la vie »). Bref, non seulement on condamnait, flagellait, tuait, mitraillait, mais on trouvait mille humiliations pour rappeler aux Indiens qu'ils étaient des parias.

Le gouvernement jeta un voile discret sur la tragédie du Panjab. Il avait nommé un comité, dirigé par lord Hunter, pour enquêter sur la genèse des troubles, mais cette commission, jugée suspecte par les dirigeants politiques indiens, allait être boycottée, et Gandhi chargé, avec un certain nombre d'avocats éminents (dont Motilal Nehru, le père du futur Premier ministre), de procéder à une autre enquête. Ainsi put-il constater « jusqu'à quelles extrémités le gouvernement britannique était capable d'aller, et quels actes inhumains et barbares il était capable de perpétrer pour maintenir sa domination » (EV, 612). Il était maintenant pleinement devenu le Mahatma, à la fois un chef et un sauveur, imposant bientôt au monde l'image d'un face-à-face inédit : un « combat entre une âme et un gouvernement », comme l'avait écrit Gilbert Murray, dans le *Hibbert Journal* de Londres, en 1918. Gandhi, avait-il prédit, serait « un ennemi dangereux et incommode, car son corps, qu'on peut toujours vaincre, donne si peu de prise sur son âme ».

UNE AUTRE TRANSFORMATION : LE REBELLE

À mesure que Gandhi avançait dans son enquête, recueillant des récits d'atrocités inimaginables, il se familiarisait avec « la tyrannie gouvernementale et le despotisme arbitraire des fonctionnaires ». Il en était « terriblement affligé », « surpris » que cette province, qui avait fourni le plus fort contingent de soldats pendant la guerre, ait pu être martyrisée à ce point, surpris aussi qu'elle n'ait pas « relevé la tête ». Quant aux officiers responsables de ces horreurs, on avait passé l'éponge sur leur action et le général Dyer lui-même continuait d'être fêté en héros dans certains salons anglais. Son résumé du massacre : « J'ai pensé que ça allait leur donner une sacrée bonne leçon. » Et cette phrase (qu'on a entendue bien des fois depuis lors, à quelques variantes près) prononcée par un général en poste à Delhi et citée dans le rapport Hunter : « La force est la seule chose qu'un Asiatique respecte. » Existait-il, se demandait Gandhi, quelque code de conduite secret, particulier aux autorités en Inde, devant lequel « la fine fleur de la grande nation britannique se serait prosternée » ?

Avec réticence, il dut renoncer à la conviction qu'il avait si longtemps entretenue : le système n'avait pas besoin de réformes, il nécessitait qu'on y mît fin. Cet amour qu'il professait pour l'Empire, l'admiration et la loyauté qu'il lui gardait, le désir d'être reconnu, accepté, traité en égal par ses dignitaires — toute cette volonté si profonde d'égalité et d'appartenance se dissipait, faisant place à la rébellion. En avril 1915, il avait déclaré : « J'ai découvert que l'Empire britannique avait certains idéaux dont je suis tombé amoureux et dont le moindre n'est pas la liberté accordée à chaque sujet de cet Empire de cultiver comme il l'entend ses possibilités, son énergie, son sens de l'honneur, et tout ce que lui permet sa conscience »(MG, 128). Ces idéaux de liberté, entretenus par l'Occident, lui avaient permis de revendiquer les droits des

Indiens ; c'est à eux qu'il avait voulu se tenir, non à la réalité de la domination qu'il voyait pourtant dans toute sa férocité, comme le prouve déjà le manifeste qu'il écrivit en 1909, *Hind Swaraj*.

Il s'agit là d'une attaque d'une extrême violence, adressée à l'Angleterre conquérante, sans doute, mais, au-delà, à la « civilisation moderne », responsable, par sa rapacité et son matérialisme sans frein, de nombre de méfaits — entre autres de la colonisation, vue comme la conséquence directe de tendances inhérentes à cette forme de modernité. C'est l'esprit de cette civilisation qui était mis en cause, plus encore que les pays ou les institutions, et c'est d'abord de cet esprit qu'il fallait se libérer. Cette attaque était directement inspirée par des textes de la fin du XIXᵉ, en particulier ceux de Ruskin et Tolstoï, qui procédaient à une critique de fond de l'industrialisation au nom de l'éthique et de l'esthétique. Les chemins de fer, les cours de justice, le système éducatif, qui avait imposé au pays la langue anglaise aux dépens des langues maternelles, autant de moyens mis en œuvre par la puissance occupante pour étrangler le pays. Et il jette l'anathème sur toutes les formes de progrès, toutes les formes de vie moderne qui assurent l'emprise sur la colonie, aussi bien le Parlement anglais (une prostituée), les médecins (des nids de serpents), les hôpitaux (des institutions pour propager le péché), que les hommes de loi (qui attisent les dissensions), les machines (et leur domination), les avocats et les magistrats (dont la profession est aussi dégradante que la prostitution)... Des exagérations, certes, mais ce n'est pas avec des paroles tièdes qu'on pourrait ébranler l'admiration que les Indiens portaient aux Anglais : elle minait la fierté nationale, éloignant les élites de leur culture et de leurs traditions, auxquelles il fallait aujourd'hui revenir. Quant aux Anglais, ils méritaient, selon lui, la pitié plus que la haine, puisqu'ils étaient malades de leur « civilisation satanique » (qui n'avait d'ailleurs de civilisation que le nom), victimes de ce nouvel esclavage volontaire qui s'était répandu de par le monde : celui de l'argent et « des superfluités que l'argent achète ». Avant même l'Angleterre, l'ennemi de l'Inde c'était donc la civilisation moderne fondée sur la compétition (qui implique la violence faite à l'autre) et le culte de l'argent — nous dirions aujourd'hui du « profit ». Les maux à combattre étaient multiples et il fallait les prendre à la racine. En 1920, quand il entreprendra de lutter contre l'Empire, Gandhi s'adressera d'abord à l'esprit dont il était issu, et qui menaçait de détruire l'Inde, avec sa culture ancienne — l'esprit de profit et de conquête, les deux vont de conserve. L'émancipation politique et économique passait nécessairement par la libération spirituelle. Le problème était posé en termes d'éthique. La liberté intérieure : rompre avec l'ancienne sujétion de l'esprit, était aussi la liberté politique : rompre avec la soumission à des lois injustes. Swaraj (raj : gouvernement, swa : de soi-même), ou Home Rule, n'a pas d'autre sens : pour gouverner un pays, il faut pouvoir se gouverner soi-même. « Real Home Rule is self rule. »

En Inde, Gandhi n'était pas le seul à dénoncer cette « vaste entreprise de pourvoyeurs » qu'est devenue la civilisation, tout entière occupée à maintenir « des festins permanents à une population de gloutons » qui, pour mieux s'empiffrer, sèment la mort autour d'eux. « Une civilisation animée d'un appétit anormal doit faire d'innombrables victimes pour subsister, et ces victimes se trouveront dans les parties du monde où la chair humaine ne vaut pas lourd. Le bonheur des populations en Afrique et en Asie est sacrifié pour fournir aux caprices de la mode une suite sans fin de respectables déchets[9]. » Dans sa critique de l'égoïsme des peuples riches, Tagore, par la même occasion, fait le procès du fonctionnement même des sociétés occidentales où la cupidité se développe sans contrôle, encouragée, voire admirée, tandis que le système laisse ses nombreuses victimes sur les bas-côtés de la route : « Ce qui en Occident se nomme démocratie… ressemble à quelque éléphant, destiné uniquement aux promenades et aux amusements des plus habiles et des plus riches. » Encore une fois, c'est l'esprit de profit qui est accusé. Pas plus que Gandhi, il ne croyait l'Occident en possession de la « vraie » civilisation (« Je ne m'oppose pas au progrès, mais si, par amour pour lui, la civilisation doit vendre son âme, je préfère demeurer dans l'état primitif »). Toujours fondée sur l'idée de cupidité, cette vision prophétique que ne refuseraient pas les écologistes aujourd'hui : « Les déprédations de cette race (de profiteurs) dépassèrent vite les forces de récupération de la nature... Dans la bagarre, ils se moquèrent de toutes les lois morales et virent dans la satisfaction sans scrupules de leurs désirs le signe d'une supériorité raciale », tant et si bien qu'ils « réduisirent la surface de leur planète à l'état d'un désert semé d'abîmes. Ils vidèrent son intérieur... tel un fruit dont la chair a été dévorée par les insectes qu'il abritait. »

Face à cette conception-là du progrès, il était urgent de faire retour à l'indianité, à la réalité ancienne et familière de Bharat Mata, de notre Mère l'Inde. Avec le mot de « satyagraha », déjà on en revenait à la grande quête des Upanisad, comme avec celui d'ahimsa, « vertu des vertus, devoir suprême pour toute la tradition indienne [10] », on retrouvera une notion profondément ancrée dans la morale indienne : le génie de Gandhi fut d'étendre le champ d'action de cette règle ancienne, à l'origine une affaire individuelle, et donc essentiellement religieuse, au domaine de la vie politique et sociale : de faire d'un idéal personnel un idéal collectif.

L'ÉVEIL DE LA CONSCIENCE

Gandhi avait tôt compris, en Afrique du Sud, le parti qu'il pouvait tirer de la presse dans son rôle de réformateur. En 1919, il acquit le contrôle éditorial de deux journaux, *Young India* et *Neva-jivan*, qui devaient remplacer *Indian Opinion* publié à Ahmedabad. Ces journaux lui offriraient une tribune où exposer ses idées, une « plate-forme de visibilité », comme on le dirait à présent ; ils refuseraient toute publicité, et ainsi, seraient indépendants à l'égard des pressions commerciales ou financières. Gandhi allait y faire passer ses idées. Et s'adresser directement au peuple.

Il voulait l'éveiller à la conscience, le sortir de son inertie, de sa passivité, lui restituer le sentiment de sa responsabilité, c'est-à-dire de sa dignité. De cette conscience nouvelle naîtrait la rébellion (et on pense à l'analyse d'Hannah Arendt, dans *La Tradition cachée*, démontrant à propos de Bernard Lazare que la conscience, « qui définissait la condition du Juif émancipé par rapport à l'existence inconsciente du paria », devait mener à la rébellion). Éduquer, apprendre à ne plus avoir peur, à ne plus s'incliner : apprendre à porter sur soi un autre regard. Les paysans, qui devaient le soutenir de façon massive, apprirent à se voir différemment : non plus comme des parias, écrasés par l'occupant, par la misère ou par les forces naturelles, impuissants et oubliés, passifs, de par la tradition, mais comme des membres à part entière de la nation, une classe qui lui était nécessaire et dont il était vital qu'elle participe à la lutte nationale. Retrouver la dignité, c'était l'essentiel, sans quoi le reste, la libération, devenait impossible. Pour cet appel révolutionnaire à l'action, pour cette simple reconnaissance de leur dignité d'homme, Gandhi s'attira la gratitude inépuisable des masses — la source principale de sa popularité phénoménale.

Par l'action à l'échelle nationale... il chercha à les transformer, d'une masse timide, sans force morale et sans espoir, malmenée et opprimée par les pouvoirs en place, à en faire un peuple qui ait en lui-même respect et confiance, qui résiste à la tyrannie et soit capable d'agir et de se sacrifier pour une cause. Il les aida à penser aux questions économiques et politiques ; chaque village, chaque marché bourdonnait de discussions et de débats sur les idées nouvelles, et on était plein d'espoir [11].

Là fut le début de la révolution opérée par Gandhi pour qui l'inacceptable était précisément la condition de paria. Qu'il y eût des êtres que leur naissance ait condamnés à être humiliés, opprimés — tels les intouchables —, c'était, selon lui, une perversion majeure de l'hindouisme et de toute la société indienne. À tel point qu'il fit parfois passer, pour la plus grande détresse des militants nationalistes, le combat contre l'intouchabilité avant celui de l'indépendance. « Je ne veux pas renaître. Mais si cela devait se produire, j'aimerais me retrouver parmi les intouchables afin de partager leurs chagrins, leurs souffrances et les affronts qu'on leur fait. De cette manière l'occasion me serait peut-être donnée de les libérer eux et moi, de cette misérable condition » (SB, 238). Mais, aussi bien, l'émancipation de l'Inde ne serait possible, selon lui, qu'une fois l'Inde libérée de cette honte, et les parias eux-mêmes libérés. Car pour être apte à se gouverner lui-même, un pays devait avoir auparavant vaincu la « malédiction » qui le marque.

Il est remarquable que dans sa lutte pour l'émancipation, Gandhi se soit employé à inverser certaines des valeurs les mieux ancrées dans la société, à modifier les repères marquant le haut et le bas : élevant ce qui était considéré comme bas, abaissant ce qui était haut placé : aller en prison n'était plus une honte, bien plutôt un honneur (et les Indiens les plus éminents rivaliseront d'ardeur pour se faire incarcérer) ; tandis que les décorations, ces honneurs que décerne la société, devenaient une marque de honte : on s'empressa de les restituer ou, à défaut, de les cacher, et Gandhi lui-même renvoya les médailles obtenues pour ses luttes en Afrique du Sud. « Le respect populaire dont jouissaient les titres que donnait l'Angleterre disparut ; ils devinrent des symboles de la déchéance. On institua de nouveaux critères et de nouvelles valeurs ; la pompe et la splendeur de la cour du vice-roi et des princes, qui impressionnaient tant, nous semblèrent tout à coup parfaitement ridicules et vulgaires, plutôt méprisables en fait, entourées comme elles l'étaient par la misère du peuple » (DI, 411).

Cet esprit révolutionnaire (pressenti par les Anglais, puisqu'ils avaient interdit *Hind Swaraj*), Gandhi qui avait atteint sa pleine stature, et toute sa puissance d'action, allait désormais s'employer à le faire souffler sur le pays, s'attaquant à tous les domaines où s'exerçait l'oppression : enseignement, justice, politique, économie — en refusant par exemple le textile anglais, et l'esprit de compétition à outrance qui l'avait produit. Il ne s'agissait plus de voir les bons aspects d'un système, et d'espérer amender les mauvais : tout régime a des aspects positifs, même ceux de Néron ou de Mussolini, mais « une fois qu'on a décidé de la non-coopération avec le système, c'est le tout qu'on doit rejeter... Les institutions bénéfiques du gouvernement anglais sont comme le serpent de la fable qui porte sur la tête une couronne de joyaux mais dont les crochets débordent de venin » (*Young India*, 31 décembre 1921).

Et pourtant, cette rupture n'amena pas Gandhi à proclamer des sentiments anti-britanniques ; c'est là l'une de ses originalités profondes. Si les institutions étaient comparées à un serpent venimeux, ceux qui les dirigeaient n'en étaient pas haïs pour autant. Au-delà de ce qu'ils représentaient, Gandhi voyait en eux des individus avec lesquels il pouvait entretenir de bonnes relations, voire des liens d'amitié — une attitude de principe que doublait un espoir : les gagner à son point de vue ainsi qu'éviter l'enchaînement de la répression et de la violence.

« SWARAJ DANS L'ANNÉE »

Le prétexte à la seconde campagne menée par Gandhi, d'une tout autre envergure que la première, fut fourni par le mouvement dit du Califat, en 1919. L'entrée en guerre de la Turquie aux côtés de l'Allemagne, en 1915, avait créé une difficulté du côté des pays musulmans qui étaient contrôlés par les Alliés, et ce malaise se précisa à la fin de la guerre, au moment des négociations. Pour apaiser l'agitation des musulmans indiens solidaires des Turcs, les dirigeants anglais avaient donné l'assurance que les prérogatives du Califat turc (les souverains de l'empire ottoman portaient le titre de califes, ou commandants des croyants) seraient respectées. Or, en 1919, la défaite de la Turquie donna lieu à une véritable liquidation de la puissance ottomane au Proche-Orient. La Grande-Bretagne était le principal bénéficiaire de ce démembrement et les musulmans indiens, se sentant trahis par les Britanniques et atteints par l'humiliation que subit le calife, partageaient maintenant le ressentiment des hindous à l'égard des Anglais (une rancune encore accrue par le récent rapport Hunter).

Gandhi vit là une occasion providentielle de rapprocher hindous et musulmans dans une lutte commune — une union qu'il chercha toujours à maintenir et sur laquelle reposait, selon lui, l'indépendance du pays. En outre, ce rapprochement lui fournissait la plate-forme voulue pour faire accepter aux Indiens ses méthodes de lutte non-violente.

Le 24 novembre 1919, lors d'une conférence que raconte Gandhi dans ses expériences de vérité, un certain nombre de résolutions furent adoptées ; l'une d'entre elles faisait appel aux deux communautés pour prononcer le vœu de swadeshi * et boycotter les marchandises étrangères. C'est à ce moment que Gandhi, présent bien sûr, fut pris de l'une de ses fameuses inspirations. Il ne savait ni ce qu'il voulait exactement, ni comment l'exprimer, puisqu'il manquait encore d'un vocabulaire précis pour décrire les nouvelles notions. Finalement, pour traduire une idée qui était encore vague et, surtout, dont il ne mesurait pas toutes les implications, le mot lui vint de non-coopération, directement traduit de l'anglais. « Le seul mode de résistance véritable au gouvernement était de cesser de coopérer avec lui. »

Son programme de non-coopération, Gandhi le présenta lors d'une session extraordinaire du Congrès, en 1920 à Calcutta. Si on le suivait en tout point, le swaraj serait obtenu dans l'année (« une promesse non seulement peu sage, mais enfantine », commenta Subhas Chandra Bose). Gandhi triompha de justesse. En gros, il s'agissait de boycotter les institutions coloniales et les produits européens, c'est-à-dire de mettre à mal les intérêts économiques britanniques — le nerf de la guerre — et de paralyser le gouvernement. Dans la pratique, on procéderait par étapes. Les premières : boycott des écoles britanniques (des écoles nationales étaient proposées à leur place, où serait offert un enseignement convenant aux besoins spécifiques de l'Inde) ; boycott des tribunaux officiels

---

* Swadeshi : fait dans le pays même (home-made) ; protection de ce qui est indigène.

(les litiges seraient réglés à l'amiable par arbitrage) ; boycott des produits d'origine étrangère ; boycott des nouveaux conseils législatifs créés par la réforme Montagu-Chelmsford. Puis, passant à la vitesse supérieure, boycott des impôts qu'on ne paierait plus ; boycott de l'armée et de la police que l'on déserterait. Une recommandation finale : le retour au filage et au tissage à la main, ce qui devait permettre de faire revivre l'artisanat des villages et de donner du travail aux paysans sans emploi qui mouraient de faim. Autre avantage de ce travail manuel : enseigner à chacun l'humilité et la maîtrise de soi, des vertus typiquement gandhiennes. « Khadi », c'est-à-dire le tissu fait à la main, devenait un mot d'ordre. Un simple mot pour symboliser la libération de la tutelle économique anglaise. Avec swaraj, qui signifiait l'émancipation politique, Gandhi avait trouvé là deux mots, interchangeables (comme l'étaient Dieu et Vérité), pour traduire de façon simple des aspirations vastes et complexes.

Le programme insistait en outre sur la suppression de l'intouchabilité et sur l'union hindoue-musulmane.

Gandhi avait annoncé que la non-coopération prendrait effet le 1er août 1920, précédé d'un jour de jeûne et de prières. Ce jour-là Tilak, le seul véritable rival de Gandhi, mourut, le laissant maître de la scène. Sans doute le Mahatma avait-il perdu son « plus solide rempart », comme il s'écria en apprenant cette mort, mais il devenait par là même le chef incontesté du nationalisme indien, le leader du Congrès, le symbole de l'indépendance. Il avait dorénavant le champ libre, le soutien de la jeune génération fascinée, celui des grands industriels et marchands, qui le jugeaient capable de les débarrasser de la tutelle économique anglaise (sans condamner pour autant son idéologie « obscurantiste », comme le faisait l'intelligentsia), et, pour l'heure, celui des musulmans.

Il avait planifié le mouvement avec soin, par région, par étapes, cela afin d'éviter la désorganisation et la violence. De son poste central, à l'écoute du peuple, relié à lui par des antennes ultrasensibles, il captait la rumeur profonde aussi bien qu'il émettait l'énergie nécessaire au mouvement, jusque dans ses ramifications les plus lointaines — l'énergie et la conviction sans lesquelles il n'aurait pu exiger et soutenir d'aussi grands sacrifices.

« Ce programme était totalement différent de ce que le Congrès avait fait jusqu'alors ; à vrai dire, il était nouveau pour le monde entier, car le satyagraha en Afrique du Sud n'avait eu qu'un champ d'action limité » (GWH, 741). Les anciens du Congrès hésitèrent. Mais les plus jeunes, tout comme l'homme de la rue, et les masses indiennes furent soulevés d'enthousiasme. « Gandhi les hypnotisait presque, et avec de grands cris *Mahatma Gandhi Ki jai*, ils saluèrent le nouvel évangile non-violent de la non-coopération. Les musulmans étaient aussi enthousiastes que les autres... Bientôt la ferveur des masses et les premiers succès du mouvement rallièrent les anciens du Congrès... »

(GWH, 741), écrit Nehru, alors à peine âgé de
trente ans, un brillant sujet, tout droit sorti de
l'université anglaise.

LES DÉBUTS DE GANDHI DANS LA POLITIQUE

Jusqu'alors, dit Gandhi, il n'avait rien désiré
de plus au Congrès qu'être un « simple soldat »,
ses aptitudes principales étant, selon lui, de collecter des fonds — ce qu'il appelait en plaisantant
« traire la vache », une activité dans laquelle il le
cédait seulement en excellence au « prince des men-
diants » —, et de s'exprimer de façon claire en un
minimum de mots, une habitude acquise au cours
d'une longue pratique. À quoi il aurait dû ajouter
de remarquables dons d'organisateur. Or les statuts du Congrès, légués par Gokhale, ne suffisaient
plus à faire face à la complexité des situations nouvelles. Il fut donc chargé de deux tâches, lever des
fonds pour le Tilak Swaraj Fund (en hommage au
leader disparu), et rédiger de nouveaux statuts. Le
résultat lui causa certaine satisfaction. D'une part,
cette souscription réunit une somme considérable
qui allait assurer une base financière au mouvement ; de l'autre, il faisait du Congrès un organisme
structuré et hiérarchisé, doté d'un exécutif puissant
et d'une base élargie, avec une multitude de comités locaux et provinciaux — une structure capable
de soutenir des campagnes de grande envergure.

1 Gandhi dans les années 30.

« *Dieu n'a jamais permis à aucun de mes projets d'aboutir. Il en a toujours disposé à Sa façon.* »

2 Kasturbai Gandhi et ses fils en Afrique du Sud, 1902.

3 Gandhi et ses associés à Johannesburg, 1905.

4 Kasturbai Gandhi en 1915.

5 Gandhi en 1915.

4

5

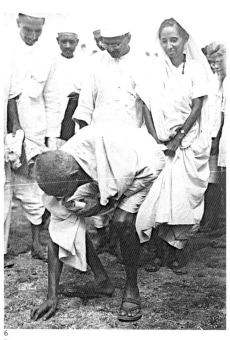

6 Lors de la marche
du sel, à Dandi,
le 6 avril 1930.

7 Avec des volontaires
de Bombay,
à la Maison du
Congrès, août 1931.

8 Après une visite
aux usines textiles
de Springvale Garden
Village à Darwen
(Lancashire),
le 26 septembre 1931.

6
7

8

« Si j'étais sûr de trouver Dieu dans une caverne
de l'Himalaya je m'y rendrais sur-le-champ. Mais
je sais qu'Il n'est nulle part ailleurs qu'au cœur de
l'humanité. »

9 Rabindranath Tagore vers 1930.

10 Romain Rolland dans les années 30.

11 Gandhi lisant près de son rouet. Photographie de Margaret Bourke-White, 1er janvier 1946.

12 Avec Muhammad Ali Jinnah à Bombay en septembre 1944.

13 Avec Jawaharlal Nehru à Bombay le 6 juillet 1946.

14 Les biens terrestres de Gandhi : 2 paires de sandales, une montre en acier, un des 3 livres sacrés qui ne le quittaient pas (la *Bhagavad Gita*, la Bible ou le Coran), les 3 petits singes.

15 Le mausolée de Gandhi à Delhi.

14
15

« Comment venir en aide aux classes les plus défavorisées autrement qu'en entrant dans la politique ? »

« Je considère ces statuts avec un certain orgueil…
C'est en assumant cette responsabilité que je débu-
tai réellement dans la politique du Congrès. » Surtout, le Congrès cessait d'être le terrain réservé des
classes moyennes anglicisées, il ouvrait grand ses
portes aux gens des villages dont la conscience politique était maintenant éveillée : « Gandhi entra
pour la première fois au Congrès dont il modifia
aussitôt complètement la constitution. Il en fit une
organisation démocratique de masse… À présent,
les paysans y affluaient, et sous son nouvel aspect,
le Congrès commença à ressembler à une vaste
organisation paysanne saupoudrée d'une bonne
couche de classes moyennes » (DI, 410). L'activité
politique était maintenant à la portée de la population rurale. Les nouveaux leaders, qui provenaient des classes de paysans riches et amenaient
« au mouvement national le vaste univers de leurs
réseaux locaux de pouvoir », avaient sur les masses
une influence d'autant plus grande que, dans le
sillage de Gandhi, leur engagement politique revêtait un caractère de dévouement et d'abnégation
religieuse propre à frapper l'imagination — « une
sacralisation de l'engagement politique qui explique en partie que tant d'intérêts différents
aient pu se fondre sous le label de l'organisation
nationaliste, et que les oppositions de classe, en
particulier, y soient restées jusqu'au bout en sommeil [12] ». L'unité par-delà les différences : « Gandhi
semblait tenir sous le charme toutes ces classes,
tous ces groupes d'êtres, et les entraîner et les

fondre en une seule foule bigarrée, luttant tous dans le même sens » (VP, 84).

Ainsi révisée, la constitution fut approuvée à la session de Nagpur. Certains délégués, déroutés par l'émergence des masses, furent réticents à l'adopter (en particulier Jinnah, le leader musulman, un brillant avocat de Bombay, soigneux de son élégance, très anglicisé, viscéralement opposé à Gandhi, et dont on a dit qu'il utilisait la religion pour assouvir une ambition politique effrénée). Mais une vague de solidarité balaya tout le pays. De cette date jusqu'à sa mort en 1948, malgré des périodes de retraite vigilante, Gandhi devait rester l'influence dominante du Congrès.

UN « PAYSAN »

L'élite intellectuelle hésita parfois à suivre Gandhi, et ce n'est pas étonnant. Gandhi, selon Nehru, sans être lui-même un paysan, représentait les masses paysannes de l'Inde : « Un homme d'une intelligence puissante, à la vision large ; très humain, un ascète, pourtant, qui a dominé ses passions et ses émotions, les a sublimées et canalisées vers la spiritualité ; doté d'une personnalité stupéfiante, il attirait les gens comme un aimant... tout cela dépasse de loin la nature paysanne » (VP, 221), et pourtant, ajoute Nehru, « malgré tout, c'était un grand paysan, un homme qui voyait en paysan les affaires de ce monde et qui avait devant certains aspects de la vie, l'aveuglement du paysan ». En somme, un côté entêté, borné, que lui-même revendiquait — cet « archaïsme » qu'on lui a souvent reproché (alors que, loin de représenter un repli dans la tradition, ses idées en matière religieuse et sociale allaient au contraire profondément innover en conciliant l'ancien et le nouveau — en proposant « un langage nouveau sur la vie publique et un nouvel ensemble de valeurs politiques et sociales [13] », en réformant ces rites et institutions qui définissent l'identité et le statut). Mais c'étaient de telles affinités avec la population des campagnes (« L'Inde, même l'Inde citadine, même la nouvelle Inde industrielle, porte en elle la marque du paysan ») qui faisaient de Gandhi, toujours selon Nehru, « une idole et un chef bien-aimé ». Quant aux intellectuels, bien peu eurent clairement conscience, à l'époque, des bouleversements que sa vision allait opérer. Bien entendu, ils s'étaient éloignés, eux, des attitudes paysannes : « les vieux modes de pensée, les coutumes ancestrales, la religion de nos pères, tout cela nous était devenu étranger. Nous étions des "modernes" et nous pensions en termes de "progrès", d'industrialisation et d'élévation du niveau de vie. Nous considérions le point de vue des paysans comme réactionnaire ; et de plus en plus nombreux étaient ceux qui se tournaient avec espoir vers le socialisme et le communisme. Comment en sommes-nous arrivés à nous associer politiquement avec Gandhiji, à nous transformer souvent en disciples zélés de son action ? » (VP, 222)

Oui, comment ? Bien sûr, il y avait sa personnalité, son rayonnement, sa faculté de s'adapter à chacun. Son magnétisme — « cette force indéfinissable, étrange, qui s'exerce directement sur l'âme des autres ». Mais l'explication n'était pas suffisante. « Ses opposants n'étaient pas d'accord avec sa philosophie de la vie, ni même avec une bonne partie de son idéal. Souvent ils ne le comprenaient pas » (VP, 222). Alors ? Une partie du secret résidait peut-être dans l'action : après tant d'années d'impuissance et d'inertie, enfin une ouverture ; après l'immobilisme de dirigeants que leurs préjugés, leur éducation, leurs idéaux entravaient, enfin un homme doué d'une créativité politique considérable, et qui conduisait à l'action. « Une action courageuse et efficace, auréolée d'éthique, (qui) avait un pouvoir irrésistible, à la fois sur l'intelligence et sur les émotions. » Et puis, la puissance même de Gandhi sur les masses avait quelque chose de convaincant (si la figure du leader politique est depuis tombée en disgrâce, il faut se replacer dans le contexte de l'époque et songer que Gandhi utilisa cette influence, non pour prendre un pouvoir institutionnel, dont il ne voulait pas, non pour mieux exercer la tyrannie — des millions de morts, le meurtre de masse : les principales barbaries de l'histoire moderne eurent lieu de son vivant — mais pour assurer sa « mission de service »). « Toujours nous avons eu le sentiment que, tandis que nous avions l'esprit plus logique, Gandhi connaissait l'Inde bien mieux que nous. » Une connaissance dont on avait besoin pour agir. Et l'essentiel, au-delà de ses « excentricités », ne restait-il pas sa volonté de changement ? Nehru, reconnaissant ce double caractère si troublant, affirme : « En dépit de ses conceptions paysannes, c'était un rebelle né, un révolutionnaire qui voulait un bouleversement en profondeur, et qu'aucune peur des conséquences ne pouvait arrêter » (VP, 223). (Ce caractère véritablement subversif, bien des conservateurs hindous — parmi eux l'assassin de Gandhi — le pressentirent malgré « la simplicité sans menace apparente de ses affirmations ».) Alors, en dépit de mots contestables, tel Ram Raj, cet âge d'or auquel il fallait revenir, en dépit de tout ce vocabulaire religieux (où ils choisirent de voir le « génie d'aller droit au cœur du peuple ») et de l'insistance sur les qualités de l'âme plutôt que sur un programme concret, les intellectuels, considérant l'efficacité de sa méthode non-violente, dans un premier temps se joignirent à Gandhi.

De son côté, Gandhi, sans être contre eux, se défiait du rôle d'avant-garde qu'ils s'attribuaient volontiers dans la défense du peuple, craignant que ces militants « aux idées avancées », « avec leurs motivations d'ordre idéologique, ne perpétuent leur propre position dominante au nom du pauvre et de l'exploité ». Aussi, selon Ashis Nandy, qui, dans son analyse de la dimension politique du meurtre de Gandhi, se penche sur les rapports du Mahatma avec l'intelligentsia, « la première chose qu'il tenta fut de désintellectualiser la vie politique indienne ». Une tentative à laquelle on est tenté de relier l'emploi de ce vocabulaire, à la fois neuf et ancien, qui surprit tant ses pairs et souvent les irrita. Il s'appuya donc de préférence sur les masses, empruntant « aux milieux non brahmanes, aux marchands et aux paysans de statuts inférieurs, nombre de leurs traits culturels » qu'il fit passer pour de l'hindouisme authentique (ce que Nandy appelle : « faire de certains aspects périphériques de la culture hindoue le cœur même de cette culture »).

Dans la multiplicité des tâches qu'il s'était fixées, il ne manqua pas de se trouver en porte-à-faux par rapport à l'élite intellectuelle et sa position s'en trouva fragilisée. Connaissant son pouvoir auprès du peuple, les dirigeants du Congrès parfois l'uti-lisèrent, l'ignorant aussi, avec tact, quand ses prio-rités à lui semblaient par trop s'éloigner des leurs ; mais il s'accommodait de ces hauts et bas avec un réalisme souriant, satisfait d'être mis de côté pourvu qu'on le laissât poursuivre l'œuvre de sa vie — qui était de construire une société non-violente par des moyens variés qui n'avaient pas nécessai-rement trait à la politique —, sachant bien que, en politicien avisé, il reprendrait les commandes quand il le jugerait nécessaire.

Mais en 1920, galvanisée par la nouveauté de ses vues, l'élite le suivit dans l'enthousiasme, aban-donnant argent, médailles et situation, quêtant bientôt l'honneur d'aller en prison. « Dieu ! Quelle expérience ! J'ai tant d'amour et d'affection pour les gens ordinaires, dont c'est à présent un honneur de faire partie. C'est l'habit de fakir qui a rompu toutes les barrières », écrivait de son village un ex-président, rajeuni, disait-il, de vingt ans. Et Motilal Nehru, qui avait renoncé à sa prestigieuse charge d'avocat et à un coûteux train de vie : « Quelle chute mes amis! Mais en réalité je n'ai jamais mieux profité de la vie. » Le bonheur se trouvait dans la non-possession, la liberté intérieure entre les quatre murs d'une geôle. Des milliers de gens firent alors la même expérience. Une frénésie de sacrifice s'empara d'eux. « J'en vins presque à oublier ma famille, ma femme, ma fille », écrira Jawaharlal Nehru.

Les années de lutte
1920-1928

Gandhi voyageait sans relâche. Sept mois dans la chaleur et le climat humide à parcourir l'Inde. Des trains inconfortables, assiégés jour et nuit par une foule qui exigeait de le voir : l'équivalent, pour leur salut, d'un voyage à Bénarès. Un jour les habitants d'un village reculé affirmèrent que si le train de Gandhi ne s'arrêtait pas à leur petite gare, ils se coucheraient sur la voie et se laisseraient écraser. Le train observa donc l'arrêt ; sur le coup de minuit, Gandhi, tiré de son sommeil, apparut. La foule jusque-là bruyante tomba à genoux et pleura. Une autre version, moins édifiante, de cette anecdote bien connue raconte que, loin de se taire, la masse envahit le compartiment où dormait le malheureux Gandhi, illuminant la nuit de ses torches et hurlant à qui mieux mieux : *Mahatma Gandhi Ki jai*. Des manifestations d'amour qui épuisaient leur objet. « Leur joie est ma douleur. » Continuer de croire que, malgré elles, malgré le titre porté, il n'était rien. « Si jusqu'à présent ce fardeau ne m'a pas écrasé, c'est bien grâce au sentiment que j'ai de n'être rien et parce que j'ai conscience de mes

limites » (MT, II, 425). N'être rien, l'humilité :
« Dès qu'on s'imagine être quelque chose, il y a
égoïsme. » Et pourtant, l'amour et le soutien des
masses étaient nécessaires à sa mission.

Lui qui n'avait pas de don d'orateur particulier
et dont la voix ne portait pas, il s'adressait à des
rassemblements immenses, plus de cent mille personnes parfois, qui bien sûr ne pouvaient l'entendre, mais espéraient tout de même être touchées
par l'influence de son esprit. En compagnie de
Mohamed Ali *, il conseillait aux gens de renoncer
aux vêtements de provenance étrangère. Pourquoi
ne s'en débarrasseraient-ils pas dès à présent ? On
en ferait un grand tas, auquel on mettrait le feu
(comme il l'avait fait pour les certificats d'enregistrement en Afrique du Sud). Chemises, vestons,
pantalons, chapeaux, chaussettes et sous-vêtements
— en certains cas on se retrouvait nu —, les marchandises importées brûlaient en un grand feu de
joie, tandis que Gandhi prêchait le retour au rouet :
il ne fallait pas acheter les produits des usines, fus-
sent-elles indiennes, mais apprendre à filer et tisser
pour se vêtir.

De ces autodafés, Tagore, le Poète, fut horrifié.
Il vit là un recul, un manquement à l'esprit scientifique, générateur du progrès, un gaspillage dû à
l'effet d'une vieille superstition. Dans son désir de
« replacer la raison sur son piédestal perdu », il
s'élevait, lui, contre le surnaturel, les révélations

---

* Les frères Ali étaient des militants musulmans, de ceux dont Gandhi recherchait
l'amitié.

mystiques et autres balivernes qui affligeaient l'Inde et dont un tel geste lui semblait participer. « Filez et tissez », était-ce là « l'appel de l'Âge nouveau » ?

Cependant, assis à son rouet (de son propre aveu, il n'avait pas encore vu cet instrument en 1915, à son retour d'Afrique du Sud), Gandhi filait chaque jour. C'était là un rite, un sacrement, une prière. Le rythme du rouet s'harmonisait avec le chant répétitif et monotone, « Rama, Rama, Rama... ». Bientôt, chacun devrait filer, chacun serait vêtu de khadi. Il dessina le drapeau du Congrès : il y avait en son centre un rouet, une charkha. En septembre 1921, afin de ne porter que du khadi, afin d'atteindre à plus de simplicité encore, il change une nouvelle fois de tenue et adopte le pagne pour tout vêtement — son « habit de mendiant » — ce qui provoquera l'incrédulité amusée de ses amis, comme des foules londoniennes en 1931, le voyant, malgré le froid et la grisaille, débarquer dans cet attirail réduit.

Cette quasi-nudité. Elle l'unissait au peuple, à ceux qui n'avaient rien. Par son corps, de façon visible, directe, il se joignait à la souffrance des autres ; par ses jeûnes à répétition, qui manquèrent, à deux reprises au moins, de le faire mourir. Et par l'absence de signes de richesse sur son corps, il s'associait à leur pauvreté, ne possédant pas plus qu'un mendiant, rien qui puisse le différencier. Appliquer dans sa vie les préceptes qu'il enseignait ; « creed and deed », comme on l'a dit en jouant sur les sons : croire et agir. Aucune distance entre les deux.

Aimer et partager : pas de distance non plus. Vivre jusque dans son corps — ce qui est la seule façon d'accompagner vraiment, de partager jusqu'au bout —, ressentir dans sa chair la condition des misérables. Le peuple ne s'y trompa pas, qui vit dans cette nudité un acte d'amour et de confiance. Citons encore Tagore, réconcilié : « Le Mahatma Gandhi a paru, debout sur le seuil de millions de destitués de l'Inde, vêtu comme l'un d'eux, parlant leur propre langue... Qui d'autre a accepté ainsi sans réserve *comme sa chair et son sang* les immenses masses du peuple de l'Inde ?... Dès que l'amour s'est présenté aux portes de l'Inde, celles-ci se sont ouvertes toutes grandes. Toute avarice intérieure a disparu[1]. » Et il conclut, s'émerveillant de cette « découverte de soi-même par le pays » : « Les esprits que le mensonge a corrompus ne peuvent comprendre le sens du grand amour allumé au cœur du peuple par l'amour du Mahatma. »

UN SYMBOLE CONTESTÉ

Pendant que le peuple, en compagnie de Gandhi, s'élevait à des sommets d'amour, comment réagissait le gouvernement britannique ?

Tout d'abord, il avait fait la sourde oreille, pensant qu'un plan aussi absurde que la non-coopération s'effondrerait de lui-même. En avril 1921, lord Reading succéda à lord Chelmsford comme vice-roi. En septembre, les frères Ali furent arrêtés pour avoir fait obstacle à la loyauté du soldat indien. Un manifeste fut immédiatement signé incitant chaque soldat ou civil qui travaillait avec le gouvernement à renoncer à sa charge.

Devant cette rébellion, la Grande-Bretagne utilisa un argument de poids : elle envoya en Inde le prince de Galles. C'est alors que la puissance du mouvement fut démontrée de façon spectaculaire. Tout comme les marchandises anglaises avaient été boycottées, le prince et son cortège furent délaissés, ignorés : le 17 novembre 1921, on observa un hartal massif, Bombay était désert pour accueillir le prince et son cortège ; la contestation frappait au cœur la royauté et son symbole. Il y eut même quelques émeutes (58 morts, 381 blessés). Ce que voyant, Gandhi, qui ce jour-là était occupé à faire flamber le coton anglais, entreprit de jeûner jusqu'à la cessation des troubles. Cinq jours. Les esprits se calmèrent.

Le gouvernement allait réagir par la répression. Entre décembre 1921 et janvier 1922, près de trente mille personnes furent emprisonnées ; chaque jour la peine du fouet était appliquée, en prison comme au-dehors. « Dure, sauvage, primitive, cruelle », telle fut, selon les termes de Gandhi, la riposte du gouvernement. La presse était muselée, les réunions interdites. Cependant les nationalistes s'agitaient, réclamant un renforcement de l'action, faisant pression de tous côtés sur Gandhi auquel le Congrès avait donné tout pouvoir en décembre 1921.

Celui-ci proposa alors de tenter une désobéissance civile de masse (ce qu'il concevait comme une sorte de formidable commotion sur le plan politique), mais dans une région précise et non à l'échelle nationale : le comté de Bardoli, près de Bombay. Le 1er février 1922, comme de coutume, il mit courtoisement le vice-roi au courant de son plan. Le choix était entre « la désobéissance civile de masse et la répression illégale des activités légales du peuple ». À cet « ultimatum », il fut répondu que, en réalité, le choix se situait entre l'absence de lois, avec les conséquences qui s'ensuivraient, et le « maintien de ces principes qui sont à la base de tout gouvernement civilisé » (de l'emploi du mot « civilisation » au cours des décennies).

Bardoli : une seule région sans doute, mais disciplinée, résolue et non-violente. Mais le 5 février, à Chauri Chaura, une petite ville située à mille trois cents kilomètres de Bardoli, des policiers, qui avaient tiré sur une procession à la suite d'un incident, furent mis en pièces et brûlés vifs par la foule déchaînée alors qu'ils n'étaient plus armés. La nouvelle de cette atrocité bouleversa Gandhi au point qu'il décida d'interrompre la campagne de Bardoli. Et là encore il fut suivi. Une nouvelle preuve de l'extraordinaire autorité morale qu'il avait acquise.

Mais que dire des membres du Congrès ? Ce soudain coup d'arrêt alors qu'ils étaient en train de consolider leurs positions et d'avancer sur tous les fronts, comme le dit le jeune Nehru, alors en prison, les rendit furieux et perplexes. Le gouvernement avait bien pu fomenter ces troubles lui-même, afin de révéler l'inefficacité du satyagraha. Allait-on se laisser arrêter par des accès de violence marginaux ? « Un village perdu, une bande de paysans surexcités » pouvaient-ils mettre fin à la lutte d'une nation pour la liberté ? Et fallait-il compter pour rien les sacrifices, et la prison où végétaient encore nombre de satyagrahi ? Pourquoi cet effort immense, si l'on acceptait de tout interrompre au risque de décourager les troupes les plus fidèles ? Le Congrès était-il une institution politique, ou bien un lieu où exprimer ses tortures intérieures ? Le gouvernement, après des mois d'anxiété, allait sans nul doute respirer plus librement et reprendre l'initiative (effectivement, Gandhi, qu'on avait ménagé par peur des conséquences, serait bientôt arrêté).

Le 16 février 1922 paraissait dans *Young India*, un article que Romain Rolland, qui en publie une grande partie dans sa biographie de Gandhi, appelle son « mea culpa », sa confession publique. « Il vaut mieux mille fois paraître manquer à la vérité aux yeux du monde que de manquer à sa propre vérité » écrivait Gandhi. Il décrète pour lui, publiquement, un jeûne de cinq jours. « Je dois subir une purification personnelle. *Je dois être en état d'enregistrer mieux la plus légère variation de l'atmosphère autour de moi* *. » Rolland, qui s'extasie sur le « pouvoir mystérieux de cette âme, où s'inscrivent les frémissements de son peuple », voit là un acte d'une valeur morale exceptionnelle, s'il est politiquement déconcertant. Ce dernier trait,

---

* C'est moi qui souligne.

Gandhi le souligne d'emblée, posant le problème en termes religieux : « Le renversement radical du programme offensif est peut-être peu sage sur le plan politique, mais il ne fait aucun doute qu'il est sage sur le plan religieux. » Les deux plans, toujours. Mais, loin de se borner à établir une hiérarchie, il se soucie d'exposer de façon réaliste les dangers de poursuivre l'action dans des circonstances adverses. L'Inde, agitée de violences sporadiques, n'est pas prête. L'ordre religieux s'accorde en fait à la sagesse politique. À l'événement, Gandhi voit une signification supérieure où ces divers aspects se trouvent réconciliés (ceux qui l'accusent d'hypocrisie feraient bien de méditer sur cet article, où l'on observe la façon dont travaille son esprit) ; sa conclusion s'appuie sur un principe familier à l'Inde : « L'incident prouve, que nous le voulions ou non, l'unité de toute vie. » Unité de l'Être par-delà les heurts et la division. Car, dans la répression qui va suivre, les conséquences négatives s'enchaîneront nécessairement, les uns payant pour les autres. La suspension de l'acte et la pénitence auront pour effet d'annuler moralement un tel enchaînement : elles « nous reporteront à la position que nous occupions avant la tragédie ».

« Si nous n'avions pas tout arrêté, écrivit Gandhi à Nehru, je vous assure que ce n'est pas une lutte non-violente que nous aurions menée, mais essentiellement une lutte violente. » Et Nehru, plus tard : « Il est à peu près certain que si le mouvement avait persisté alors, les actes de violence se seraient multipliés. Le gouvernement aurait agi de façon sanglante et la terreur aurait régné... » (VP, 96) Chauri Chaura avait été la goutte d'eau qui fait déborder le vase. Gandhi avait pressenti les courants souterrains. « Grâce à une longue et étroite association avec les masses, il semblait qu'il eût acquis (comme c'est souvent le cas des grands chefs populaires) un sixième sens ; il *sentait* les masses, devinait leurs actes, leurs possibilités d'action. Réagissant à cet instinct, il modelait ses actes en conséquence ; et ensuite, à l'intention de ses collègues stupéfaits et furieux, tentait d'habiller sa décision d'un manteau de logique » (VP, 95). Le doute, des tortures intérieures. Charles Andrews, grand ami de Gandhi, qui l'avait vu après les émeutes de Bombay, raconte qu'il était « hagard et émacié, comme quelqu'un qui aurait traversé la vallée des ombres ».

Dans sa biographie de Gandhi, Rolland cite longuement la déclaration du 2 mars 1922, faite alors que Gandhi ressentait de façon aiguë son désaccord avec le pays. « Chaque fois que le peuple commettra des bévues, je continuerai à les confesser. Le seul tyran que je reconnaisse en ce monde est "la petite voix silencieuse" qui est au-dedans de nous. Et même si je devais envisager une minorité d'un seul, j'aurais le courage d'être de cette minorité désespérée. » La non-violence restait « à fleur de peau ». « Le gouvernement alimente la violence par ses actes insensés. On dirait presque qu'il désire voir le pays couvert de meurtres, d'incendies et de rapines, afin de pouvoir prétendre qu'il est le seul capable de les réprimer. » L'Inde au bord de l'explosion et du chaos ; seule la crainte retenait les foules, mais, à la moindre occasion, le désir de vengeance se libérerait. «Est-ce que la non-violence volontaire peut sortir de cette non-violence forcée des faibles ? N'est-ce pas une expérience vaine que je suis en train de tenter ?... Et si, quand la fureur éclatera, pas un ne restait indemne, si la main de chacun se levait contre son prochain, à quoi servirait-il alors que je jeûne à en mourir après un tel désastre ? Si vous n'êtes pas capables de la non-violence, adoptez loyalement la violence ! Mais pas d'hypocrisie !»

Gandhi allait bientôt être arrêté. «C'était la nuit du jardin des Oliviers», écrit Rolland qui poursuit sa comparaison implicite avec le Christ. «Qui sait si, dans le fond de son cœur, il n'accueillit point l'événement comme une délivrance ?» Dans son ashram, Gandhi attend parmi ses disciples. Il avait prévu cette arrestation. Peu après la prière, la police arrive. «Le Mahatma se remit entre leurs mains.»

LE «GRAND PROCÈS»

Le 18 mars s'ouvrit, devant le juge d'Ahmedabad, ce qu'on a coutume d'appeler le «grand procès». Il fut l'occasion, pour le juge et l'accusé, de faire assaut de courtoisie chevaleresque. Gandhi, encore une fois, plaida coupable à toutes les charges. L'épisode est probablement l'un des plus connus de la vie du Mahatma et les paroles qu'il prononça en cette occasion, l'explication qu'il fournit de son « changement de cœur », quand de loyaliste il devint rebelle, sont restées dans les mémoires (le film de Richard Attenborough sur Gandhi fait à cette scène une large place).

C'était sur des articles récemment écrits par Gandhi que se fondait l'accusation. Un télégramme de lord Birkenhead et de M. Montagu, où se lisait l'habitude tranquille de l'arrogance — cette façon sans réplique d'affirmer une relation de supérieur à inférieur —, avait déclenché sa réaction immédiate (« Si l'existence de notre Empire était mise en jeu,... si l'on s'imaginait que nous songions à nous retirer de l'Inde, l'Inde défierait sans succès le peuple le plus résolu du monde, qui répondrait avec toute la vigueur nécessaire »). L'article de Gandhi dans *Young India*, le 23 février 1922, était violent : « Pas de compromis avec l'Empire, tant que le lion britannique secouera à notre face ses griffes sanglantes. » Puis il informait les Anglais que les millions d'Indiens mangeurs de riz et souffreteux étaient résolus à prendre en main leur propre destinée en se passant de la tutelle britannique comme de toute arme. « Aucun empire grisé par le pouvoir et le pillage des races plus faibles n'a jamais duré bien longtemps », observait Gandhi. « Le combat qui a commencé en 1920 est un combat jusqu'au bout, qu'il dure un mois, un an, des mois ou des années... »

Gandhi, au moment où il prit la parole, n'avait plus ni doute ni hésitation ; ses angoisses des dernières semaines quant à la justesse des décisions prises s'étaient dissipées ; il était ferme et serein. Puis il lut une déclaration écrite.

« Ma vie publique a commencé en 1893 en Afrique du Sud. Mon premier contact avec les autorités britanniques dans ce pays n'a pas été heureux. Je découvris que, en tant qu'homme et en tant qu'Indien, je n'avais aucun droit. Au contraire, je découvris que je n'avais aucun droit en tant qu'homme parce que j'étais indien… » Mais alors il n'en voulut pas au gouvernement, pensant que le traitement des Indiens était une excroissance d'un système qui était intrinsèquement bon. Il critiqua donc ce gouvernement, là où il pensait qu'il était en tort, sans pour autant jamais souhaiter sa destruction. Jusqu'en 1919, il avait défendu la coopération. Mais le gouvernement avait rompu lui même les liens de ses sujets. Maintenant Gandhi en était venu à

cette conviction que les réformes mêmes proposées par l'Angleterre seraient mortelles pour l'Inde. Le gouvernement repose sur l'exploitation des masses. La loi est faite pour cette exploitation. L'administration de la loi est prostituée au service de l'exploiteur. Un système subtil et efficace de terrorisme a avili le peuple, lui a appris la dissimulation. L'Inde est ruinée, affamée, dégradée ; et certains ont pu dire qu'avant d'être en état de se gouverner elle-même comme un dominion, il lui faudrait des générations. Aucun des gouvernements qui, dans le passé, ont opprimé l'Inde, ne lui a fait autant de mal que l'Angleterre. La non-coopération avec le crime est un devoir *…

---

* J'ai choisi de donner ici le résumé fait par Romain Rolland du très long discours de Gandhi.

Gandhi prenait sur lui tout le blâme des « crimes diaboliques de Chauri Chaura », des « outrages insensés de Bombay »... oui, il était responsable, et même, prêcher la désaffection envers le système actuel de gouvernement était devenu chez lui une passion, il ne plaidait aucune circonstance atténuante, au contraire, il demandait la plus haute peine qui puisse être infligée « pour ce qui est, selon la loi, un crime délibéré, et qui me paraît, à moi, le premier devoir d'un citoyen » ; quant au juge, s'il croyait que le système qu'il servait était juste, son devoir à lui était en conséquence de décider du châtiment le plus lourd.

À la fin de la déclaration, le juge Broomfield s'inclina devant le prisonnier. Alors commença une passe d'armes historique.

Décider d'une juste sentence, dit le juge, est peut-être la tâche la plus difficile que puisse jamais affronter un juge dans ce pays. Il est impossible d'ignorer le fait que vous appartenez à une catégorie différente de tous ceux que j'ai eu à juger ou serai amené à juger. Il est impossible d'ignorer le fait que vous êtes aux yeux de millions d'hommes, un grand chef et un grand patriote. Même ceux qui diffèrent de vous en politique vous regardent comme un homme de haut idéal, d'une vie noble et même sainte.

Courtoisement, le juge consulta Gandhi sur la peine à lui infliger. Six ans ? Mais si le gouvernement trouvait bon de réduire cette durée, personne n'en serait plus heureux que lui, le juge. Gandhi se leva et dit que la peine était la plus légère qu'un juge puisse lui attribuer et que, pour tout son procès, il n'aurait pu attendre plus grande courtoisie. Tout s'était déroulé selon les anciens codes chevaleresques. Les deux partis s'étaient élevés à la même hauteur. Les amis de Gandhi tombèrent à ses pieds en pleurant. Tandis qu'on le conduisait en prison, Gandhi souriait.

Nous devons élargir la porte des prisons et nous devons y pénétrer comme le nouvel épousé entrant dans la chambre nuptiale.

OPÉRATION ET JEÛNE

Kasturbai annonça la nouvelle dans un message digne, demandant qu'on se concentre maintenant, dans le calme, sur le programme constructif de Gandhi. Pendant ce temps, Gandhi, en prison, était heureux (selon Charles Andrews). Il avait demandé qu'on ne vienne pas le voir, mais qu'on le laisse à sa solitude. Il priait, se purifiait, filait chaque jour au rouet. La sentence fut accueillie dans le calme. L'Inde qui, en 1919, à la nouvelle de l'arrestation de Gandhi, s'était enflammée, cette fois observa le silence. Lord Reading, plutôt que de voir là un effet du progrès dans la non-violence, considéra que Gandhi, par sa volte-face insensée, avait perdu tout crédit auprès de la population — il « s'était mis dans une impasse en tant qu'homme politique » —, ce qui donne un exemple des malentendus qui peuvent s'instaurer entre cultures différentes. Le fils de lord Reading ajoutant, pour faire bonne mesure, « le simple fait que M. Gandhi a été incarcéré comme n'importe quel autre mortel brouillé avec la loi est en soi un sérieux coup porté à son prestige » (LMG, 185).

Le 12 janvier 1924, on emmena en grande hâte Gandhi de la prison de Yeravda à l'hôpital de Poona. Il souffrait d'une crise d'appendicite aiguë et devait être opéré sur-le-champ. Quand la nouvelle fut connue, l'Inde tout entière fut en proie à « un délire d'anxiété ». Le président du Congrès panindien, Mohamed Ali, fit décréter des prières nationales dans le pays. De tous côtés, on demandait la libération de Gandhi. Sa vie alors ne tenait qu'à un fil et les Anglais craignaient qu'il ne vienne à mourir entre leurs mains. L'Inde se soulevant. Pour des raisons politiques autant que médicales, il fut donc relâché le 4 février.

Et l'Inde célébra sa libération : jour d'actions de grâce, meetings de trente mille personnes à Bombay, processions et fêtes, des « torrents d'amour se déversent sur Gandhi ». Une page émouvante de Romain Rolland le décrit sur son lit d'hôpital, « toujours paisible, maître de lui, s'obligeant à parler longuement aux visiteurs. Il est émacié, ratatiné... Mais qui l'entend parler, de sa voix douce et calme, avec son affectueuse courtoisie, est touché jusqu'au cœur de sa sérénité... Avant la prison, on le sentait, malgré sa force d'âme, attristé de soucis. Maintenant il est toute lumière. »

Pendant son absence, les dissensions au sein du

Congrès s'étaient creusées. L'éruption d'enthousiasme des années 1919-1920 semble éteinte, mort
le grand élan d'unité. Privée de ses chefs emprisonnés, l'organisation a perdu une bonne partie
de son prestige et les leaders ruraux, sans plus
de confiance, désertent le Congrès, entraînant
du même coup la démobilisation des masses. À ce
ralentissement du mouvement s'ajoutent des divisions graves : le Califat ayant été supprimé par
Mustafa Kemal en 1924, le mobile de l'union
sacrée contre les Anglais disparaît et le vieil antagonisme entre hindous et musulmans flambe de
nouveau; les émeutes entre communautés se mul-
tiplient; chaque religion met en avant sa spécificité
(l'hindouisme étant très présent dans le discours de
Gandhi, qui évoque l'avènement du Ram Raj, le
règne de Dieu sur Terre; l'islam, de son côté,
retrouvant un élan nouveau sous l'influence de Jinnah, qui renforce la Ligue). Et le Congrès lui-même
est déchiré entre ceux qui soutiennent une ligne
dure — les gandhiens orthodoxes (appelés « no
changers ») — et les partisans d'une stratégie politique plus conciliante, qui revenaient sur la décision
de boycotter les assemblées élues (les swarajistes,
dirigés par C.R. Das et Motilal Nehru).

Le tableau était sombre : la campagne avait pris
fin dans la violence; nombre de ceux qui « suivaient » Gandhi échappaient maintenant à son
contrôle; et nombre de ses alliés, qui, en 1920,
avaient été attirés par sa méthode si nouvelle,
étaient à présent persuadés qu'en fait elle les affai-

blissait, les empêchant d'adopter des stratégies plus efficaces.

À sa libération, Gandhi comprit que le climat politique avait changé. Pour éviter qu'il ne se détériore davantage, parce qu'il savait très exactement mesurer le rapport des forces en présence, il signa le pacte Gandhi-Nehru-Das, acceptant ainsi un certain nombre de concessions qui, pour ses partisans, avaient un triste relent de défaite. Et pour le vice-roi un aspect comique : « Gandhi est maintenant à la traîne de Das et de Nehru, bien que ceux-ci fassent de leur mieux pour lui faire croire qu'il est l'une des têtes, sinon la tête. » Un genre de remarque qui « montrait l'ignorance crasse des Anglais face à l'opinion publique indienne », et Nehru de constater par la même occasion : « Pas un instant la popularité de Gandhi auprès des masses ne fléchit » (VP, 126).

Plus grave encore du point de vue de Gandhi était la dégradation des relations entre hindous et musulmans. Dans les pages de *Young India* — un numéro entier fut consacré au problème —, il plaida que les tensions entre les deux communautés n'auraient jamais pris cette forme si le pays avait vraiment compris sa méthode. Car la non-violence était la clef non seulement de l'émancipation politique du pays, mais de la paix entre les communautés.

En dépit de ses appels au bon sens, le calme ne revenait pas. En septembre 1924, lors d'une émeute à Kohat, cent cinquante-cinq hindous furent tués et toute la population hindoue chassée de la ville.

Ce carnage atterra Gandhi. L'énergie qu'il avait ranimée montrait sa face destructrice. Alors, dans son angoisse, il commença à jeûner, le remède habituel à la détresse. La réaction du pays fut immédiate. À Delhi, se tint une conférence pour l'union : trois cents délégués, les premiers leaders du pays réunis, des résolutions passées : un grand élan de bonne volonté. Et, au bout de vingt et un jours, au son de la récitation du Coran et des Upanisad, auxquels se mêlaient des hymnes chrétiens, Gandhi cessa de jeûner. Sans illusion cependant. Les chefs des deux communautés se battaient comme les chiens de la fable, « non pour un os, mais pour son ombre ».

EN REMONTANT À PARTIR DE LA RACINE

Pendant les années qui suivirent, Gandhi se retira des controverses de la politique. Il se consacra à cette tâche d'une suprême importance qui, selon lui, déterminait l'indépendance : reconstruire le pays. En traitant ses maux à la racine.

Je travaillerai à la création d'une Inde dans laquelle les plus pauvres se sentiront chez eux, dans leur pays, où ils auront leur mot à dire, où n'existeront plus ni haute ni basse classe sociale, une Inde où toutes les communautés vivront en parfaite harmonie... Dans cette Inde-là, il ne peut y avoir de place pour cette malédiction qu'est la condition d'intouchable, le fléau de l'alcool et celui des drogues... Les femmes jouiront des mêmes droits que les hommes... Voilà l'Inde de mes rêves (DI, 413).

On a tendance à passer un peu rapidement sur ces périodes où Gandhi fut en retrait de la vie publique — méditations à l'ashram, années de prison, mois ou semaines sur un lit de malade — considérant, comme à l'époque les administrateurs anglais, que ce sont là des moments d'inactivité et de vide. Lord Birkenhead, secrétaire d'État en Inde, en 1925, commentant avec une sombre satisfaction : « Ce pauvre Gandhi est décidément bien mort ! aussi pathétique avec son rouet que les derniers troubadours avec leur harpe, et pas même capable de réunir un auditoire aussi charmant[2]. » Ou lord Irwin, qui avait pourtant plus d'affinités avec Gandhi, considérant que son pouvoir politique déclinait : c'est une force épuisée « lointaine à présent, évoluant dans une atmosphère raréfiée étrangère aux éléments concrets de la situation », plus intéressée par les affaires sociales que par la politique.

Et pourtant, de tels retraits représentent en fait une avancée spirituelle. Pas de résultats spectaculaires sans doute, mais des moments aussi chargés, aussi productifs que les autres, quand il était engagé dans un travail frénétique. De ses années d'emprisonnement (1922-1924) jusqu'en 1928, il ne figura certes pas au premier plan de la vie politique. La prison, la mauvaise santé, l'année sabbatique qu'il s'accorda à lui-même, en 1926, dans son ashram de Sabarmati, la distance préservée avec le compromis politique, tout cela l'éloigna de la position centrale occupée au début de la décennie, en 1920-1922.

Tirant parti d'une situation qui était à son désavantage, il était occupé à retrouver son centre, ses racines. Il revenait sur les jours passés en poursuivant la rédaction de son autobiographie et de *Satyagraha in South Africa*. Et il méditait sur les sources religieuses qui l'avaient nourri, on le constate dans les discours et les écrits de cette époque.

Où étaient ses priorités ? Quelles conclusions pouvait-il tirer de la lutte de ces dernières années ? L'introspection était une habitude de Gandhi. Et pourtant, il ne s'agissait pas seulement de se retrouver soi-même, mais de donner une nouvelle force à sa vision, de la recharger d'espoir. Avant même qu'il fût emprisonné et, plus encore depuis sa libération, il avait pu constater dans son entourage même que l'esprit de sacrifice faisait défaut, que l'intérêt personnel dans bien des cas l'emportait, que sa façon morale et religieuse d'envisager la politique était loin de faire l'unanimité. Swaraj n'avait pas été obtenu dans l'année, comme il l'avait promis, et une majorité de ceux qui avaient suivi le mouvement de non-coopération l'avaient fait à la suite d'un calcul, parce qu'ils jugeaient la méthode efficace, et non par conviction profonde, parce qu'ils croyaient dans les vertus de la non-violence. À sa sortie de prison, la bataille faisait rage entre les diverses factions politiques, et les communautés hindoue et musulmane se déchiraient avec une violence croissante, annonciatrice de la tragédie. Autant de signes alarmants.

Swaraj : l'émancipation politique, sans doute, mais surtout, aux yeux de ce visionnaire, un état de perfection, une Inde rêvée, mais possible. Comment atteindre cet idéal ? En se libérant de l'esclavage qui sévissait sous des formes variées, puisque les religions, entachées de superstitions, la société, avec le fléau de l'intouchabilité, les villages, les femmes en étaient les victimes. Réaliser l'unité religieuse, abolir l'intouchabilité, mettre fin à la dépendance des villages, à l'illettrisme régnant, à l'oppression de la femme, aux mariages entre enfants — tel était son programme. En s'attaquant d'abord aux problèmes immédiats : ceux de la vie pratique ; nourriture, hygiène, vêtement, il n'est pas de détail que, dans son attention méticuleuse aux tâches quotidiennes, il ait laissé de côté. Dans ses directives se côtoient sujets politiques à l'ordre du jour et indications pour la propreté des toilettes, dispositions pour s'asseoir, boire, manger, rappel des divers régimes alimentaires, tenue précise des comptes...

Souvent, les Britanniques, quand ils ne considéraient pas Gandhi comme un politicien rusé, voyaient en lui un fanatique, un saint sans doute, mais bizarre, pour dire le moins, incapable de bon sens (« Misère ! quelle catastrophe ces saints fanatiques ! Gandhi ne ferait pas de mal à une mouche et il est aussi honnête que possible, mais il se lance avec légèreté dans un type d'action qui est la négation de tout gouvernement [3]... » écrit un vice-roi exaspéré). Gandhi, quant à lui, pensait à juste titre qu'il était pourvu d'un grand sens des réalités. « J'ai la prétention d'être un idéaliste doué de sens pratique. »

On l'a comparé aux grands mystiques, sainte Thérèse d'Avila, Jean de la Croix, non pour son mysticisme, mais pour son aptitude à allier, comme ces visionnaires, l'appel de la contemplation et le besoin d'action — la capacité de s'adonner à un travail presque frénétique. « Mais — comme chez ces êtres de vision et d'action — l'exaltation et la conviction avaient leur envers : ces périodes de désespoir, ces phases de dépression profonde, et une tendance à l'épuisement physique autant qu'émotionnel[4]. » L'homme, Gandhi, le visionnaire combattant, poursuit Judith Brown, est plus accessible durant ces périodes de retrait délibéré de la vie politique, tandis qu'il redirige son énergie vers un changement social radical — même si, pour lui, réforme sociale et leadership politique n'étaient que des aspects différents d'un même travail, un même dharma, la même poursuite d'une vision de vérité.

« L'ÉPOUSE D'UN MILLIER D'IVROGNES »

La liberté politique dépendait du progrès économique, qui dépendait de l'effort du peuple entier. C'est-à-dire d'une prise de conscience qui reposait sur la participation de toutes les branches d'activité.

Dans les discours et articles de cette période, deux thèmes reviennent : l'intouchabilité, le rouet. Certes, le khadi figurait au programme de non-coopération, mais, dans cette période où il pensait moins à la politique, Gandhi fit de l'usage du rouet un véritable culte. Filer, une activité patiente et monotone comme la prière, qui requérait cette maîtrise de soi nécessaire à l'apaisement des passions : un exercice de non-violence. Une lubie, pensaient les Indiens occidentalisés, et même ses plus ardents partisans au Congrès.

Si ces Indiens-là, comme les Britanniques (avant que ces derniers ne voient en lui un symbole de sédition), trouvaient étrange, pour le moins, l'obsession de cet instrument archaïque, le rouet, c'est que les uns et les autres vivaient au plus loin de la réalité des villages. Une pauvreté écrasante qu'aucune foi en Dieu ne pouvait, selon Gandhi, éclairer : « Pour les hommes et les femmes qui meurent de faim, Dieu et la liberté ne sont que des lettres mises bout à bout et qui n'ont aucun sens ; le libérateur de ces pauvres gens serait celui qui leur apporterait un peu de pain. » Les paysans sans terre, anéantis par la misère, et ceux qui passaient six mois de l'année au chômage forcé. Leur revenu dérisoire, pensait Gandhi, pourrait être amélioré par de petites industries villageoises, filer et tisser chez soi, des activités d'un maigre rapport, mais qui ajouteraient tout de même quelques roupies mensuelles aux trois roupies qu'ils gagnaient. Le fermier, le paysan devaient filer et les raisons étaient économiques ; pour l'habitant des villes, qui lui aussi devait filer, ces raisons étaient d'ordre moral ou, selon les termes de Gandhi, spirituel. Participer à un même travail, c'était une façon d'être uni, de connaître l'Autre en partageant son activité, ou tout au moins de prendre conscience de son existence — du malheur de son existence. Le rouet devint le moyen de combler une partie du gouffre existant entre riches et pauvres. Si, en tant que solution des problèmes essentiels de notre époque, on ne pouvait le prendre au sérieux, dit Nehru, il eut pourtant un effet psychologique important : « Non sans succès, il tendit à jeter un pont entre la ville et le village, entre l'intelligentsia bourgeoise et la paysannerie » (vp, 367). Le vêtement influant sur la psychologie de celui qui le porte, autant que sur celle du spectateur, « l'adoption du khadi, dans sa blanche simplicité, eut son contrecoup sur la vulgarité et l'ostentation du goût bourgeois et renforça le sentiment de communion avec la masse... Il n'est pas jusqu'aux pauvres qui n'en aient bénéficié moralement » (vp, 368).

Peu à peu, le rouet devint le centre du programme économique de Gandhi ; c'est autour de lui qu'il allait organiser les améliorations prévues en matière d'hygiène, de maladies endémiques, d'élevage du bétail... ces mille et une activités qui constituent la vie de village et dont il ne négligea aucune.

Son ardeur confinait à l'angoisse. La pauvreté des villages le hantait. Quand un jour on lui suggéra la patience : « Demandez à la femme d'un ivrogne d'être patiente, répondit-il. Je suis moi la femme d'un millier d'ivrognes et je ne peux pas être patient. »

Son pagne blanc autour des reins, nu-pieds parfois, ou portant des sandales, un sourire radieux sur le visage, il s'avançait à longues enjambées vers l'estrade, lors des réunions, et il formulait sa demande. « Je suis venu pour affaires, pour collecter des fonds pour le rouet. Qui sait, ce pourrait bien être ma dernière visite... », et il parcourait la foule de ses fidèles demandant « une preuve sonnante et trébuchante » de leur dévotion. Comme un boutiquier âpre au gain, faisant et refaisant ses comptes, soucieux du moindre centime, il collectait l'argent et les bijoux, souriait à ses admiratrices, revendait aux enchères les coûteux coffrets d'or ou d'argent, et reversait les bénéfices aux fonds pour le khadi.

À l'ashram de Sabarmati, on fabriquait des rouets (un jour il y eut tant de demandes que l'offre ne put y suffire) ; dans les pages du journal *Young India,* on donnait des listes de gagnants au rouet : de tisseurs émérites, avec le nombre exact de mètres produits ; et aux réunions du Congrès, on « jouait » du rouet : les délégués arrivaient munis, semblait-il, d'un étui à violon, ils en tiraient un rouet dépliant et ils filaient diligemment pendant la séance. Gandhi avait lancé une mode. Tout le monde se mit à porter du khadi : « la livrée de la liberté », comme le dit Nehru.

Devant une influence si puissante, on s'interroge. De quel genre de pouvoir s'agissait-il ? Pression ou persuasion ? Gandhi refusait d'utiliser la coercition. Était-elle pour autant évitable ? La méthode qui avait pour but de convertir l'adversaire en prenant de l'ascendant sur lui ne pouvait être strictement anti-autoritaire. En fait, la non-violence pouvait impliquer une contrainte morale extrême. Selon Orwell, analysant les positions de Gandhi et de Tolstoï : « Quelqu'un s'infiltre à l'intérieur de votre cerveau et vous dicte vos pensées jusque dans leurs moindres détails. » Nehru, dans son examen de la non-violence gandhienne, se montre conscient d'un tel danger, contre lequel il eut peut-être lui-même à lutter : « Peut-on concevoir coercition plus grande que cette contrainte psychique par laquelle Gandhi réduisait nombre de ses disciples et collègues à l'état de bouillie mentale ? » (VP, 373) Que Gandhi ait été conscient de ce pouvoir, c'est évident ; qu'il en ait mesuré les risques, l'est tout autant ; pour preuve : ses mises en garde fréquentes. « J'aimerais que le lecteur tire la morale qu'il ne doit jamais accepter quoi que ce soit comme l'évangile de la vérité, même si cela vient du Mahatma, à moins qu'il ne soit convaincu à la fois dans son cœur et son esprit » (GI, 337). L'appel à la raison, autant qu'à la foi. Qu'il ait jugé bon, parfois, d'user de cette influence, et même d'en abuser, on le constate aussi. Pour ses proches, il pouvait être implacable.

Cet homme de douceur (d'après une disciple de l'ashram) peut être terriblement dur et l'est, surtout, pour ceux qui lui tiennent de plus près. Il exige d'eux d'autant plus qu'ils lui sont plus chers. Il exerce sur eux un contrôle inflexible, qui s'étend au-delà de leurs paroles et de leurs actes, sur leurs pensées. C'est même pour leurs pensées mauvaises qu'il est le plus impitoyable ; et il n'a même pas besoin qu'ils les lui confessent : il lit en eux, il les leur arrache du fond de l'âme, avant qu'ils aient parlé. Tous ont peur ; mais tous le chérissent (RJ, 100).

En forgeron des âmes, il prenait « une pièce de fer grossière » pour la changer en « un bel objet utile », un processus qui exigeait quelques « vigoureux coups de marteau ». Mais en même temps, il incitait ses disciples à plus d'indépendance. Ses relations avec miss Slade offrent un exemple d'un équilibre d'autant plus difficile à atteindre que, chez les femmes comme chez les hommes, cet état précaire était menacé par une vénération excessive. Miss Slade, une Anglaise, fille de l'amiral Slade et « fille spirituelle » de Romain Rolland, avait tout quitté pour suivre le Mahatma, s'installant à son ashram et devenant sa fille adoptive sous le nom de Mirabehn * (celui d'une princesse rajpoute de légende éprise du dieu Krishna). En fait Mira était une amoureuse passionnée qui veillait jalousement sur le maître. « Son intimité avec Gandhi, écrit

* Le roman de Sudhir Kakar, *Mira et le Mahatma*, retrace cette histoire (Seuil, 2006).

Romain Rolland. Elle vient de prendre ses vœux définitifs en sa présence. Elle nage dans la félicité... en connaissant Gandhi, en épousant sa foi, elle a trouvé sa vraie voie » (RJ, 447). Et Mirabehn à Romain Rolland, le 12 novembre 1925 : « Ah ! mon père, je n'aurais jamais pu imaginer combien il est divin. J'attendais un Prophète et j'ai trouvé un Ange. » Un ange qui dut faire entendre raison à son adoratrice trop fervente ; elle s'effondrait quand elle ne le voyait pas ou parlait de suicide pour « une simple remarque » de lui. Cette dépendance : une maladie, selon Gandhi, qui est l'idolâtrie. « Si ce n'est pas le cas, pourquoi désirer à ce point ma compagnie ! Pourquoi toucher ou embrasser mes pieds, qui un jour seront froids comme la mort ? Le corps n'est rien. La vérité que je représente est devant vous... Pourquoi dépendre si désespérément de moi ? Pourquoi tout faire dans l'idée de me plaire ? Pourquoi pas indépendamment de moi et même, malgré moi ? Je n'ai posé aucune limite à votre liberté, sinon celles que vous avez consenties. Brisez l'idole, si vous le pouvez et le voulez... » (GI, 107) Il finissait sa lettre en l'encourageant à se tirer de sa torpeur pour n'y jamais retomber. En bref, Gandhi désirait que l'on se batte joyeusement à ses côtés, pour une cause plus grande, et non que l'on reste petitement enfermé en soi et en son amour : « Je suis heureux que les gens suivent mes idées, mais non qu'ils me suivent. » Suivre des idées fait appel à la compréhension, donc à la raison ; suivre une personne fait appel à la foi, souvent aveugle. « Je ne veux pas être un objet de dévotion, ce qu'exprime une telle foi, mais je veux, c'est certain, que l'on suive mes idées avec dévotion » (GI, 7). Entre l'ascendant gagné par la raison et la pression exercée par la volonté, la ligne de partage est mince, toujours remise en question et, de la part du disciple, fragile la différence entre la conviction authentique et la fascination pour le maître.

RETOUR À LA POLITIQUE

Pendant un an (1925), alors qu'il avait accepté la présidence du Congrès, Gandhi parcourut le pays, prêchant aux foules fascinées son « credo non-violent, conservateur et anarchiste ». Partout où il allait, il était assiégé par des hordes. Louis Fisher, l'un de ses biographes [*], qui le connut bien, raconte que le soir ses pieds et ses jambes étaient couverts des égratignures infligées par la vénération de ses adorateurs : l'apercevoir, se sanctifier par sa vue, mieux même, se courber devant lui, le toucher… Ses auditoires étaient si vastes qu'il devait s'adresser à eux debout, puis les contourner sur la droite, puis sur la gauche, en espérant que les gens resteraient assis et ne l'étoufferaient pas, ce qui, plusieurs fois, manqua de se produire. On avait commencé à le déifier. Une tribu, les Gonds, l'adorait et lui rendait un culte, une superstition qu'il rejeta sévèrement.

---

[*] Le film *Gandhi*, de Richard Attenborough, a été tiré de cette biographie.

À plusieurs reprises au cours de sa vie, il devait ainsi traverser le pays, en train, en voiture ou à pied, lentement ou plus vite, sans prendre de repos. Nehru, qui le compare à ces pèlerins d'antan, animés d'un infini besoin d'errance, raconte que, de cette façon, il acquit une connaissance unique de l'Inde, « des millions de gens le virent et entrèrent en contact avec lui ». « En 1929, il vint dans les Provinces unies pour sa tournée de khadi. Je l'accompagnai à l'occasion pendant quelques jours et, bien que j'eusse déjà fait l'expérience, je ne pouvais m'empêcher d'être émerveillé par l'immensité des foules qu'il attirait… les essaims humains rappelaient des hordes de sauterelles. Tandis que nous traversions en voiture les régions rurales, nous voyions à quelques kilomètres de distance des rassemblements de dix à vingt-cinq mille personnes et la réunion principale de la journée comptait même parfois plus de cent mille personnes » (VP, 176). En ce temps-là, il n'y avait pas de micro et ces foules ne pouvaient l'entendre, poursuit Nehru, mais tel n'était pas leur but : il leur suffisait de le voir. « Gandhi s'adressait brièvement à elles, évitant de dépenser inutilement ses forces. Sinon, il lui aurait été absolument impossible de continuer à ce rythme heure après heure, jour après jour. »

Ces tournées épuisaient Gandhi : trois ou quatre discours par jour, un endroit différent où dormir chaque nuit, une lourde correspondance qu'il ne négligeait jamais, les articles à écrire par monts et par vaux, d'innombrables entretiens avec des hommes et des femmes venus le consulter, les conseils qu'il donnait sur le moindre problème domestique.

En novembre 1925, il entreprit un nouveau jeûne, de sept jours cette fois. L'Inde indignée et inquiète protesta : pourquoi jeûner encore ? « Le public devra se résigner à négliger mes jeûnes et à cesser de s'inquiéter. Ils font partie de moi. Je peux aussi bien me passer de mes yeux, par exemple, que me passer de mes jeûnes. » Celui-là n'avait rien à voir avec la politique, il avait un but personnel, sans doute Gandhi était-il « propriété publique », on devrait pourtant le prendre comme il était, « avec toutes ses fautes », et parfois le laisser à sa solitude et à ses privations, il en avait besoin pour penser. « Je suis un chercheur de vérité. Mes expériences sont à mon sens beaucoup plus importantes que les mieux équipées des expéditions himalayennes. » Des découvertes dont il n'avait « jamais rêvé », voilà ce que lui apportaient, entre autres, ses jeûnes.

En décembre 1925, Gandhi, à bout de forces, fit élire une amie et disciple, Sarojini Naidu *, à la tête du Congrès, et décida de se retirer dans son ashram pour observer un an de silence politique.

Il ne devait le quitter qu'en décembre 1926 pour recommencer à parcourir le pays. Sept meetings par jour. Parfois, il se contentait de lever la main

---

* Une poétesse, célèbre pour sa foi militante et ses talents lyriques (elle était surnommée « le rossignol du Bengale »), qui fit partie du mouvement gandhien dès l'origine. Lors de la marche du sel, lorsque Gandhi fut emprisonné, elle prit la relève avec le fils de ce dernier et conduisit l'armée pacifique jusqu'aux bâtons meurtriers de la police. En 1947, elle devint gouverneur des Provinces unies.

gauche ; à chaque doigt correspondait un but : « égalité pour les intouchables », « utilisation du rouet », « ni alcool ni opium », « union entre hindous et musulmans », « égalité pour les femmes » ; le poignet, qui reliait la main au corps, était la non-violence. Parfois, trop fatigué pour parler, il restait assis en silence devant un auditoire qui pouvait compter jusqu'à deux cent mille personnes, et la foule immense priait en silence avec lui ; il joignait les paumes et la bénissait, puis il s'en allait. Un exercice de silence qui représentait un pas de plus dans la maîtrise de soi.

De Calcutta vers le Bihar et le pays des Marathes, puis à Bombay, Poona de nouveau, le train jusqu'à Bangalore, puis un tour dans le sud-est de l'Inde... Bientôt, Gandhi épuisé s'effondre. On diagnostique une légère attaque et le médecin le condamne au repos. Il continue à écrire des articles, propose avec humour de réparer des rouets. En fait, il guette, il se prépare. Les critiques acerbes dont il était l'objet ni les soucis de son travail ne l'affectaient, déclara un médecin, mais le tourment qui précédait une grande décision, cela seul faisait monter sa tension. Depuis sa sortie de prison en 1924, Gandhi attendait en fait le moment d'agir. Le jeu politique dans lequel ses amis du Congrès s'étaient embourbés lui semblait stérile (le parti swarajiste avait à ce moment perdu ses illusions quant aux méthodes de lutte parlementaire, ce qui favorisa le retour de Gandhi au sein du Congrès). Il ne lui fallait que l'occasion de reprendre le mouvement de non-coopération.

Cette occasion, les Britanniques allaient la lui fournir.

Le 2 novembre 1927, un certain nombre de dirigeants indiens, parmi lesquels Gandhi, furent convoqués à Delhi par lord Irwin, le nouveau vice-roi, qui avait succédé à lord Reading en avril 1926. Un document leur fut remis annonçant la venue d'une commission chargée d'examiner la possibilité d'une nouvelle réforme constitutionnelle (elle devait prendre le nom de son président, John Simon). Ce qui frappa le plus les dirigeants c'est que la commission était entièrement composée de « Blancs », aucun Indien n'en faisait partie : l'exclusion. De quoi donner à toute cette démarche l'allure d'une inspection en territoire conquis — d'une insulte, en fait. On décida donc de boycotter la commission. À son arrivée en Inde, Simon fut accueilli par des drapeaux noirs et des portes closes.

Dès 1930, la situation aurait changé du tout au tout. Il ne serait plus question d'exclure, mais de négocier durement. Sans doute les Indiens ne seraient-ils pas encore libres dans les faits, mais l'esprit du pays se serait insensiblement modifié, l'obéissance aveugle appartiendrait au passé. 1928, 1929, 1930, des années décisives qui devaient transformer l'Inde et son rapport à l'occupant.

Toute la longue lutte de Gandhi en Afrique du Sud, tout son patient travail en Inde depuis 1915 allaient aboutir à la victoire remportée dans les campagnes au tournant de la décennie.

L'apogée
1928-1934

1928. Bardoli. Gandhi se préparait à la bataille, lentement, sûrement. Il avait maintenant près de soixante ans. Six ans plus tôt, en 1922, le meurtre de policiers par la foule lui avait fait suspendre la campagne de désobéissance civile à Bardoli. Ce fut à Bardoli, le 12 février 1928, qu'il décida de reprendre le satyagraha. Un test dans une région, avant de soulever le pays entier.

L'objectif : refuser une augmentation de taxes de vingt-deux pour cent décrétée par le gouvernement. Sardar Vallabhbhai Patel, l'un des fidèles lieutenants de Gandhi, fut chargé de se rendre sur place pour conduire la révolte des paysans. Quatre-vingt-sept mille d'entre eux, qui marchèrent comme un seul homme, refusant de payer l'impôt tant que cette taxe ne serait pas supprimée. Les collecteurs se saisirent des buffles, puis des instruments de travail, puis des ustensiles de cuisine, puis des chevaux et des charrettes, bientôt de la terre... Les paysans n'avaient plus rien. Ils restaient stoïques. Dans *Young India*, Gandhi écrivait : « Ils auront perdu toutes leurs possessions, mais ils gardent ce qui est le plus précieux à l'homme : sa dignité. » Des mois passèrent et les paysans ne cédaient pas. Des centaines d'entre eux furent incarcérés, des villages razziés. Le frère de Patel, qui était président de l'Assemblée législative, écrivit au vice-roi que « les mesures adoptées dépassaient les limites de la loi, de l'ordre, de la décence ». Cependant, des dons énormes affluaient de l'Inde entière.

Le 12 juin, Gandhi fit observer un hartal en l'honneur de Bardoli. Il parcourut à pied la région au milieu de l'enthousiasme général. Pourtant, il refusait encore d'étendre le satyagraha aux autres régions de l'Inde, comme on l'en pressait. Le moment n'était pas venu, la limite de l'endurance toujours pas atteinte : « La limite sera fixée par la capacité des Indiens dans leur ensemble à endurer le sacrifice et la souffrance. » Surtout, il voulait pouvoir choisir l'heure et le lieu de la bataille.

Le 6 août, le gouvernement capitulait. Les prisons relâchèrent leur lot de paysans captifs, les animaux et les fermes furent restitués ; la nouvelle taxe abolie. La victoire remportée par Gandhi, Patel et leurs alliés des campagnes était complète.

Une atmosphère de crise régnait dans le pays. La session du Congrès devait avoir lieu à Calcutta en décembre. Le pandit Motilal Nehru, alors à sa tête, fit appeler Gandhi. Les délégués s'opposaient, partagés entre les plus jeunes qui, tels Jawaharlal Nehru et Subhas Chandra Bose, profondément influencés par le marxisme et très puissants au Congrès, exigeaient que le mouvement, pour la première fois de son histoire, demande l'indépendance complète et ceux qui, plus modérés, tels Motilal Nehru et Gandhi, se contentaient de réclamer le statut de dominion (l'objet du « rapport Nehru »). Gandhi proposa un compromis sur lequel l'accord se fit : si dans un an ce rapport n'était pas accepté, une nouvelle campagne de non-coopération serait lancée, avec, cette fois, l'indépendance pour but.

Pour tous, il allait de soi que Gandhi dirigerait la lutte. Ainsi, alors que prenait fin sa condamnation à six ans d'emprisonnement (être relâché pour des raisons de santé ne l'avait pas déchargé d'une sentence qu'il avait acceptée), Gandhi, « moralement » libéré, retournait à la politique. Cela, en une période où la conjoncture, très affectée par la dépression mondiale, était favorable à la reprise de l'agitation.

UN AN DE GRÂCE

Pendant cette année 1929, il reprend son tour de l'Inde. Il incite les gens à filer et à tisser, à brûler l'étoffe étrangère. En mars 1929, il est à Calcutta, occupé à alimenter un immense feu de joie. « J'espère que les gourdins de centaines de milliers de policiers ne réussiront pas à éteindre les feux que nous avons allumés ce jour-là dans le parc Shraddhanand. Car le feu du dharma est inextinguible. Une fois qu'il s'est manifesté dans le cœur de l'homme, il ne meurt plus, même si le corps, lui, vient à mourir » (GI, 97). La préparation au combat revêt un caractère solennel, joyeux, sacré. Cependant l'agitation sociale avait repris : grèves, terrorisme et répression, un enchaînement bien connu ; quelques bombes explosent, des anarchistes sont arrêtés, aussitôt devenus des héros populaires. Inquiet de la naissance, en 1924, d'un mouvement communiste, de l'ampleur des grèves et de l'agitation ouvrière, le gouvernement arrêta, en mars 1929, trente et un leaders syndicaux (décapitant ainsi le mouvement syndical d'orientation communiste), mais, écrivait Gandhi, « le mobile est moins de tuer le communisme que d'installer la terreur ». Le gouvernement montrait ses « griffes ensanglantées que d'habitude il tenait cachées ».

Inquiet, harcelé par les grèves et le terrorisme, menacé par l'échéance qui approchait, lord Irwin se rendit en Angleterre afin de consulter le nouveau gouvernement. Une table ronde, réunissant représentants anglais et indiens, était envisagée ; en outre, Irwin prévoyait dans sa déclaration que la préparation d'une constitution devrait aboutir au statut de dominion. Gandhi et les plus modérés des dirigeants se déclarèrent favorables à cette solution. Le 23 décembre, ils devaient rencontrer le vice-roi.

Mais à Westminster, la Chambre des communes, où les travaillistes n'avaient pas une nette majorité, s'opposa à toute réforme : aucun changement radical n'était plus considéré dans la politique britannique en Inde. Le 23 décembre, Jinnah, Gandhi, Sapri, Motilal Nehru et Patel entrèrent dans le bureau du vice-roi. Lord Irwin pouvait-il s'engager à tenir une conférence où seraient dressées les grandes lignes d'une constitution donnant à l'Inde le statut de dominion et prévoyant le droit de faire sécession de l'Empire ? Mais lord Irwin, dûment instruit par le récent débat au Parlement, fut incapable de donner l'assurance demandée.

Lors de la session du Congrès à Lahore, à la fin de 1929, Gandhi, c'était pour tous une évidence, devait être choisi comme président. Il déclina cet honneur, demandant que Jawaharlal Nehru soit élu à sa place. Nehru entra ainsi en fonctions, non par la grande porte, ni même par une porte de service, mais, selon ses propres mots, par « une porte dérobée ». Un coup de maître de la part de Gandhi : un an plus tôt, seul un compromis mis au point par lui avait pu éviter la scission. Le Congrès en cette période de recommencement avait besoin d'un homme nouveau à sa tête : à quarante-deux ans, Jawaharlal était, selon la description de Gandhi « pur comme un cristal... d'une sincérité au-dessus de tout soupçon... un chevalier sans peur et sans reproche ». Gandhi voyait en Nehru son héritier politique. Un successeur qui eut parfois du mal à suivre les décisions du maître. Contrairement à ce maître spirituel, qui croyait en Dieu et se défiait de la science, il était lui fermement laïque, opposait volontiers raison et religion (où se côtoyaient, selon lui, « un élément de magie et une crédulité aveugle »), et affirmait son attachement à un progrès fondé sur la connaissance scientifique. Ce gouffre intellectuel entre les deux hommes ne cessa d'évoluer, se creusant ou s'étrécissant, jamais comblé, sans que leur affinité profonde ni leur loyauté viennent à en souffrir.

LA MARCHE DU SEL

En 1920-1922, Gandhi avait procédé avec prudence, passant des mois à planifier sa campagne, répartissant avec minutie dans le temps le programme de non-coopération, réticent à s'engager dans un mouvement de masse. En 1930, tout se passa plus rapidement, comme si la décennie lui avait porté conseil. Une année de leadership incontesté, deux années de prison, des années de retraite et d'introspection, une année silencieuse, des mois de maladie... une vie itinérante consacrée à la « reconstruction » et aux réformes, de village en village, à travers l'Inde entière. Un répit, en quelque sorte. Avant de jouer le tout pour le tout dans un satyagraha à l'échelle du pays : le satyagraha du sel. « L'appel de 1920 avait été un appel à la préparation. Celui de 1930 est un appel à l'engagement dans le conflit final. »

Mais où, et comment commencer ? Tagore, que Gandhi vénérait, vint lui rendre visite à son ashram

le 18 janvier. Quels étaient les plans de Gandhi ?
« J'y pense nuit et jour, et je ne vois aucune lumière
dans les ténèbres qui m'environnent. » Sans doute
attendait-il que se prononce la « voix intérieure »,
qui n'avait rien à voir, il y insista, avec le phéno-
mène bien connu des mystiques ; en fait, Dieu aussi
bien que le diable luttaient en lui, car tous deux
sont présents en l'homme. « Seule l'action détermine la nature de la voix. »

Elle dut pourtant se faire entendre, cette voix,
puisque le 27 février *Young India* faisait l'ouverture avec un éditorial de Gandhi : « Quand je serai
arrêté ». Puis venait une analyse détaillée des injustices de la loi sur le sel. Dans le numéro suivant,
les sanctions prévues par cette loi. Le revenu sur le
sel, relativement faible, était pourtant tiré de la
sueur des plus pauvres et d'un produit, fourni par
la nature, qu'on pouvait trouver en abondance
sur n'importe quelle côte de l'Inde. Gandhi décida
d'enfreindre cette loi. Un geste d'une portée symbolique considérable, comme les événements allaient
le démontrer, mais qui, à première vue, s'expliquait
mal. Les manufactures comme les mines de sel
étaient éloignées, là-bas sur les côtes de l'Inde, et
comment mener un satyagraha à partir de ces
endroits improbables ? « Brusquement, le simple
mot de "sel" fit figure de formule magique, se chargea d'une puissance mystérieuse. Il fallait attaquer
l'impôt sur le sel, enfreindre la législation du sel.
Nous étions stupéfaits et ne pouvions pas tout à
fait voir le lien entre la lutte pour l'indépendance
nationale et le sel, ce produit ordinaire » (VP, 190).

Nehru ne comprenait pas plus l'annonce faite par Gandhi de « onze points », une liste de réformes sociales et politiques — sans doute très valables — mais que venaient-elles faire ici, alors qu'on parlait d'indépendance ?

Une petite ville, Dandi, à proximité de Jalalpour, c'est-à-dire à quelque quatre cent cinquante kilomètres de l'ashram de Sabarmati d'où devaient partir Gandhi et ses pèlerins, allait devenir la scène d'un geste libérateur.

Comme à l'accoutumée, Gandhi tint à prévenir le vice-roi.

« Cher Ami[1]... » lui écrivait-il. Et il commence par l'assurer de toute absence de haine, la base même de sa démarche. « Je ne ferai pas, pour rien au monde, de mal à ce qui vit, encore moins à un être humain, même s'il me fait à moi et aux miens le plus grand tort... Je ne veux donc pas causer le moindre mal à un seul Anglais ou nuire à ses intérêts légitimes en Inde. »

La suite était franche : « J'estime que l'administration britannique est une malédiction ; mais je ne crois pas pour autant que les Anglais soient plus mauvais que n'importe quel autre peuple sur la Terre. » Les raisons d'un tel jugement ? : « Elle a appauvri la multitude muette par un système d'exploitation progressive, une administration civile et militaire absolument ruineuse que le pays ne peut soutenir. Elle nous a réduits politiquement à l'esclavage. Elle a détruit les fondations de notre culture. Et, par sa politique de désarmement, elle nous a dégradés spirituellement... » Il énumère

ensuite les injustices les plus criantes et il conclut :
« Le système britannique semble conçu à seule fin
de pressurer les pauvres à mort. » Même le sel est
taxé, un produit qui leur est nécessaire, plus encore
qu'aux riches, et ainsi c'est eux, les pauvres, qui
paient le prix fort. En comptable précis, Gandhi
rappelle au vice-roi que son salaire d'administrateur anglais est de plus de cinq mille fois supérieur
au revenu moyen d'un Indien. Ce faisant, il ne veut
pas l'offenser, car il le respecte trop en tant
qu'homme, il sait que le vice-roi n'a pas besoin du
salaire qu'il reçoit… Mais le système qui organise
ce genre de répartition mérite d'être détruit sans
plus de considération, car ce qui est vrai du salaire
d'un vice-roi l'est de l'administration tout entière.

En conclusion, écrivait-il, « il ne s'agit plus de
convaincre par des arguments. Il s'agit d'opposer
la force à la force. La Grande-Bretagne défendra
son commerce et ses intérêts par tous les moyens
dont elle dispose. L'Inde doit donc trouver en
elle-même la force (non-violente) qui la délivrera
des bras de la mort. » Ce faisant, elle va courir un
grand risque et souffrir assez pour « faire fondre un
cœur de pierre » ; l'enjeu, qui est la conversion
d'une nation, en vaut cependant la peine.

« J'utilise délibérément le mot de conversion. Car
mon ambition va jusque-là : convertir le peuple britannique par la non-violence et lui faire voir ainsi
le tort qu'il nous a causé. Je ne veux pas nuire à
votre peuple. Je veux le servir, comme je veux servir le mien. »

À cette lettre, inhabituelle, c'est le moins qu'on

puisse dire, dans le champ de la politique, Son Excellence le vice-roi se contenta de répondre, par l'intermédiaire de son secrétaire, qu'elle regrettait d'apprendre que Mr Gandhi...

Le soir du 11 mars, Gandhi réunit ses disciples pour une dernière prière. « Notre cause est forte, leur dit-il... Je prie pour la bataille qui commence demain. » Cette nuit-là, le Mahatma fut probablement la seule personne qui dormît à l'ashram. À six heures trente le lendemain matin devait commencer la longue marche vers Dandi, sur la côte du golfe de Cambay.

Cette fois, Gandhi disposait d'une armée de satyagrahi entraînés à contrôler de grandes masses, soixante-dix-huit membres de l'ashram unis par un serment commun et par les règles de la communauté. Prier, filer, tenir un journal et, aussi, faire face à la police et à l'armée — des Indiens en uniforme pour beaucoup, talonnés par leurs officiers que cette révolte de civils, sans armes mais militants, une vague après l'autre, prêts à s'effondrer sous les coups, devait pousser aux pires cruautés.

Gandhi avait prévu d'autres groupes un peu partout, d'autres leaders pour prendre les mesures s'imposant dans d'autres régions : Patel à Ahmedabad, Rajagopalachari * à Madras, Nehru à Allahabad... « Après avoir fait les préparations ultimes,

---

* Chakravarti Rajagopalachari (1878-1972), un homme de loi brillant qui fut, avant l'indépendance, l'un des cinq leaders du parti du Congrès (avec Jawaharlal Nehru, Rajendra Prasad, Sardar Vallabhbhai Patel et Maulana Abdul Kalam Azad) et qui resta proche de Gandhi. Il fut le second gouverneur général de l'Inde libre après Mounbatten, puis ministre en chef de la présidence de Madras.

nous avons dit adieu à nos camarades du Comité central, car nul ne savait quand nous nous reverrions, ni même si nous nous reverrions jamais », raconte Nehru. Avant la bataille, il se rendit avec son père auprès de Gandhi. « Nous l'avons vu s'éloigner vers la prochaine étape, au bord de la mer, suivi des siens. Ce fut ma dernière vision de lui, un bâton à la main, marchant à la tête de sa petite troupe, d'un pas ferme et tranquille, inexorable. C'était un spectacle émouvant... » (VP, 192)

Un spectacle savamment orchestré et mis en scène (et une preuve supplémentaire des talents de Gandhi dans cet art). Pour le voir, des journalistes étaient venus de toute l'Inde, et des correspondants étrangers, qui répercutaient jour après jour les nouvelles dans le monde entier. La veille du 12 mars, des milliers de gens, d'amis, de sympathisants entouraient l'ashram, passant la nuit par terre. Des télégrammes arrivaient de partout. « Dieu vous garde » câblait-on de New York. L'excitation gagnait un pays après l'autre.

Le 12 mars, après avoir dit les prières en commun, Gandhi — qu'on n'avait pas arrêté (« le gouvernement est embarrassé et perplexe ») — se mit en route avec les satyagrahi. Vingt kilomètres par jour, sans bagage, un « jeu d'enfant », dit-il. Vingt-quatre jours pour atteindre la côte. Les paysans sortaient de chez eux pour les accueillir, ils aspergeaient les routes et les jonchaient de feuilles, rendant ainsi la marche plus douce, ils s'agenouillaient tout au long du chemin, et les pèlerins les exhortaient à rompre la loi du sel le moment venu. Les villages étaient pavoisés et toute cette marche avait une allure de fête.

L'exercice convenait à Gandhi, qui avait alors soixante et un ans. Il se levait à quatre heures, prononçait la prière en commun, prenait la parole dans les villages, travaillait chaque jour à son rouet, écrivait ses articles, répondait à ses correspondants et… marchait. Annonçant à tous qu'il ne regagnerait pas son ashram avant que ne soit aboli la taxe sur le sel. Et les gens, gagnés par l'enthousiasme, se joignaient à lui. Le 5 avril, quand il atteignit Dandi, le petit groupe de l'ashram était devenu une armée de plusieurs milliers de personnes.

Toute la nuit du 5 avril, les disciples prièrent. Le matin venu, ils accompagnèrent Gandhi à la mer. Il se baigna pour se purifier, revint sur la plage et là, il ramassa un peu de sel laissé par les vagues. La loi qui, entre autres interdictions, défendait de toucher aux dépôts naturels sur les plages était ainsi enfreinte : le monopole sur le sel rompu. À ce signal, des milliers d'Indiens, un peu partout dans le pays, pourvu qu'ils fussent à proximité de l'océan, des jeunes, des femmes, des gens de toutes les origines sociales, accomplirent le même geste. Le sel fut ramené à l'intérieur du pays, préparé dans des casseroles, sur les terrasses des maisons, vendu ici et là par des marchands ambulants. Et on boycottait de plus belle les marchandises anglaises. L'Inde entière s'était levée.

« Partout dans le pays, dans les villes et les villages, la production de sel était le sujet du jour ;

nous trouvions les moyens les plus étranges pour y procéder. Comme on ne connaissait rien à la question, on se renseignait de notre mieux, on imprimait des tracts donnant des recettes et on rassemblait toutes sortes de récipients ; à la fin, nous sommes parvenus à obtenir un produit assez peu ragoûtant qu'on exhibait triomphalement et qu'on vendait souvent aux enchères pour des prix ahurissants... » (VP, 193) Donc, les incrédules durent constater « à quel point les gens était enthousiastes, à quel point cette façon de produire du sel gagnait de proche en proche ». Et Nehru de faire amende honorable : « Nous nous sommes sentis un peu confus et honteux d'avoir mis en doute l'efficacité de cette méthode lorsqu'elle avait été proposée par Gandhi » (VP, 193). Il fallait s'étonner à nouveau du « génie incroyable de cet homme pour trouver le geste qui frappait la multitude et pour amener celle-ci à agir dans l'ordre et la discipline ». « Il y avait là quelque chose qui nous hypnotisait presque. »

La désobéissance civile comme technique d'action avait fait ses preuves. « Une confiance tranquille gagna le pays, amis et ennemis de conserve, nous marchions vers la victoire. » Même dans les prisons, la rumeur courait que le swaraj était proche.

Nehru fut emprisonné, Patel avant lui, et Rajagopalachari, J.M. Sen Gupta, Devadas et Ramdas Gandhi, Mahadev Desai... Puis, devant l'obstination des Indiens, leur non-violence déterminée, déconcertante, ce fut une répression sauvage, totale. Étudiants et professeurs, riches et pauvres, ouvriers et capitaines d'industrie, par groupes entiers, étaient jetés en prison. Soixante mille Indiens emprisonnés. Dans les villages, des millions de paysans n'en continuaient pas moins à fabriquer leur sel ; au contraire, les centres de production se multipliaient. Et, sous la pression populaire, les Indiens chargés de postes officiels démissionnaient.

La nuit du 4 mai, Gandhi fut arrêté. En prison, on le traita bien. Il pouvait récupérer de sa fatigue, écrivit-il, et se trouvait « vraiment heureux ».

Avant cette arrestation, il avait planifié une phase plus agressive de sa campagne. Il s'agissait de prendre les usines de sel de Dharsana. Le 21 mai, deux mille cinq cents volontaires attaquèrent les dépôts sous la conduite de Sarojini Naidu et de Manilal Gandhi (un fils de Gandhi, deux autres, Devadas et Ramdas, ayant déjà été arrêtés).

Stimulée sans doute par l'absence de résistance, la police se signala ce jour-là par son infamie. L'épisode, qui devait à jamais changer la tournure des événements, a été raconté, dans un article resté célèbre, par Webb Miller, un journaliste britannique. C'était, au fond, un modèle de satyagraha, selon l'exigence de Gandhi.

« Dans un silence parfait, les hommes de Gandhi s'approchèrent et s'arrêtèrent à une centaine de mètres de la palissade. Une colonne sélectionnée sortit de la foule, traversa les fossés et s'approcha des barbelés. » La police donna alors l'ordre de se retirer. Ils continuèrent d'avancer. « Soudain, sur un mot d'ordre des douzaines de policiers indigènes se jetèrent sur les marcheurs qui avançaient et firent pleuvoir sur les têtes des coups de leurs bâtons garnis d'acier. Pas un seul des marcheurs ne leva seulement le bras pour parer les coups. Ils tombèrent comme des quilles. De l'endroit où je me trouvais, j'entendais le bruit écœurant des matraques sur des têtes sans protection. La foule des marcheurs en attente gémissait et retenait son souffle, participant par sympathie à la souffrance de chaque coup. Ceux qui avaient été touchés tombèrent en tous sens, sans connaissance ou en se tordant de douleur, avec des crânes et des épaules fracturés... Les survivants, sans sortir des rangs, continuèrent de marcher silencieusement et obstinément jusqu'à ce qu'ils fussent abattus... Ils marchaient d'un pas régulier, la tête haute, sans l'encouragement que donnent la musique ou les acclamations, et sans la moindre possibilité d'échapper à de sérieuses blessures ou à la mort. La police s'élança et abattit systématiquement et automatiquement la seconde colonne. Il n'y eut ni combat ni lutte ; les marcheurs avançaient simplement jusqu'à ce qu'ils soient assommés... » (VG, 424).

Après quoi, les policiers enragés, ivres de sang ou de sadisme, obéissant à leur fonction et à leur uniforme, frappèrent les hommes assis à « coups de pied dans l'abdomen et les testicules » (toujours selon le témoignage de Webb).

« Heure après heure, les brancardiers ramenèrent un flot de corps inertes et sanglants. »

Les mêmes scènes se répétèrent pendant plusieurs jours. Les femmes participaient activement au mouvement. Au fur et à mesure que les hommes étaient arrêtés et emprisonnés, elles prenaient la relève. Elles furent bientôt aussi durement réprimées que les hommes, tabassées jusqu'au sang, frappées à la poitrine et au ventre à coups de pied ou de crosse : « Pas une ne bougea, chacune resta sans faiblir à son poste. » « Dans ce combat, les femmes indiennes étaient devenues les égales des hommes... Gandhi, lorsqu'il avait fait appel aux femmes, avait dit : "Elles sont les meilleurs symboles de l'humanité. Elles ont toutes les vertus d'un satyagrahi", ce qui nous avait emplies d'une immense confiance en nous[2]. » L'amour inconditionnel, délivré de l'égoïsme, et la capacité à souffrir : les qualités exigées d'un satyagrahi. Selon Gandhi, elles définissaient la femme. Une vision idéalisée, liée à sa conception de la mère, qui le soutint peut-être dans son plaidoyer pour l'égalité et la liberté des femmes.

L'événement le plus marquant de l'année fut l'éveil remarquable de la femme indienne. La façon dont des centaines d'entre elles ôtèrent le voile et, quittant leur foyer protégé, descendirent dans la rue et sur la place du marché pour se battre aux côtés de leurs frères, à qui elles en remontraient, voilà ce qu'auraient du mal à croire ceux qui ne l'ont pas de leurs yeux vu (GWH, 755).

Qu'avaient-ils démontré, ces satyagrahi ? Non que le sel appartenait à tous, là n'était pas l'essentiel. Mais que la « civilisation » n'était pas du côté que l'on croyait. La barbarie, plutôt. Et que la « vraie civilisation », pour reprendre les mots de

Gandhi, résidait ailleurs que dans la force des armes. Tagore déclara :

> L'Europe a définitivement perdu le prestige qu'elle avait en Asie. On ne la considère plus dans le monde comme le champion de la justice et le détenteur de principes élevés, mais comme le défenseur de la domination de la race blanche, l'exploiteur de ceux qui vivent hors de ses frontières (*Manchester Guardian*, 17 mai 1930, LMG, 253).

Le satyagraha du sel avait offert au monde la démonstration parfaite qu'existait une nouvelle arme de militantisme pacifique. « Pour l'Europe, continuait Tagore, c'est une grave défaite morale. » L'Asie, matériellement faible, incapable de se protéger contre les agressions extérieures, pouvait maintenant se permettre de « regarder l'Europe d'en haut, alors qu'autrefois elle la regardait d'en bas ». Autrement dit, le rapport de force était inversé, la supériorité morale — celle de l'esprit — l'emportait sur la supériorité physique — celle de la brute.

À sa sortie de prison, Gandhi rencontra le vice-roi. Churchill, méprisant, offensé dans son orgueil de caste et de race, s'était indigné au « spectacle écœurant et humiliant de ce fakir séditieux gravissant à demi nu les marches du palais pour négocier et traiter en égal avec le représentant du Roi-Empereur ». Mais c'est pourtant avec ce fakir demi-nu que l'Empire britannique devait composer. Lord Irwin décrit d'ailleurs cette occasion comme « la rencontre personnelle la plus dramatique entre un vice-roi et un leader indien de toute l'histoire tourmentée du Raj ». Lorsqu'on lui offrit une tasse de thé, Gandhi sortit un petit sachet de papier de son châle, un peu de sel (exempt de taxe), et dit en souriant : « Je vais en verser un peu dans mon thé en souvenir du fameux Thé de Boston. »

La même année, le Mahatma, parvenu à l'apogée de sa popularité et de son prestige, devait se rendre à Londres pour participer à la Table Ronde où il était élu seul délégué du Congrès.

À LONDRES, LA TABLE RONDE

Gandhi avait saisi la possibilité que lui offrait lord Irwin de négocier un compromis. Pourquoi cette hâte, pourquoi ces concessions ?

Les nationalistes extrémistes les lui reprochèrent par la suite amèrement, en particulier Subhas Chandra Bose, qui devait plus tard s'imposer comme un rival possible de Gandhi. D'abord, il est probable que Gandhi ait craint une radicalisation violente du mouvement s'il venait à se prolonger. Quoiqu'il en ait toujours gardé le contrôle, certains débordements n'avaient pu être évités et des affrontements avaient eu lieu, à Peshawar notamment (où les soldats hindous avaient refusé de tirer sur la foule des insurgés musulmans). Puis, des éléments terroristes, profitant de l'agitation, relançaient l'action eux aussi, par le recours à la violence : raid sur l'arsenal de Chittagong, bataille rangée avec l'armée et la police, explosions ici et là (en avril 1929, le révolutionnaire Baghat Singh avait lancé une bombe à l'Assemblée législative à New Delhi; il fut condamné à la pendaison ainsi que ses amis). Ces manifestations incontrôlées inquiétaient bien sûr les nationalistes modérés, comme les marchands enrichis et les industriels indiens, influents au sein du Congrès.

Gandhi et Irwin commencèrent leurs négociations le 17 février. Elles durèrent jusqu'au 5 mars, moment où fut signé le « pacte Gandhi-Irwin ». Il mettait fin au mouvement de désobéissance civile en échange de concessions mineures (mais les prisonniers politiques étaient libérés et la manufacture du sel autorisée). Selon toute apparence Gandhi sortait perdant de l'affaire; pour les leaders du Congrès, il avait conclu un marché de dupe. Diverses interprétations ont été avancées, certains arguant de l'influence qu'aurait exercée sur lui le monde des affaires, d'autres évoquant la stratégie gandhienne qui consistait à alterner pressions et compromis. D'autres encore, tel Nanda, pensent que Gandhi crut au sérieux des intentions britanniques (ou qu'il voulut les tester) et qu'il vit dans ce pacte un tournant dans les relations entre gouvernement et Congrès. Le satyagraha, rappellent-ils, considérait le compromis avec l'adversaire non comme une trahison, mais comme une étape nécessaire. « Je prie Dieu pour que l'amitié à laquelle tend un tel arrangement devienne un acquis permanent. »

Le 29 août, Gandhi embarquait à bord du *Raj-*

putana. L'accompagnaient Sarojini Naidu, qui savait résister au « maître » ; Pyarelal Nayyar, son biographe et disciple ; G.D. Birla, un riche industriel, disciple de Gandhi lui aussi, à ses heures ; Mahadev Desai, qui relatait la vie du Mahatma, plus en détail encore que Boswell ne le fit pour le Dr. Johnson ; Miss Slade, qui ne pouvait guère le quitter.

Gandhi et ses compagnons arrivèrent à Londres le 12 septembre. Il devait rester en Angleterre jusqu'au 5 décembre. Sur les photos de l'époque, on le voit, édenté et souriant, vêtu de son éternel pagne, les pieds dans des sandales et les épaules entourées d'un grand châle blanc, un objet de curiosité venu tout droit de l'Inde profonde pour la foule des badauds qui se presse nombreuse autour de lui. Là encore, il imposait les symboles choisis, riant avec les gamins qui le plaisantaient : « Hey, Gandhi, où ils sont tes pantalons ? », leur enseignant au passage quelques vérités de base. Sa tenue de pauvre, il n'en changea d'ailleurs pas, même lorsqu'il fut invité à Buckingham Palace pour prendre le thé avec le roi George V et la reine Mary (comme on lui demandait, le soir, s'il était assez couvert, il répondit : « Le roi l'était assez pour nous deux »). Plutôt que de résider à l'hôtel, il avait choisi — autre symbole — d'habiter un quartier de l'East End, parmi la population pauvre, chez Muriel Lester qu'il avait autrefois reçue à l'ashram. Pour atteindre le lieu de la conférence, il devait parcourir huit kilomètres, longer des rues bordées de taudis autour de Kingsley Hall, croiser une multitude de passants qui allaient au travail et s'adressaient à lui familièrement.

Les membres de la Table Ronde avaient tous été nommés par le gouvernement. « Comme des marionnettes, ou des ombres sans substance, ils s'agitaient sur la scène londonienne, sachant bien que la lutte réelle se déroulait en Inde » (GWH, 755). La conférence s'enlisait, elle devenait une « espèce de bourse aux prébendes, aux titres, aux honneurs », s'égarait dans des marchandages au niveau des dissensions religieuses, musulmans et hindous se montrant également intransigeants. En fait de réformes constitutionnelles profondes, on piétinait sur le problème des électorats séparés — les intouchables étant défendus par leur porte-parole, B.R. Ambedkar, qui était en faveur de cette solution. Gandhi se prononça de façon franche. Mais que pouvait sa force de conviction contre une idée qui semblait convenir à tous : les Indiens n'étaient pas prêts à se gouverner seuls, et c'était l'absence d'unité en Inde, non la réticence du gouvernement anglais, qui en réalité bloquait l'indépendance.

Gandhi a compris l'inutilité de ces pourparlers et il emploie une grande partie de son temps à répandre ailleurs la bonne parole et le renom de l'Inde : entretiens, déclarations radiophoniques, rencontres, visites, grandes écoles et universités, il ne néglige rien, il se rend partout, des sanctuaires de l'intelligentsia aux villes industrielles frappées par le chômage, il parle à chacun, aux professeurs d'Oxford comme aux ouvriers du Lancashire — et même à une gloire du cinéma, puisqu'il s'entretint, à grand renfort de sourires, comme le montre une photo, avec Charlie Chaplin. Dans ces contacts consiste, dit-il, son vrai travail : voir des membres des classes moyennes et privilégiées, parce qu'elles déterminaient l'avenir de l'Inde, les artistes et les intellectuels, aussi bien que les hommes politiques et les ministres du culte, pour l'influence qu'ils exerçaient, et le peuple afin de lui parler et de le convaincre. À Oxford, où il passe deux week-ends, on le bombarde de questions, on le soumet à des interrogatoires en règle. Son calme imperturbable en vient à exaspérer ses interlocuteurs éclairés : « La conviction m'est venue que, depuis Socrate, le monde n'a pas eu son égal pour le sang-froid et le contrôle de soi », remarqua un professeur Thompson, « une ou deux fois, je me suis mis à la place de ceux qui ont dû faire face à ce calme invincible et imperturbable, et il m'a semblé comprendre pourquoi les Athéniens ont fait boire de la ciguë au sophiste-martyr » (LMG, 262). Dans le Lancashire, il a plus de succès, bien que le boycott des marchandises anglaises ait causé du chômage dans la région. On le voit, serré dans son châle blanc, les yeux baissés, parmi des centaines de femmes — des ouvrières du textile — qui l'entourent et l'ovationnent le bras levé. Des mines de fête, un délire d'enthousiasme. « Vous avez trois millions de chômeurs, leur dit-il ; nous en avons à peu près trois cents millions, cela pendant six mois de l'année. Vous touchez 70 shillings d'indemnité de chômage. Notre revenu mensuel moyen est de 7,6 shillings » (MG, 218).

Il devait regagner l'Inde. La conférence : un échec. « Diviser pour régner », une formule bien connue ; en intensifiant les divisions entre communautés, musulmans, sikhs, parsis, chrétiens, hindous, qui tous demandaient un régime électoral séparé, la Table Ronde traçait la voie vers un avenir tragique. Gandhi, lui, avait compris que les Anglais cherchaient de cette manière à renforcer les différences, et il s'éleva contre les revendications des délégués : il était déterminé à préserver l'unité de l'Inde (ce qu'il devait prouver à nouveau dans son opposition résolue à un électorat séparé pour les intouchables, en 1932, quand la question se précisa).

En Inde, les choses n'allaient guère mieux. La trêve conclue par le pacte Gandhi-Irwin menaçait de se rompre. Gandhi déclina donc les invitations qu'on lui avait adressées d'Europe et d'Amérique, choisissant de se rendre en Suisse où l'attendait Romain Rolland. Sur le chemin du retour, il s'arrêta en Italie, où, comme Rolland le lui avait conseillé, il refusa d'être l'hôte du gouvernement. Il eut un bref entretien avec le Duce ; remarqua que la personnalité de son hôte aussi bien que l'organisation du décor étaient faites pour inspirer la terreur : ce regard hypnotisant de chat ; ces armes partout sur les murs. Le pape, quant à lui, déclina l'entrevue proposée. La visite de Gandhi à Rome ne fut pas exploitée, sinon par un journaliste italien, qui prétendit avoir obtenu un entretien de lui, dans lequel il déclarait revenir en Inde pour reprendre la désobéissance civile. Une déclaration immédiatement démentie par Gandhi. Mais l'administration britannique, devant la déception manifeste du pays et l'agitation montante, avait déjà recours à un moyen éprouvé. « Pendant que ces messieurs étaient à Londres, les provinces de l'Inde, à des degrés divers, mais sans exception, subissaient l'ordalie de la répression » (VP, 270).

LE JEÛNE ÉPIQUE

À son retour en Inde, en décembre 1931, Gandhi allait subir de plein fouet les effets de cette politique. Pour lord Willingdon, qui avait succédé à Irwin, le problème indien exigeait avant tout la répression des fauteurs de trouble. « Il était presque incapable de comprendre les racines émotionnelles et intellectuelles du mouvement pour la libération politique : l'enthousiasme que ce mouvement soulevait lui semblait une forme de fanatisme ignorant » (MG, 236), écrit Nanda. De la philosophie de Gandhi, de sa personnalité, à la différence de lord Irwin, il ne saisissait rien, si bien qu'il se méprit, selon sir Samuel Hoare, sur le pouvoir réel du Mahatma.

Cette fois le gouvernement s'était organisé et il agit avec rapidité. À peine Gandhi avait-il débarqué qu'il fut emprisonné. Le Congrès avait dressé un plan de désobéissance civile : une blitzkrieg fut déchaînée contre lui. Les moyens habituels : des milliers d'emprisonnements (quelque soixante mille arrestations durant les neuf premiers mois du mouvement en 1932), le parti et ses organisations interdits, les leaders arrêtés, la liberté de presse restreinte (après tout, elle avait garanti le succès de la marche du sel). Churchill approuvait ces mesures, « les plus dures depuis la révolte de 1857 », a-t-il dit : l'administration savait se montrer ferme. La « répression dépasse toutes les limites permises », écrivit Gandhi de son côté. En prison, il finissait le petit livre commencé à l'ashram de Sabarmati ; il l'intitula *From Yeravda Mandir*, du temple de Yeravda ; la prison : un temple où prier Dieu. Il lisait Goethe et Kingsley, plaisantait avec Patel, emprisonné avec lui.

L'annonce de son jeûne à mort allait plonger l'Inde dans la stupéfaction et détourner l'opinion de ses préoccupations politiques. Nehru, de sa prison :

Notre routine de prison, paisible et monotone, devait soudain être interrompue, en septembre 1932, par une nouvelle qui explosa comme une bombe. Gandhi avait décidé de « jeûner à mort » en signe de protestation contre la décision de Ramsay MacDonald d'octroyer un système d'électorat séparé pour les intouchables. Quelle capacité il avait de nous causer des chocs ! Pendant deux jours je suis resté plongé dans des ténèbres absolues (VP, 290).

Jeûner pour les intouchables, quelle idée étrange ! « J'étais furieux qu'il ait choisi une question marginale pour offrir son sacrifice ultime. » Et quel contrecoup son acte aurait-il sur le mouvement pour la libération ? En y pensant, le prisonnier était saisi par le désespoir. Mais, bientôt, la confiance lui revint : « Bapu avait un talent curieux pour faire la chose juste au moment juste ; peut-être son geste — injustifiable, à mon point de vue — aurait-il d'immenses répercussions, non seulement dans le domaine étroit auquel il était destiné, mais jusque dans le champ plus vaste de notre lutte nationale » (VP, 291).

Enfin :

La nouvelle nous parvint d'un formidable bouleversement dans tout le pays, d'une vague magique d'enthousiasme qui secouait toute la société hindoue, c'en était fini, semblait-il, de l'intouchabilité. Quel magicien, pensai-je, ce petit homme, assis dans sa prison de Yeravda, et qui sait si bien comment toucher le cœur des gens ! (VP, 291)

Que s'était-il passé ? Le 17 août 1932, le Premier ministre anglais, Ramsay MacDonald décréta que son gouvernement accorderait des électorats séparés aux intouchables, comme il le faisait déjà pour les musulmans. « Je dois résister à votre décision au moyen de ma vie, lui écrivit Gandhi. Le seul moyen dont je dispose est de déclarer un jeûne perpétuel jusqu'à la mort… » Gandhi tentait de récupérer l'influence et le prestige qu'il avait perdus dans une campagne de désobéissance civile qui s'essoufflait, telle fut la réaction britannique à cette nouvelle. Son jeûne n'était qu'un moyen de coercition. Tagore : « La raison de leur incompréhension est que le Mahatma et eux parlent deux langages fondamentalement différents. » Pour Gandhi, il s'agissait d'éveiller les consciences à la réalité d'une tyrannie longtemps acceptée, pourtant intolérable — de les tirer de leur longue inertie, de préjugés ancrés depuis des millénaires, par une émotion forte, bouleversant les habitudes de pensée. (Pourtant, son action dans le domaine de l'intouchabilité est aujourd'hui encore controversée. À partir de 1924, il avait placé son abolition au centre du programme constructif, avec la lutte en faveur du rouet. Mais il se trouvait en désaccord avec les mouvements radicaux menés par des intouchables qui ne voyaient de fin possible à leur situation que dans une rupture totale avec l'hindouisme. Or, pour Gandhi, l'intouchabilité, loin d'être partie intégrante de l'hindouisme et du système des castes, n'en était qu'une excroissance monstrueuse qu'il fallait supprimer. Il voulait donc réintégrer les intouchables dans la communauté hindoue, en supprimant les discriminations qui les frappaient, telle la fermeture d'un certain nombre des plus grands temples de l'Inde, l'interdiction de puiser l'eau aux puits communaux dans les villages, d'être admis dans les écoles publiques…; une fois franchie cette étape, le problème de l'intouchabilité se limiterait à celui de la pauvreté, à laquelle il s'attaquait par le travail constructif. Les opprimés ne constitueraient pas une communauté séparée; le pays, au-delà des différences, resterait uni : tel avait toujours été l'objectif de Gandhi — non de diviser, mais d'unir.)

À la Table Ronde de Londres, il s'était heurté de front au leader intouchable Ambedkar. Un personnage remarquable. Grâce à la protection du maharaja de Baroda, Ambedkar avait pu suivre des études universitaires, en Inde, d'abord, puis aux États-Unis et à Londres ; lorsqu'il était revenu en Inde, diplômé de frais, il s'était heurté aux mêmes barrières qu'autrefois, dues à son intouchabilité. À Londres de nouveau, il fit des études de droit, ouvrit un cabinet d'avocat à Bombay, et se consacra à la défense de ses frères. Le jeûne de Gandhi, qui devait finalement le faire renoncer aux électorats séparés en échange de quelques concessions, lui apparut comme un chantage, un « coup de publicité politique », et il garda de tout cet affrontement une amertume profonde. Mais aux yeux de beaucoup, le pacte de Poona, qui conclut les négociations, eut le mérite essentiel d'éviter, précisément, des électorats séparés, un mode de représentation favorisé par les Anglais — ce qui allait devenir plus évident encore dans la décennie suivante —, un moyen de diviser l'Inde en une période cruciale.

Juste avant d'entrer dans son jeûne, Gandhi avait écrit à Tagore, sollicitant son approbation. Au même moment, Tagore lui envoyait ce mot : « Il vaut la peine de sacrifier votre précieuse vie pour l'unité de l'Inde et son intégrité sociale... ». Alors, déclenchée par le jeûne d'un seul homme, débuta une période d'effervescence sans équivalent. Le jour où Gandhi commença son jeûne, des millions d'Indiens jeûnèrent et prièrent par solidarité avec lui, intouchables, musulmans, hommes politiques, industriels et paysans, unis dans une même inquiétude. «Une mère penchée sur le berceau de son enfant en proie à une forte fièvre ne pourrait se montrer plus inquiète que l'Inde penchée sur la couche blanche du Mahatma déclinant... Chaque Indien se sentait personnellement responsable de sa vie» (MG, 398). Des leaders politiques et religieux entreprirent une action immédiate, réclamant qu'on relâche Gandhi; qu'on ouvre les temples aux opprimés, qu'on leur laisse l'accès aux puits, aux écoles, aux routes publiques... et que, de leur côté, les intouchables renoncent au projet d'électorat séparé. Avant que le jeûne ne commence, les portes de quelques-uns des temples les plus sacrés de l'Inde s'étaient ouvertes grandes aux opprimés, certaines régions abolissant toute discrimination dans leur accès; la mère de Nehru, une brahmane orthodoxe très stricte, fit savoir qu'elle acceptait de la nourriture des mains d'une intouchable et, dans tout le pays, des femmes de haute caste suivirent son exemple, tandis qu'à l'université de Bénarès, les pandits brahmanes organisaient des repas publics en compagnie des balayeurs, éboueurs, savetiers... Des gestes symboliques signifiant que l'idée d'impureté, implantée depuis trois millénaires, dans les rituels, les traditions, les habitudes, devait être révisée, abandonnée. «Le Mahatma jeûne.» Les journaux avaient imprimé la nouvelle. Et de villes en villages, transmis par les marchands et les voyageurs, répercutés jusque dans les campagnes, ces mots circulaient causant une onde de choc. Une ombre recouvrait l'Inde, « pareille à celle que produit une éclipse de soleil », selon les mots de Tagore.

Une lutte de vitesse s'engagea avec la mort. Sauver le Mahatma. Ambedkar détenait le pouvoir de dénouer la situation — le gouvernement n'accepterait aucune solution sans son accord — mais il était réticent à revenir sur ses positions. La tension des pourparlers et le progrès du jeûne épuisaient rapidement les forces de Gandhi. Le 23 septembre, quatrième jour du jeûne, le médecin annonça qu'il était proche de la mort. Ambedkar, soumis à cette pression terrible, discuta le même jour avec les leaders hindous. Plus tard, il alla voir Gandhi, qui pouvait à peine parler. Désaccord. Nouveaux débats avec les hindous ; nouvelle opposition de Gandhi sur la question des élections primaires que prévoyait le nouveau système électoral. À ce moment, le renoncement à l'électorat séparé était déjà acquis. Finalement, Rajagopalachari, après avoir transigé avec Ambedkar, obtint le consentement de Gandhi, à demi inconscient. Et le célèbre pacte de Poona fut enfin signé par les négociateurs indiens, accordant, en échange de la concession d'Ambedkar, qu'une forte proportion de sièges soit réservée aux intouchables. À Londres, Polak, Charles Andrews et les amis de Gandhi s'affairaient auprès du gouvernement : Gandhi refusait d'interrompre son jeûne tant que le gouvernement n'aurait pas ratifié l'accord ; il ne pouvait plus parler, il était en train de mourir. C'était dimanche, tous les ministres avaient quitté la ville ; en toute hâte ils revinrent, étudièrent le texte jusqu'à minuit ; quelques heures plus tard, ils annonçaient que le pacte était approuvé. Le lundi, en présence de Tagore, de Patel, de Mahadev Desai, de Mrs Naidu, des négociateurs et de journalistes, Gandhi but le verre de jus d'orange que lui tendait Kasturbai, tandis que Tagore chantait un de ses poèmes en bengali.

« Le feu sacrificiel, une fois allumé, ne s'éteindra plus tant que la plus petite trace d'intouchabilité restera dans l'hindouisme » (GI, 190). La « magie » avait triomphé. Une nouvelle fois. Et la raison n'y trouvait pas son compte. (Une opposition évoquée notamment par l'assassin de Gandhi qui accusa sa politique d'être fondée sur de « vieilles croyances superstitieuses, tels le pouvoir de l'âme, la voix de la conscience... la pureté de l'esprit ». Gandhi mort, « la nation serait désormais libre de suivre *la voie fondée sur la raison* ».)

Une fois de plus, devant l'extrême émotion provoquée par son geste dans tout le pays, je m'interrogeai, écrit Nehru, était-ce la bonne façon d'agir en politique ? C'était de pure essence religieuse ; en face de cela, que pouvait un esprit lucide ? Absolument rien ! Toute l'Inde, ou presque, regardait religieusement le Mahatma, attendant de lui miracle après miracle : fin des préjugés de caste, swaraj, etc., mais ne faisait pas grand-chose elle-même. Et Gandhi, de son côté, n'encourageait pas les autres à penser : il ne mettait l'accent que sur la pureté et l'esprit de sacrifice... Certes, son instinct le trompait rarement, mais la foi aveugle est-elle le bon moyen d'éduquer un peuple ? (VP, 293)

En 1933, Gandhi est toujours en prison. Il poursuit la lutte. Un flot de lettres, de déclarations à la presse et d'articles informent les lecteurs des méfaits de l'intouchabilité. En février 1933, il lance même un journal hebdomadaire, *Harijan*, ou « enfant de Dieu » (le nom par lequel il désignera désormais les intouchables — une nouvelle forme de discrimination aux yeux de ces derniers). Mais on n'efface pas en un jour des attitudes mentales incrustées au long des millénaires, on ne supprime pas en un jour une institution jugée d'essence « divine, aussi vieille que la race elle-même ». Ce fut là l'un des plus rudes combats de Gandhi, celui qu'il livra contre la tyrannie la mieux enracinée de son pays.

> Le mal est infiniment pire que ce que j'avais imaginé. Il ne sera pas éliminé par l'argent, par des organisations extérieures, ou même par un certain pouvoir politique qui serait accordé aux harijans. Tout cela est certes nécessaire. Mais, pour être efficaces, ces moyens doivent être accompagnés par un travail... de purification de soi, ce qui veut dire par la prière et par le jeûne (GI, 213).

Il ne s'agissait de rien de moins que d'opérer une « révolution totale dans la pensée hindoue : l'éradication de cette doctrine terrible et honteuse de l'inégalité innée des hommes, de l'existence d'un haut et d'un bas, qui a empoisonné l'hindouisme et mine lentement son existence même » (GI, 218). Son angoisse l'amène à prendre de nouveau la décision de jeûner. Vingt et un jours cette fois. Sa voix intérieure était devenue irrésistible.

La nuit où j'eus l'inspiration, j'étais en proie à une angoisse terrible... Je ne voyais aucune issue. Le poids de mes responsabilités m'écrasait. Ce que j'entendis fut comme une voix venue de très loin et pourtant toute proche, aussi distincte qu'une voix humaine s'adressant à moi, et irrésistible. Je ne rêvai pas quand j'entendis la Voix... J'écoutai, m'assurai que c'était bien la Voix, et la lutte cessa. J'étais calme. La décision fut prise en accord avec elle, la date et l'heure du jeûne fixées. La joie m'envahit (GI, 216).

Entendre la Voix est à la portée de chacun, affirme-t-il, car elle est en chacun de nous. Mais, comme pour toute chose importante, il faut, afin de la percevoir, longuement se préparer. Et, pour ceux qui croient plus en l'imagination, ou au subconscient, qu'aux phénomènes divins : « Les choses les plus réelles ne le sont que relativement, plaide-t-il. Pour moi, la Voix a plus de réalité que ma propre existence. Elle ne m'a jamais failli. »

Le lendemain, les Anglais le libèrent de prison : s'il doit mourir, mieux vaut que ce ne soit pas entre leurs mains. Mais il ne meurt pas. Dans le courant de l'été, il dissout son ashram et le lègue à l'Association des serviteurs des harijans qu'il a fondée. Il est à nouveau emprisonné, jeûne encore, est encore relâché. Et en novembre 1933, loin des préoccupations de la vie politique qui ne semblent plus l'intéresser, ce grand nomade se met en route une nouvelle fois, pour défendre la cause des harijans. Il parcourt l'Inde jusque dans les coins les plus reculés, vingt mille kilomètres pendant neuf mois, prêche l'ouverture des temples, combat l'idée de l'impureté — comment croire que l'ombre ou le contact d'un autre être humain puisse vous souiller ? —, collecte de l'argent pour le Fonds des harijans, se fait accuser d'hérésie par les sanatanistes (les hindous orthodoxes), s'attire les foudres des extrémistes, au point qu'on fait exploser une bombe sur son passage. Ce tour-là n'est pas un franc succès.

Mais Gandhi, s'il n'a pas eu raison de l'intouchabilité malgré ce qu'écrit Rajagopalachari avec trop d'optimisme (« La révolution est finie, il ne reste qu'à ôter les débris »), a placé cette « malédiction » au rang des problèmes majeurs de l'Inde, alors qu'elle était jusqu'alors considérée comme une « question marginale ». Aujourd'hui, les intouchables se sont vu reconnaître par la constitution de l'Inde des droits spéciaux * et ils bénéficient d'une égalité de principe. Ce qui n'empêche pas de nombreux Indiens dans les villages et petites villes d'observer les mêmes discriminations que par le passé et de réprimer férocement ces harijans qui ont la prétention d'échapper à un statut fixé de toute éternité. Les intouchables eux-mêmes (que les militants appellent « dalits ») réclament leur séparation d'avec une communauté hindoue haïe, tout en rejetant avec force les idées de Gandhi qu'ils considèrent comme « paternalistes ».

* Des quotas dans les universités, les administrations et les assemblées élues.

À l'époque aussi, mais pour d'autres raisons, l'engagement total de Gandhi au service des harijans, s'il convint à certains membres du Congrès lassés de risquer le pire, en irrita bien d'autres, qui déploraient cette diversion à la cause véritablement importante : l'indépendance de l'Inde. En mai 1933, le mouvement de désobéissance civile fut temporairement suspendu ; en avril 1934, cette suspension devint définitive. « Il était pénible d'assister à la lente agonie de notre grand mouvement. »

Le travail constructif
1934-1939

En octobre 1934, Gandhi se retira du Congrès. La suspension de la désobéissance civile n'était pas le seul point litigieux. Tout son programme constructif, sur lequel il voulait maintenant mettre l'accent, semblait au Congrès assez dépassé, avec son retour à cet instrument antique, le rouet, quand l'élite indienne croyait au progrès technique et aux bienfaits de l'industrialisation. Malgré leur respect pour la personnalité de Gandhi, nombre de délégués pensaient qu'il n'avait plus « la jeunesse d'âme nécessaire pour s'adapter aux nouveaux problèmes sociaux : il avait accompli son stade. C'était à une nouvelle génération d'aller plus loin » (RJ, 473). En bref, cet « homme du juste milieu », qui cherchait éternellement « le compromis entre les extrêmes opposés, entre les classes, entre les partis », qui combattait l'intouchabilité, tout en ne s'opposant pas au système des castes, qui s'intéressait aux ouvriers, mais les empêchait de s'organiser contre leurs patrons, qui, certes, n'attaquait plus ouvertement le machinisme, mais « déviait les efforts de réforme sociale vers son système d'industrie domestique, lequel contrariait les grands mouvements nécessaires d'industrialisation collective » (RJ, 475), un tel homme était un frein à la marche en avant que souhaitaient des chefs plus jeunes, moins encombrés de principes religieux. Et pourtant, disait Nehru, un tel homme était plus profondément révolutionnaire que n'importe laquelle de ces têtes de partis qui l'attaquaient.

Juger des idées de Gandhi en matière d'économie aussi bien que de réformes sociales — les domaines dans lesquels il fut le plus critiqué — est impossible sans se reporter, comme à l'origine de tout développement, à sa doctrine de la non-violence forgée dans l'action : c'est à partir d'elle qu'il a élaboré une stratégie d'ensemble — satyagraha offensif aussi bien que constructif — où tout se tient, tout est relié à la même idée centrale d'amour, ou de vérité. Le satyagraha en matière sociale et politique étant un nouvel aspect d'une même vision, « une nouvelle expérience ».

Il semble inconséquent et inutile, dès lors que l'on considère que la non-violence est la base inviolable sur laquelle tout se fonde, de lui reprocher son attitude sur tel point particulier — son opposition à un parti politique, par exemple, ou sa conception du changement social —, puisque l'ensemble de son action, dans sa cohérence, remonte à une certitude unique : les moyens déterminent la fin ; des moyens violents ne peuvent amener qu'à une fin « douteuse », à savoir perpétuellement remise en question par le désir de vengeance, le ressentiment et la haine. Ce que Romain Rolland, qui lui était en faveur de la Russie communiste et d'un boule-versement social, résume en quelques phrases où se trouvent à la fois captées l'approche de Gandhi et les raisons de la critique qui lui est adressée (en 1935, à l'époque, précisément, où Gandhi se retire de la vie politique) : « Au fond, cette attitude de Gandhi entre les partis procède de son Credo pro-fond en la non-violence, qui lui-même suppose une conception religieuse » (RJ, 477). Et Rolland, devant l'urgence de l'action et d'un choix, ajoute : « Si pure que soit celle-ci, elle gêne sa liberté de vision. L'expérience sociale est toujours ouverte, toujours en cours. Elle ne saurait être subordonnée à aucune préférence de sentiment, à aucun Credo. » Mais Gandhi était alors arrivé à la conviction que rien n'était supérieur au Credo de la non-violence. Sa foi lui inspirait une vision ample et idéale :

Lorsque le satyagraha sera une méthode acceptée dans toute l'Inde, les réformes sociales et politiques seront effec-tuées en très peu de temps ; la distance entre ceux qui gou-vernent et ceux qui sont gouvernés s'abolira, leur méfiance les uns envers les autres disparaîtra et, à sa place, croîtront la confiance et l'amour. La même chose se produira, soyons-en sûrs, entre les diverses sections de la société[1].

Donc, Gandhi à ce moment décida à nouveau de prendre ses distances vis-à-vis de la politique pour tenter de nouvelles expériences.

« Ma présence, écrivait-il à Patel, président du Congrès, éloigne de plus en plus l'intelligentsia du Congrès. Je sens que ma politique ne parvient pas à convaincre leur raison, bien que... je ne fasse rien qui ne satisfasse ma propre raison. » En bref, Gandhi sentait que sa présence empêchait les intellectuels du Congrès, à cause de leur loyauté envers lui, de suivre des voies qu'ils auraient volontiers adoptées. Puis, il y avait l'influence montante du groupe des socialistes (le parti étant créé en 1934) dont Nehru était le chef.

Le groupe socialiste représente plus ou moins ses vues... J'ai fait bon accueil à ce groupe... Mais j'ai des divergences fondamentales avec lui à propos du programme établi... Je ne voudrais pas, à cause de la pression morale que je peux exercer, arrêter le développement de leurs idées... Rester dans le Congrès équivaudrait à exercer ce genre de pression... Pour moi, continuer à dominer le Congrès malgré ces différences essentielles est presque une forme de violence que je dois refréner (GI, 226).

En fait, la loyauté, voire la non-violence, exigeait qu'il quitte l'organisation. Sincère dans sa volonté de non-autoritarisme, grand tacticien en même temps, Gandhi restait en accord avec sa pensée. Car du Congrès il demeure l'autorité suprême, évitant, par son départ, les frictions et le ressentiment que sa présence aurait causés. Rien d'important ne se décide sans qu'il ait été consulté : sa retraite est véritable, mais elle est loin d'être totale. Non, explique Nehru à Romain Rolland, il ne s'est pas retiré de la politique. « C'est une apparence. Tout ce qui compte dans l'Inde continue de prendre conseil auprès de lui. Sa retraite d'aujourd'hui reproduit presque exactement celle qu'il avait faite vers 1923, au sortir de sa prison. Il se recueille et

il observe, en attendant l'heure d'agir » (RJ, 479).
Ou cet autre jugement : « Depuis longtemps déjà,
il est passé maître dans l'art d'agir sans y paraître,
de diriger sans ordonner ou de modifier sa position
sans renier ses décisions... Il va faire, bien avant
Mao Tse-Tung, l'expérience de la gestion par l'absence[2]. » (Entre autres, il favorisera la nomination
de Nehru comme président du Congrès en 1936,
affaiblissant ainsi l'aile plus radicale de la gauche,
représentée par Subhas Chandra Bose — que
Gandhi poussera à démissionner en 1939. Comme
il influera sur Nehru, après que fut promulgué en
1935 le nouveau Government of India Act, la
Constitution proposée par les Britanniques : le
Congrès, d'abord réticent, allait accepter de participer aux élections des gouvernements dans les
provinces — des élections qui marquèrent sa réussite éclatante et la défaite de Jinnah et de la Ligue
musulmane et, par suite, le début de la lutte déclarée entre les deux organisations. Comme Gandhi
préservera, par le biais des nominations, l'unité du
Congrès, prouvant du même coup son art de choisir les hommes, puisque, entre Patel, qui représentait la « vieille garde » conservatrice, et Nehru,
l'aile gauche socialiste — deux tempéraments qui
se complétaient —, l'organisation allait, sans division majeure, traverser la période cruciale qui séparait encore l'Inde de l'indépendance. En juin
1938, il correspond avec Jinnah pour tenter d'alléger l'hostilité entre hindous et musulmans. En novembre 1938, il commente les accords de Munich :
« La paix que l'Europe a gagnée à Munich est un

triomphe de la violence ; c'est aussi une défaite. »
Et en août 1939, il conseille au Congrès de se déclarer en faveur des démocraties occidentales, contre l'agression fasciste. Après cette « retraite », il revient au centre de la scène.)

Doué d'un grand sens politique, c'est certain. Visionnaire, c'est évident. Idéaliste bien sûr, « doué de sens pratique » aussi. Le Sage (comme Gandhi nommait Rolland) avait remarqué « son intérêt à toutes les choses qui l'entourent, aux moindres comme aux grandes ». C'est cette dernière qualité qu'il allait mettre en pratique dans les villages. S'identifier à un gouvernement, se plier aux menées et intrigues de la politique ? Non, ce qui lui importait plus, c'était, sans renoncer à aucune bataille importante, de se consacrer à ce qu'il jugeait essentiel. Éradiquer l'intouchabilité, soulager l'extrême pauvreté des villages. La vie itinérante d'un moine mendiant. Marcher, pieds nus souvent, d'une bourgade à l'autre. De 1933 à 1939, lors de l'entrée de l'Inde en guerre, Gandhi, attentif cependant à la vie politique, ne se laisserait plus guère détourner de ces tâches.

UN « CERCLE OCÉANIQUE »

Mon village idéal n'existe encore que dans mon imagination. Après tout, chaque être humain vit dans le monde de son imagination (GI, 329).

Et, dans cette lettre à Nehru, datée de 1945, il décrit sa vision : « Dans ce village de mes rêves, il n'y aura pas de paysan borné : chacun sera pleinement conscient... » Dans ce village, il allait chercher à réaliser son idéal d'une « démocratie parfaite, fondée sur la liberté individuelle ». Une utopie ? Peut-être, comme l'était sa vision d'une société sans classe et sans caste, d'un âge d'or qu'il appelait « Ram Raj », ce qui, « en langage religieux, signifie le Royaume de Dieu sur Terre et, en langage politique, une démocratie parfaite où disparaissent les inégalités fondées sur la possession et la non-possession, la couleur, la race, la religion et le sexe ; dans cette démocratie, la terre et l'État appartiennent au peuple, la justice est rapide, parfaite et peu coûteuse, et il y a la liberté de culte, de parole et de presse — tout cela grâce à la loi imposée à soi-même de la contrainte morale » (GI, 328). Une terminologie, ancrée dans le passé religieux, qui, si elle convenait aux paysans, déplaisait à l'intelligentsia : pour modifier l'ordre social, le pouvoir des partis était plus sûr qu'une maîtrise de soi toujours incertaine (on se souvient à ce propos de la phrase d'Orwell sur la doctrine gandhienne : « L'idée que les êtres humains peuvent réagir à un geste de générosité doit être sérieusement remise en question »). Pourtant, admit Nehru après la mort de Gandhi, « le discours de Gandhiji au nom du Ram Raj porta en fait la révolution dans des millions de foyers sans que les gens en aient pleinement conscience ». (De même, bien qu'il ait rarement condamné le régime des castes en tant que tel, sauf à la fin de sa vie et dans une mesure limitée, le système entier, selon Nehru, fut miné par son insistance à relever la condition des intouchables.)

Mais Gandhi lui-même, dans son idéalisation du village, savait bien qu'il ne serait pas toujours suivi. Sa vision était plus forte que cette certitude :

C'est seulement dans la simplicité des villages que peut nous venir cette vision de vérité et de non-violence. La simplicité réside dans le rouet et dans tout ce que le rouet implique. Je ne suis pas du tout effrayé par le fait que le monde semble se diriger dans la direction opposée. En réalité, lorsque la phalène approche de son destin, elle tournoie de plus en plus vite jusqu'à l'instant où elle est consumée. Il est possible que l'Inde ne parviendra pas à éviter le tournoiement de la phalène. Il est de mon devoir de tenter, jusqu'à mon dernier souffle, de sauver l'Inde, et le monde à travers elle, d'un tel sort (GI, 329).

« Simplicité » était le mot clé d'une image idyllique de paix et de bonheur, d'un idéal dont l'ordre ancien et les légendes fournissaient les exemples. Un rêve, en quelque sorte, que des mesures très pratiques devaient permettre de réaliser. Ce mélange d'utopie et de raison : cette double aptitude à enflammer l'imagination et stimuler l'espoir par l'idéal, à « rendre possible l'improbable » et changer la réalité par l'action.

Chaque village devait être autonome, une « République qui aurait pleins pouvoirs ». Chaque village devait se suffire à lui-même. Indépendant en ce qui concerne ses besoins vitaux, cultivant de quoi se nourrir et se vêtir — légumes et coton —, interdépendant pour le reste. Ses activités seraient autant que possible organisées sur une base associative ; chaque village aurait son école, son théâtre, son lieu de réunion. L'éducation élémentaire serait libre et obligatoire ; un panchayat élu arbitrerait les disputes. Et Gandhi déploie sa vision : non pas une pyramide dont la base soutient la pointe, mais un « cercle océanique dont le centre serait l'individu, prêt, toujours, à périr pour le village, celui-ci prêt, toujours, à périr pour le cercle des villages, jusqu'au moment où tout devient une seule vie composée d'individus, ni agressifs ni arrogants, mais humbles et pénétrés de la majesté du cercle océanique dont ils sont partie intégrante[3] ».

Or, au lieu de cet état parfait, Gandhi, en parcourant le pays, n'avait vu que l'extrême misère, la dégradation morale, alcool, drogue, violence, une saleté qui l'indignait, le chômage saisonnier... Il avait pleuré quand il avait appris, en lisant dans *Economic History of India*, de R.C. Dutt, comment l'artisanat florissant des campagnes avait été détruit par la Compagnie des Indes au profit de l'industrie britannique. Le centre de gravité s'était maintenant déplacé des quelque sept cent mille villages, où se trouvait la vaste majorité de la population, vers quelques grandes villes — en fait, selon Gandhi, des structures artificielles qui vivaient de l'exploitation des campagnes : des parasites qui leur suçaient le sang. Les villes, dominées par une classe parasite (le mot revient) d'intermédiaires qui s'agitaient entre l'occupant et le peuple indien, servaient en fait de relais à l'influence étrangère dont l'Inde devait se libérer pour se retrouver — pour retrouver sa vraie identité. Lors du « grand procès », il avait déclaré :

Aucun sophisme, aucune jonglerie avec les chiffres ne peut effacer le fait évident que dans maints villages les squelettes se montrent à l'œil nu. Je ne doute pas que l'Angleterre aussi bien que les habitants des villes, s'il y a un Dieu, devront répondre devant Lui de ce crime contre l'humanité qui n'a peut-être pas d'égal dans l'histoire du monde (LGM, 187).

Contre ces maux, il allait proposer, d'une part la décentralisation industrielle et la renaissance des industries villageoises de la filature et du tissage, d'autre part le retour à la charkha, une initiative qui, après avoir connu un certain engouement, fit long feu. Lubie d'un romantique rêvant de ressusciter le passé, comme on l'a dit ? Ou « tentative concrète pour réduire la pauvreté et relever les conditions de vie dans les villages[4] » ? Tout cela à la fois, sans doute, et bien plus encore : « Cette campagne força l'Inde à penser au paysan pauvre en termes d'être humain... et à saisir une réalité fondamentale : le véritable indice du progrès et de la liberté en Inde n'est pas l'apparition d'un certain nombre de millionnaires... mais le changement de statut et des conditions de vie du paysan » (DI, 464). Des critères du progrès : apparition de grosses fortunes, ou absence de pauvreté ?

Gandhi décida de s'installer lui-même dans un village. Il choisit Segaon, nommé Sevagram, le « village du service », près de Wardha où il vivait depuis 1933, six cents habitants, une boutique, une poste. Il occupait une hutte. Ceux qui venaient le voir devaient patauger dans la boue jusqu'aux chevilles, car le climat était rien moins que sain et il n'y avait pas un villageois qui ne souffrît de malaria ou de dysenterie. Gandhi tomba d'ailleurs malade, mais refusa de quitter Segaon. Bientôt ses disciples, plutôt que d'essaimer dans les villages environnants — ce qu'il avait espéré —, vinrent s'installer auprès de lui. Parmi eux, un certain professeur Bhansali, qui avait erré nu comme un ver dans la forêt, se nourrissant de feuilles ; un Polonais converti au gandhisme et amateur d'artisanat ; un érudit en sanscrit qui avait la lèpre et que Gandhi logea près de sa hutte pour mieux le soigner ; un moine japonais qui « travaillait comme un cheval et vivait en ermite »… Patel, compagnon de Gandhi et membre du Congrès, qualifiait Segaon de « ménagerie » et Gandhi lui-même, non sans humour, y voyait un « hospice pour invalides ». Des éclopés de la vie auxquels se joignirent, le temps d'être rassurés ou de progresser un peu, de trouver un refuge, quelques jours, quelques mois, des visiteurs venus du monde entier. Ainsi, Lanza del Vasto, un écrivain français d'origine italienne qui devait fonder lui aussi une communauté en France, vécut à Wardha, « pour y apprendre à devenir meilleur chrétien * ». Et le Dr. Kallenbach, le vieil ami des jours d'Afrique du Sud, portant en

---

* Une expérience qu'il raconte dans *Le Pèlerinage aux sources*, 1943. L'ouvrage eut un retentissement considérable.

lui la douleur des juifs persécutés. De tous les horizons de la planète, des États-Unis, du Japon, d'Afrique du Sud, d'Angleterre ou d'Irlande, de Russie, de Birmanie ou de France, en cette fin inquiète de la décennie, on venait voir Gandhi et chercher conseil auprès de lui, le questionner sur le pouvoir de la non-violence, peu avant que le monde ne s'enfonce à nouveau dans la barbarie.

D'autres huttes s'implantèrent autour de Segaon, et de nouvelles institutions destinées à reconstruire la vie dans les campagnes. L'Association panindienne de l'industrie rurale développait les industries de village, ouvrait une école pour y former les villageois, publiait son propre journal... Rien n'était négligé, il fallait améliorer l'élevage des vaches aussi bien que l'éducation des humains, l'ardeur au travail aussi bien que la diététique — l'une des préoccupations principales de Gandhi, qui avait passé sa vie à expérimenter sur lui-même, peaufinant sans cesse ses régimes afin d'obtenir le mieux avec le moins. Les paysans avaient faim, le manque d'aliments en était responsable, certes, mais aussi, Gandhi le découvrit avec un choc, leurs habitudes alimentaires. Immédiatement il demanda à quelques spécialistes d'étudier les ressources de l'environnement et leur utilisation possible. Lui-même, en tant que « cuisinier expérimenté », se pencha sur le degré de cuisson voulu pour ne pas détruire la valeur nutritive des feuilles vertes, qui pouvaient apporter les vitamines dont manquaient les paysans...

Important, aussi, le système d'éducation, fautif

selon lui, parce qu'il n'était pas adapté aux réalités de la vie quotidienne et que, par ailleurs, il contribuait à accroître les différences entre l'élite et tous les autres. Ainsi l'enseignement d'une langue étrangère avait élevé une barrière entre les millions de gens dans les villages et les privilégiés dans les villes. Gandhi convoqua une réunion de spécialistes pour réfléchir sur les besoins réels de la population. De ces cogitations sortit un programme qui provoqua de chaudes discussions, mais eut au moins le mérite de remettre les idées reçues en question.

Et comme on avait tout de même besoin de l'élite urbaine pour transformer le monde rural, Gandhi conseilla au Congrès de tenir ses sessions dans des villages. Lors du Congrès de Faizpur, le premier de ce genre, Gandhi nota avec satisfaction qu'on avait pu travailler hors du bruit et de l'agitation propres aux cités. Des volontaires, tirés de leur vie trépidante eux aussi, furent dépêchés par Gandhi dans les campagnes afin de soutenir ou accélérer la mise en marche des industries locales (on pense à Tagore, incitant les « lettrés, poètes, musiciens et artistes » à apporter leur contribution, « autrement eux aussi ne vivront qu'en parasites, tirant du peuple leur subsistance et ne donnant rien en échange ». « Notre but, écrivait-il, est de tâcher de faire passer le torrent du bonheur dans le lit obstrué de la vie villageoise [5]. »

Et Sevagram devint le centre où l'on pouvait observer un village modèle dans son harmonieux fonctionnement.

LE VRAI SENS DES MOTS
PROGRÈS ET CIVILISATION

Les raisons de l'écart monstrueux existant entre une poignée de riches (dans les villes) et la grande masse des affamés (dans les campagnes)? Selon Gandhi, « la domination étrangère et l'exploitation dont elle s'accompagnait, et la civilisation industrielle capitaliste de l'Occident incarnée dans la machine » (DI, 461).

On a beaucoup cité les diatribes de Gandhi contre la civilisation moderne et la machine. Il y a en effet nombre de textes où il en fait une condamnation sans appel. *Hind Swaraj* étant le plus violent. Mais, si l'on y regarde de près, c'est moins à l'industrialisation qu'il s'adresse, qu'à l'esprit qui la dirige et la sous-tend : l'esprit de profit et de compétition, qui entretient la violence en l'homme et entre les hommes, violence dont les manifestations paroxystiques seraient les guerres et les conquêtes coloniales et qu'il faut commencer par débusquer en soi-même. « La dernière guerre a montré la nature satanique de la civilisation qui domine l'Europe aujourd'hui. Toutes les lois de la moralité publique ont été brisées par les vainqueurs, au nom de la vertu. Nul mensonge n'a été considéré comme trop ignoble pour être utilisé. Derrière tous ces crimes, le motif est grossièrement matériel... L'Europe n'est pas chrétienne. Elle adore Mammon... », écrit Rolland en 1924 dans sa biographie de Gandhi.

Dans une lettre célèbre adressée à lord Ampthill (30 octobre 1909) Gandhi donne ce conseil poli : « Le peuple britannique me semble obsédé par son égoïsme commercial... L'Inde souffre plus encore dans la mesure où elle est exploitée dans l'intérêt de capitalistes étrangers. Le vrai remède, à mon humble avis, serait que l'Angleterre se détourne de la civilisation moderne qui est contaminée par cet esprit égoïste et matérialiste. » (Dans le même courrier, il affirmait renoncer aux méthodes d'opposition violentes car elles sont en accord avec « la civilisation moderne et, donc, avec l'esprit de compétition et la destruction corollaire de la vraie moralité ».) La compétition, il la voit comme une forme de violence qui dresse les hommes les uns contre les autres dans le désir, jamais assouvi, d'avoir plus, ou d'être plus. Fonder une économie sur la compétition, c'est établir, ou fortifier, des rapports de force. Gandhi voyait la logique qui sous-tendait cette forme d'économie aussi bien que les guerres de colonisation : la violence. Qu'il s'efforça d'endiguer en remontant à la source.

Lutter contre la civilisation moderne et l'esprit de profit, contre cette motivation unique, obsédante, réductrice. Donc, changer l'esprit des choses. Donc, ne pas refuser le progrès, pas nécessairement, mais le réaliser sous certaines conditions, le concevoir dans une autre lumière, l'organiser en fonction de l'homme. Qui n'est pas l'« homme économique », celui qui aujourd'hui domine la scène, mais l'homme, tout simplement, avec ses aspirations diverses et complexes. Une véritable révolution, en effet. Le programme économique serait soumis à cette considération primordiale et conçu en termes d'éthique. Ainsi a-t-on une pensée directrice, un but unique — l'homme — qui détermine les solutions proposées, et celles-là ont pour objectif de concourir à son développement : de le faire « parvenir à une complète maturité mentale et morale ». Il s'agit de faire en sorte d'éviter qu'il ne devienne esclave, ou, si l'on préfère : dépendant — de l'outil, de la machine, de l'environnement, de ses possessions, de ses envies successives. Encore une fois, de préserver sa dignité. Ce langage-là, peu d'administrateurs britanniques le comprirent. C'est que, selon eux, il était réservé à d'autres sphères : celle des principes, qu'on agite comme des sauf-conduits, mais qu'on n'applique pas dans la réalité.

Il ne refusait donc pas le « progrès », ou la « civilisation ». Simplement il s'interrogeait sur le vrai sens de ces mots. Progrès ? On lui ajoute volontiers des qualificatifs, « économique » par exemple, qui ne coïncide pas nécessairement avec « vrai ». Parce que « vrai » pourrait bien faire appel à d'autres valeurs. « Le progrès économique entre-t-il en conflit avec le vrai progrès[6] ? », tel était le titre d'une conférence proposée par Gandhi en 1916. Ou, de façon plus ramassée, cette question qui résume toute sa position : « Le gain matériel peut-il signifier un gain moral ? »

Il n'était pas question, bien entendu, de nier la nécessité du gain matériel :

> Personne n'a jamais suggéré que la misère écrasante puisse mener à autre chose qu'à la dégradation morale. Chaque être humain a le droit de vivre et, donc, il doit pouvoir se nourrir, se vêtir et se loger (sʙ, 76).

La question du progrès moral n'en restait pas moins posée et elle n'était pas liée au gain matériel. D'abord, dans les sociétés occidentales fondées sur la force (Gandhi pouvait encore les opposer à celles de l'Est), les richesses s'accumulent entre les mains de quelques-uns, tandis qu'une majorité gagne chichement sa vie, ou ne la gagne pas du tout — exclus, laissés-pour-compte, rejetés, broyés par le système, sans plus de valeur sociale, sans plus d'estime pour eux-mêmes, dans une communauté dont les critères principaux sont l'argent et la réussite. Et comment parler de gain moral dans ce type de société ? Ensuite, un tel gain est rien moins qu'évident chez ceux qui bénéficient du bien matériel le plus grand : « J'ai observé, de façon presque invariable, que plus grandes étaient les possessions des riches, et plus grande leur turpitude morale[7]. » Et : « Dans la mesure où nous avons fait de la folie matérialiste moderne notre but, nous avons reculé sur la route du progrès. Pour ma part, le progrès économique, au sens où je l'ai défini, est opposé au progrès réel[8]. »

Quel serait donc le « vrai » progrès ? « Le progrès n'a de sens que s'il tend vers un idéal de perfection. »

Et la vraie civilisation ? « Qu'est-ce qu'une vraie

civilisation ? », une question qu'il pose dans *Hind Swaraj*. Une chose est sûre, ce n'est pas celle où l'on s'emploie à créer des besoins : « Vouloir créer un nombre illimité de besoins pour avoir ensuite à les satisfaire n'est qu'une poursuite du vent. Ce faux idéal n'est qu'un traquenard[9]. » Satisfaire un besoin, et puis un autre, et ainsi toujours plus, sans pour autant jamais trouver de paix — « l'esprit est un oiseau sans repos ; plus il obtient et plus il veut et, au bout du compte, il est tout de même insatisfait[10] » — voilà un calcul de dupe, une forme d'esclavage.

La civilisation, au vrai sens du terme, ne consiste pas à multiplier les besoins, mais à les limiter volontairement.

Autrement dit, la maîtrise de soi : diminuer ses besoins pour être heureux. Un « resserrement délibéré et volontaire », « source de vrai bonheur et de satisfaction, et qui accroît la capacité de servir ». Le bonheur était dans le « resserrement » des désirs — une technique qui n'était pas appelée à faire recette. Loin de la pauvreté extrême comme de la grande richesse : « Il n'a pas le désir d'élever le niveau de vie des gens au-delà d'un certain seuil fort modeste », reprochait Nehru, ou encore : « Gandhiji n'est pas un ardent partisan de l'amélioration matérielle constante de la vie quotidienne et de l'accroissement du luxe aux dépens des valeurs matérielles et morales » (DI, 461). (Si l'on en croit une étude américaine récente, il n'avait d'ailleurs pas totalement tort, puisque le bonheur des gens ne serait pas lié au niveau de leur revenu, mais au fait qu'ils ont plus que leur voisin[11].)

En conséquence, les nations occidentales, loin de représenter, comme elles le croient, la civilisation, un mot parfois justifié par la seule idée de développement économique ou de progrès technique, « sont écrasées sous le poids du dieu-monstre matérialiste. Leur développement moral est arrêté ». Un dieu monstrueux, qui exige sa quantité de sacrifices humains, car celui qui tombe de la machine, qu'en reste-t-il ?

Il est intéressant, à ce propos, de rapprocher la pensée de Gandhi et celle de Tagore, qui, jusque dans les années trente, étaient en conflit, tant à propos du rouet que du boycott des tissus étrangers. Deux races d'hommes opposées, disait Romain Rolland : l'aristocrate et le gourou populaire ; le prophète de l'action religieuse qui dédaigne les valeurs intellectuelles et le suprême artiste qui vit dans la pensée. Et Nehru, de la même façon : Tagore était « l'artiste aristocrate devenu le démocrate aux sympathies prolétariennes », représentant la tradition culturelle indienne qui est d'accepter la vie dans sa plénitude ; Gandhi, plus l'homme du peuple, qui incarne lui la tradition ancienne du renoncement et de l'ascétisme. Deux aspects divergents, deux voix qui s'unissent pourtant pour revendiquer la dimension spirituelle.

Quand les hommes ne se réunissent que dans un but matériel, ils constituent une masse et non une assemblée vivante...

Ceci résulte de la substitution de ce que l'Occident nomme « progrès » à la véritable civilisation.

Ou :

Une voracité épidermique a infecté l'ensemble de la civilisation [12].

LA MACHINE CONTRE L'HOMME

On a accusé Gandhi d'archaïsme, on a parlé de son « médiévalisme » (Romain Rolland). Son culte du rouet n'y contribua pas pour peu : il soutenait une économie de type primitif, qui ne pouvait qu'accroître la pauvreté, quand la solution résidait dans le progrès industriel. En ce domaine, la position de Gandhi, très intransigeante à l'époque où il écrivit *Hind Swaraj*, ne cessa d'évoluer. Et sa condamnation de la machine et de la civilisation moderne — dont il sut par ailleurs reconnaître et utiliser les bons côtés — de se nuancer. En 1921 : « Je serais en faveur du machinisme le plus élaboré si par ce moyen la pauvreté de l'Inde pouvait être évitée [13]. » En 1924 : « Je m'élève contre la *folie* de la machine, non contre la machine en tant que telle [14]. » En 1936 : « Je ne suis pas contre le machinisme, mais j'y suis totalement opposé quand il nous impose sa domination [15]... » Et en 1947 : « La puissance de la machine peut contribuer au progrès économique. Mais certains capitalistes ont utilisé cette puissance sans se soucier des intérêts de l'homme ordinaire, c'est pourquoi notre condition s'est aujourd'hui détériorée [16]. »

En attaquant la machine, il s'attaquait en fait à l'exploitation des pauvres par les riches (« Aujourd'hui, la machine permet à une minorité d'écraser la majorité... la motivation derrière n'est pas la philanthropie mais la rapacité »). La production de la richesse était concentrée entre les mains de quelques-uns : production de masse ou production pour les masses ? Il y avait une différence.

Je suis assez socialiste pour dire que les usines devraient être nationalisées ou placées sous le contrôle de l'État. Elles ne devraient fonctionner que dans des conditions idéales, non pour le profit, mais pour le bénéfice de l'humanité, l'amour remplaçant la rapacité comme motivation (sb, 67).

Mettre l'amour à la place de la cupidité : il y avait de quoi faire crier à l'utopie.

UN RÉACTIONNAIRE ?

Le « socialisme » que revendiquait Gandhi n'avait, selon Nehru, que peu de rapport avec le régime politique qui porte habituellement ce nom, en fait « presque rien de commun », mais un lien évident avec son amour de l'humanité, qui dépassait de loin le cadre d'un parti. (De même pour la démocratie : l'idée que Gandhi s'en faisait « relevait directement de la métaphysique. Elle n'avait rien à voir avec le nombre, la majorité ou la représentation... Elle se fondait sur le service et le sacrifice, et la pression morale était son moyen » VP, 220.) D'ailleurs, Gandhi s'opposa au socialisme. Tout en aidant à la constitution du parti au Congrès. « Mon opposition est contre le socialisme tel qu'il est interprété ici dans son programme officiel. Je ne peux rien avoir à dire contre la théorie ou la philosophie du socialisme » (RJ, 171). Rien n'est simple dans les prises de position de Gandhi.

« Il se méfiait du socialisme, et surtout du marxisme, à cause de leur association avec la violence. Les simples mots "lutte des classes" signifiaient conflit et violence et en conséquence lui répugnaient » (VP, 365). Avec Romain Rolland, Gandhi avait discuté en 1931, de la lutte des classes ; Rolland lui avait expliqué l'expression *dictature du prolétariat*. À quoi Gandhi avait répondu : « Je suis absolument contre cela. Car cela voudrait dire que le Travail veut se saisir du Capital ; et se saisir du Capital est la mauvaise façon d'en venir à bout. Si vous donnez un mauvais exemple au Travail, le Travail ne réalisera jamais sa force » (RJ, 117). Et de citer l'exemple de la grève d'Ahmedabad où les ouvriers, sous sa direction, prirent conscience de leur solidarité. « Je veux leur enseigner, poursuivit-il, qu'ils sont les vrais capitalistes, car ce n'est pas de la monnaie de métal qui constitue le capital, mais la volonté et la capacité de travail. C'est un capital illimité. » Et, plus loin, cette affirmation : « Je n'accepterai pas l'idée d'une dictature basée sur la violence. »

Que Gandhi ait insisté sur les moyens comme déterminant la fin, qu'il ait banni la violence parce qu'elle mène à la violence et que, en conséquence, il ait refusé le communisme — précisément pour son utilisation de la violence —, il y a là une logique parfaite.

Je suis fermement convaincu que si l'État se débarrasse du capitalisme par la violence, il se trouvera pris à son tour dans l'engrenage de la violence et il lui deviendra à tout jamais impossible de permettre à la non-violence de se développer (SB, 42).

De leur côté, les communistes s'opposèrent à lui, l'accusant d'avoir empêché une révolution populaire (mais il est douteux qu'elle aurait eu lieu, même sans Gandhi ; leur critique est aujourd'hui reprise par ces détracteurs de Gandhi qui lui reprochent d'avoir « bloqué une évolution profonde et nécessaire des conditions de vie des masses indiennes »). Pour ceux qui analysaient l'histoire en termes de lutte des classes, l'existence de classes sociales était en elle-même une violence, et la non-violence de Gandhi ne pouvait donc être qu'une façon de pactiser avec cette violence-là, fondamentale. « En contradiction avec le monde bourgeois, le monde révolutionnaire déclare que Gandhi est socialement réactionnaire, qu'il est le champion du capitalisme et des classes dirigeantes, et comme tel, en dépit de toutes ses professions de non-violence, un protecteur de la violence dans la société humaine *. »

Un raisonnement de ce genre, à cause du point de vue dont il part, aboutit inévitablement à un malentendu ; il ne peut pas plus saisir le fondement de la non-violence de Gandhi — qui, loin de coïncider avec l'idéologie pacifiste et une volonté de statu quo, est une arme de combat spirituelle — que ce dernier, de son côté, ne pouvait accepter le communisme matérialiste et athée, même s'il luttait comme lui contre le capitalisme et l'impérialisme. Son arme spirituelle devait agir aussi sur la richesse, ou plutôt sur ses propriétaires, de simples dépositaires de leurs biens, selon Gandhi, qui devaient en rendre compte au peuple et ne conserver pour eux-mêmes et leur famille que le strict nécessaire. Les capitalistes avaient leur rôle et leur utilité : mieux valait donc employer cette compétence, c'est-à-dire les convaincre, plutôt que les exterminer. Et si la persuasion s'avérait inopérante, alors, les exploités auraient recours à la non-coopération : de même que le gouvernement ne pouvait survivre sans la coopération du peuple, de même l'exploitation économique était impossible sans le consentement, actif ou non, des exploités.

On lui reprocha de ne pas mener la lutte à la fois contre l'occupant et les princes tyranniques, contre l'oppression étrangère et les abus des classes privilégiées. Il n'utilisait pas assez non plus la force

---

* Le jeune Soumyendranath Tagore, auteur de ces lignes et ardent communiste, s'agita dans les cercles intellectuels français pour combattre l'influence de Gandhi et publia, chez Gallimard, une violente attaque dirigée contre lui.

ouvrière ni la colère des paysans contre les possesseurs de la terre ou des usines. Des critiques qui ne tiennent pas compte de la stratégie du satyagraha, ni d'ailleurs de son esprit. Car le but était de favoriser ce processus d'introspection et de remise en cause qui précède un réajustement dans les rapports humains — cela sans mettre en jeu la haine ni la violence. La non-violence restait le centre éternel dont toute action émanait. « Je préfère un échec complet, pourvu que la non-violence soit respectée, plutôt que de m'en éloigner d'un pouce dans le but d'atteindre un résultat douteux. »

Des « résultat douteux » quand le changement a été obtenu par la force (en cela l'avenir devait donner raison à Gandhi, puisque la force — mise au service de la passion égalitaire — a abouti à certains des plus grands crimes de l'Histoire, en Russie, en Chine, en Corée du Nord, au Cambodge). Pour faire appel à d'autres moyens (l'amour), la transformation de la société n'en serait pas moins radicale. Se poser la question du succès obtenu revenait à poser celle de l'efficacité de la non-violence, un débat qui, pour Gandhi, était mal posé. Car l'échec même ne pouvait remettre en cause la valeur de la loi, qui est absolue; il ne faisait que révéler l'insuffisance de celui qui l'applique. « La tactique de la non- violence devenait pour lui la seule bonne; bien appliquée, elle devait être infaillible. Dire qu'elle exigeait un climat particulièrement favorable et n'était applicable que dans certaines conjonctures, c'était... nier son universalité et son infaillibilité » (VP, 189). Une conclusion intolérable pour Gandhi.

Discuter de l'universalité de la non-violence réclamerait plusieurs volumes. Nelson Mandela vit en elle une nécessité face à un État plus puissant que lui, une stratégie, donc, et non un principe moral : « Je considérais la non-violence du modèle gandhien non comme un principe inviolable mais comme une tactique à utiliser quand la situation l'exigeait [17]. » Pourtant, une démarche d'esprit toute gandhienne a sous-tendu les divers mouvements contestataires des systèmes racistes, tant aux États-Unis, avec Martin Luther King et le mouvement pour les droits civiques, qu'en Afrique du Sud, avec l'ANC et Nelson Mandela, même si une répression meurtrière a obligé l'ANC à traverser une période de « lutte armée ». « Psychologiquement, la non-violence eut une énorme importance pour les Noirs, écrit Martin Luther King. Car en luttant pour conquérir et prouver leur dignité, ils méritaient et gagnaient leur propre estime [18]. » Aujourd'hui, dans sa lutte contre la junte militaire, Aung San Suu Kyi, le « Gandhi de Birmanie », comme on l'a appelée, une bouddhiste fervente, se recommande, elle aussi, de la non-violence gandhienne, mais à l'évidence la sympathie que cette attitude lui vaut dans le monde (elle a reçu le prix Nobel de la paix en 1991) ne suffit pas à desserrer l'étau d'une dictature féroce, sans rapport avec l'Angleterre libérale que combattit Gandhi, et, qui plus est, soutenue et armée par la Chine. Faudrait-il en conclure, comme Mandela, que « la résistance

passive non-violente n'est efficace que si vos adver-
saires obéissent aux mêmes règles que vous » —
efficace, mais à condition que le monde soit moins
indifférent, ou moins servile, moins asservi aux
intérêts économiques dominants ?

La guerre

Le 3 septembre 1939, la gazette de l'Inde publiait : « Moi, Victor Alexandre John, marquis de Linlithgow, gouverneur général des Indes… proclame que la guerre est déclarée entre Sa Majesté et l'Allemagne. » C'est ainsi que le vice-roi annonça l'entrée en guerre de l'Inde.

« Un seul individu, un étranger qui plus est, représentant un système haï, plongeait sans même les consulter quatre cents millions d'êtres humains dans la guerre » (DI, 486). Un seul individu décidait du sort de millions de gens ; aucun représentant du peuple n'avait eu l'occasion de donner son avis.

Et pourquoi l'Inde serait-elle entrée en guerre ? Certes, le Congrès, dont la politique étrangère était faite par Nehru, se déclarait sans équivoque contre les régimes totalitaires et se tenait du côté des victimes de l'agression, certes, ses sympathies allaient à la démocratie et à la liberté. C'étaient là deux mots dont il était fréquemment question. À quel point recouvraient-ils les véritables objectifs de la guerre ? Oui, de quelle démocratie, de quelle liberté s'agissait-il ? Celles qu'on défendait pour son propre bénéfice, dans son propre pays, tout en les déniant aux autres, aux habitants des pays colonisés ? « L'Inde ne peut s'associer à une guerre qui prétend défendre la liberté démocratique alors que cette même liberté lui est refusée et que la liberté limitée qu'elle possédait lui est retirée » (DI, 487). Telle est la teneur de la déclaration que la Commission permanente du Congrès diffusa le 14 septembre 1939. « La Grande-Bretagne et la France », continuait-elle, « ont déclaré se battre au nom de la démocratie et de la liberté, pour mettre un terme aux agressions. Mais l'histoire récente ne manque pas d'exemples d'une contradiction permanente entre ce qui est dit — les idéaux proclamés — et les véritables motifs et objectifs » (DI, 487).

Si vraiment on se battait pour la démocratie, et pour un ordre mondial fondé sur la démocratie, alors l'Angleterre devait nécessairement mettre un terme à l'impérialisme dans ses propres possessions. Si au contraire elle maintenait son joug, contre toutes les demandes et les attentes de l'Inde, « si les serres de l'impérialisme restaient plantées dans le corps vivant » du peuple, n'était-ce pas plutôt qu'elle entendait, par la guerre, « défendre le statu quo, les possessions impérialistes, les colonies, les intérêts protégés et les passe-droits ? » De ce côté-là du monde, la lecture des événements était différente.

« Au cours de la guerre, écrit Nehru, il devint clair que les démocraties occidentales ne se battaient pas pour une transformation, mais pour le maintien de l'ordre ancien. » En ce cas, les Indiens n'avaient-ils pas toutes les raisons de refuser de se battre pour un idéal dont leur propre destin de pays dominé révélait le mensonge ?

Et pourtant, la Grande-Bretagne, au nom de ce prétendu idéal — dont les opprimés ressentaient la fausseté jusque dans leurs corps — entendait les enrôler de force dans une guerre où ils devraient au besoin donner leur vie, mais en esclaves qui recevaient des ordres, sans même la fierté de pouvoir revendiquer leur sacrifice.

Oui, pourquoi les Indiens seraient-ils entrés en guerre aux côtés de pays qui, prétendant défendre un idéal de « liberté mondiale », pratiquaient eux-mêmes, dans leurs colonies, la plus totale confiscation de cette liberté tant prônée ? Mieux : qui n'hésitèrent pas, en bien des cas, à recourir envers les peuples exploités aux méthodes de ce fascisme qu'ils combattaient par ailleurs et pour leur propre compte ?

Derrière certaines de ces démocraties prospéraient des empires où n'existait pas la moindre démocratie et où régnait un autoritarisme de même nature que le fascisme... (DI, 552)

L'Inde exprimait sa sympathie envers ceux qui résistaient à l'agression nazie, elle offrait sa coopération dans la guerre contre ce régime, mais il devait s'agir d'un effort *entre égaux* pour soutenir une cause jugée valable. Et la Commission invitait le gouvernement britannique à définir en termes précis ses objectifs de guerre. « Démocratie »,

« impérialisme » en particulier, des mots qui ne pouvaient s'accorder. « Il serait infiniment tragique que cette guerre effroyable soit menée dans un esprit impérialiste, dans le but de maintenir cette structure qui est elle-même cause de guerre et de déchéance humaine » (DI, 489).

La réponse anglaise fut un refus global. L'Inde était rejetée vers son statut de peuple esclave. « L'autocratie incontrôlée » du XIXe sévissait de nouveau. Le Raj restait en place, il le faisait savoir.

En été 1940, la brusque accélération de la guerre, suivie de l'invasion du Danemark et de la Norvège et, peu après, de l'effondrement de la France, marqua fortement les esprits ; le Congrès, devant l'imminence du péril, refusa de tirer parti de la situation ; il proposait son entière participation à l'effort de guerre, pourvu toutefois que l'indépendance de l'Inde, acceptée dès à présent, soit ratifiée *après* le conflit.

Gandhi, lui, fidèle au principe qui avait dirigé sa vie et qui, en de telles heures, devait plus que jamais faire ses preuves, se prononça résolument contre cette décision. Il lui aurait semblé trahir les efforts et la foi d'un demi-siècle, comme l'espoir du monde à l'heure où l'on « attendait de l'Inde quelque chose de nouveau et d'unique ». Au reste, il avait écrit aux Juifs et aux Tchécoslovaques que la non-violence fermement pratiquée aurait raison d'Hitler. Hitler, sans pitié ? Gandhi ne pouvait croire au mal absolu, ni en l'impossibilité d'une conversion, la monstruosité n'entrait pas dans sa conception de l'homme. « La fibre la plus dure est tenue de se dissoudre au feu de l'amour. » Le 24 décembre 1941, il écrira à Hitler (avant de mettre en garde les Japonais eux aussi) : si vous n'êtes pas le monstre que l'on décrit, on ne peut douter que « beaucoup de vos actes ne soient monstrueux et attentatoires à la dignité humaine... Notre position est unique, poursuivait-il. Nous résistons à l'impérialisme britannique tout autant qu'au nazisme. S'il y a une différence, c'est une différence de degré. Un cinquième de la race humaine a été mis sous la botte britannique par des moyens qui ne supportent pas l'examen... » (GI, 312) Contre ce joug, l'Inde avait pratiqué la non-violence. « Dans la technique non-violente, la défaite n'existe pas. C'est "agir ou mourir" sans tuer ni blesser. Elle peut être utilisée pratiquement sans argent et de toute évidence sans l'aide de la science de destruction que vous avez poussée à une telle perfection. » Cette dernière constatation contribuait à prouver l'infériorité de la « science de destruction », qui serait un jour nécessairement battue sur son propre terrain, argumentait Gandhi. « Vous ne laissez pas à votre peuple un héritage dont il aura lieu d'être fier. Il ne pourra s'enorgueillir du récit d'actes cruels... Je vous demande donc au nom de l'humanité de cesser la guerre... » (GR, 312) Gandhi luttant avec sérieux contre l'hitlérisme, qui présentait, selon lui, une différence de degré, mais non de nature, avec l'impérialisme : « l'emploi de la force nue réduite à une science exacte et utilisée avec une précision scientifique ».

Mieux qu'en 1920 ou 1930, il mesurait les pièges

de la non-violence : dans le secret de mon cœur, écrit-il, « j'ai une querelle perpétuelle avec Dieu qu'Il puisse permettre de semblables choses ; ma non-violence semble presque impuissante ».

Le Congrès se sépara donc de son chef. « Ce fut un crève-cœur pour tous ceux qui faisaient bloc avec lui, car le Congrès tel qu'il avait évolué était sa création. Mais l'organisation ne pouvait adopter son application du principe de non-violence à la guerre » (DI, 499).

Après avoir réduit ses exigences au minimum et consenti des sacrifices, l'organisation attendait en retour un geste du gouvernement britannique, un effort, un peu d'audace — « un choc psychologique positif » qui insufflerait de l'enthousiasme au pays.

La réponse, donnée en août 1940, ne fit qu'approfondir un intense sentiment de frustration. L'Angleterre ne pouvait envisager de transférer ses responsabilités envers l'Inde à un système de gouvernement dont l'autorité serait refusée par une portion de l'opinion large et influente. Elle ne voulait pas non plus agir par la force sur ces éléments. Une telle déclaration allait nécessairement renforcer l'intransigeance de la Ligue musulmane et rendre plus difficile un accord éventuel entre elle et le Congrès — or cet accord était une condition préalable au transfert de la souveraineté par les Britanniques. Si, même en un moment aussi grave, les Anglais se contentaient de quelques concessions et, loin de répondre à une offre de coopération, s'en tenaient à leur tactique éprouvée : diviser pour régner (c'est du moins ainsi que leur déclaration fut interprétée), alors tout espoir était perdu : « Ils semblaient préférer la guerre civile et la ruine de l'Inde à un abandon de leur contrôle impérialiste. »

La guerre civile, en effet : l'insistance britannique sur les droits des minorités allait être mise à profit par Jinnah et sa Ligue (Jinnah assure d'ailleurs dès septembre qu'il soutiendra le gouvernement dans la guerre à condition que soit soumis à son approbation tout projet de réforme constitutionnelle). Déjà, il avait clairement annoncé (à Lahore, en mars 1940) que son objectif était d'obtenir pour les musulmans la création d'un État séparé. En octobre 1940, quand le Congrès, pour protester contre la réponse britannique, démissionne de tous les gouvernements provinciaux, Jinnah, devant cet affaiblissement, appelle les musulmans à célébrer un « jour de délivrance ». Puis l'emprisonnement de Gandhi et des chefs du Congrès, en 1942, lui permettra d'accroître encore sa stature auprès de l'opinion publique.

L'action devenait inévitable. Le Congrès se tourna tout naturellement à nouveau vers Gandhi. Dès octobre 1940, une campagne de « désobéissance civile individuelle » débuta. C'était en réalité un grand mouvement de protestation morale, une façon toute gandhienne de mener la lutte, qui associait principes moraux et politique révolutionnaire, refusant d'embarrasser l'adversaire, c'est-à-dire de nuire à l'effort de guerre en menant une action de masse. Ses instructions aux satyagrahi — qu'il communiqua comme d'habitude au vice-roi — précisaient que les autorités ne seraient pas harcelées.

À la mi-novembre, on passa à la seconde étape. Quelques individus soigneusement sélectionnés, disciples et personnalités représentatives, ayant, après épreuve, obtenu l'autorisation de se sacrifier, enfreignirent un ordre officiel. Ils furent arrêtés et emprisonnés — quatre cents membres du Congrès se retrouvèrent ainsi sous les verrous, Nehru, condamné à quatre ans, Patel, Rajagopalachari, Azad, le président du Congrès... . En mai 1941, le mouvement s'étant progressivement étendu, vingt-cinq à trente mille hommes et femmes croupissaient en prison pour désobéissance civile. Cependant, sous l'influence de Gandhi, l'Inde restait calme. En réalité, les effets du mouvement se faisaient peu sentir ; selon le secrétaire d'État, Mr Amery, il se développait « de façon languissante et sans provoquer véritablement d'intérêt ».

En décembre 1941 survint Pearl Harbor, suivi de la guerre du Pacifique.Quelques jours auparavant, les autorités avaient relâché de nombreux prisonniers — un geste de bonne volonté inadéquat, insuffisant.

La guerre se rapprochait de l'Inde. À présent, elle l'affectait directement. Le 15 février 1942, Singapour tombait. La Malaisie, la Birmanie... les Japonais menaçaient directement l'est et le sud du pays. Le danger n'était pas tant l'alliance de nationalistes indiens avec les Japonais (qui se produisit pourtant lorsque Subhas Chandra Bose, le nationaliste dissident, recruta une force — l'Indian National Army — parmi les soldats indiens faits prisonniers en Malaisie pour se battre aux côtés des Japonais) que l'apathie, le découragement du peuple indien, son incapacité à résister au cas où l'ennemi débarquerait, un danger qui à l'époque semblait réel. Durant l'hiver 1941-1942, la situation devint aussi critique pour les Alliés qu'elle l'avait été en 1940, au moment de la défaite de la France. À nouveau une partie du Congrès voulut faire cause commune avec les Britanniques. À nouveau il rencontra une opposition de principe : Gandhi, écrit Nehru, pour la seconde fois « se découvrit incapable de renoncer à son axiome essentiel de non-violence... La proximité même de la guerre en faisait pour lui un défi, une mise à l'épreuve de ses convictions » (DI, 506). Une aide morale, oui, un concours actif à un conflit violent, il ne le pouvait. (Mais au cours des mois qui précédèrent août 1942, par un revirement « impliquant souffrance mentale et douleur de l'esprit », Gandhi en vint pourtant à accepter la participation du Congrès à la guerre.)

Cependant l'avancée du conflit faisait évoluer le gouvernement anglais sur ses positions. En mars 1942, Churchill, pressé par Roosevelt, mais, surtout, acculé par la foudroyante avancée japonaise, envoya en Inde sir Stafford Cripps, un travailliste, alors président de la Chambre des communes, pour offrir aux Indiens, après la guerre, le statut de dominion, assorti d'autres promesses et prévisions, notamment la possibilité pour toute province de l'Inde, qui ne serait pas prête à accepter la nouvelle Constitution, de conserver les termes actuels (un droit de non-accession qui fut interprété comme un encouragement à la demande de création du Pakistan).

Gandhi fut mandé par télégramme. Il lut le texte — et conseilla à Cripps de repartir par le prochain avion. Nehru, quant à lui, se sentit « profondément déprimé ». Selon lui, tout en affirmant le principe d'autodétermination, les propositions émises « incitaient tous les groupes réactionnaires féodaux et socialement arriérés à réclamer une partition ». La réorganisation se ferait donc sur fond de séparatisme et les vrais problèmes, économiques et politiques, se trouveraient relégués à l'arrière-plan. Derrière ce document, il était évident, toujours selon Nehru, que « se profilait la politique tenace, séculaire, du gouvernement britannique — susciter les divisions en Inde et encourager tous les facteurs s'opposant à la croissance et à la liberté nationales » (DI, 523). Si les offres de Lilinthgow en août 1940 avaient pu encourager Jinnah à persévérer dans sa politique séparatiste, la proposition de 1942 faisait plus encore : le Pakistan, un projet fantôme, devenait politiquement possible.

Les pourparlers entre Stafford Cripps, le vice-roi et les leaders indiens sur la défense de l'Inde échouèrent. Dans la lettre ultime du président du Congrès, on pouvait lire : « Nous sommes convaincus que si le gouvernement britannique s'abstenait de pratiquer une politique qui encourage les troubles, nous serions capables… de nous unir. » Et la lettre concluait que ce gouvernement était « plus soucieux de maintenir, aussi longtemps que possible, sa domination en Inde, et de promouvoir à cette fin la discorde dans le pays, que d'assurer une défense effective de l'Inde contre les attaques et invasions qui la menacent » (DI, 529).

Sir Stafford Cripps à son retour en Angleterre assura que Gandhi était, par son intransigeance, responsable de l'échec des négociations. Une accusation fausse : Gandhi avait, dès le début, fait part de son opinion, mais il avait dû quitter Delhi : « Il n'était donc strictement pour rien dans ces négociations. »

« QUIT INDIA »

« Catastrophes et désastres avançaient à grands pas vers nous et l'Inde restait impuissante et inerte, amère et morne, champ de bataille des forces adverses et étrangères » (DI, 534). Nehru en vint même, dit-il, à souhaiter une invasion japonaise de l'Inde, « un gigantesque remue-ménage », un événement qui les arracherait « à cette paix de tombeau » que la Grande-Bretagne leur avait imposée. Mieux valait mourir que mener une vie misérable et sans espoir : « Là où sont les tombes, sont les résurrections. »

Quel but positif cette guerre avait-elle ? À quel avenir menait-elle ? Et quel serait le sort de l'Inde ? « Le spectre de la violence qui peut-être sommeillait au fond de la psychologie occidentale a fini par se réveiller et par profaner l'esprit de l'homme », avait écrit Tagore, avant de mourir, l'année précédente. « J'ai cru jadis que les sources de la civilisation jailliraient du cœur de l'Europe. Mais aujourd'hui… cette confiance s'est effondrée. » La confiance en l'Europe effondrée : l'Inde, en proie effectivement à la défiance et à la rancœur, était paralysée, entravée dans ses activités publiques et politiques, inquiète sur son avenir ; « l'étau se resserrait de toutes parts ». Et le sentiment de désespoir s'aggravait.

Sur ces entrefaites, Gandhi rédigea une série d'articles. Il avait senti ce dont souffrait le peuple, son apathie et sa détresse, et c'est contre cet état qu'il réagissait. Que la liberté de l'Inde soit reconnue, ou ce serait la rébellion ouverte. « Cette demande n'avait rien de nouveau… mais il y avait une urgence nouvelle, une flamme ravivée dans le propos et l'écriture de Gandhiji. Et un souffle d'action » (DI, 540). Et soudain l'humeur du pays vira, passant d'une sombre passivité à des sommets d'excitation, à une attente fébrile. Les événements, si longtemps en suspens, libérés par les paroles de Gandhi, maintenant se hâtaient. « Que Gandhi ait eu raison ou tort, il est certain qu'il cristallisa les sentiments du peuple. » À ce moment crucial, il fit le plus grand des sacrifices : « Son amour pour la liberté de l'Inde et celle de tous les autres peuples exploités surpassa même la foi qu'il plaçait en la non-violence. » Donc, il en vint à soutenir une résolution, dans sa version modifiée, telle qu'elle fut présentée par Nehru, déclarant que « la fonction première du gouvernement provisoire de l'Inde libre serait d'investir toutes les ressources du pays dans la lutte pour la liberté et de coopérer pleinement avec les Nations Unies pour assurer la défense de l'Inde à l'aide de toutes les forces, armées ou non, dont le pays disposait » (DI, 543).

Quelles tortures intérieures avait-il traversées pour franchir ce pas? «Venant de lui, c'était un changement significatif et surprenant», commente Nehru.

Le sort de l'Inde n'était pas seul en cause. Pour Gandhi, elle était «le symbole des peuples colonisés et exploités dans le monde. Si elle restait soumise, tous les autres pays colonisés resteraient eux aussi dans leur situation actuelle d'esclaves et la guerre aurait été livrée pour rien » (DI, 542). L'ordre ancien prévaudrait. Mais obtenir l'indépendance de l'Inde, «territoire exemplaire de l'impérialisme moderne», reviendrait à mettre fin «à la domination et à l'exploitation d'un peuple par un autre»; Gandhi, en la revendiquant, se battait aussi pour ces «centaines de millions de dépossédés, d'exploités, de victimes de la discrimination raciale en Europe et en Amérique, plus malmenés encore en Asie et en Afrique... (qui) espéraient passionnément, contre toute raison, que la guerre gagnée allait, d'une manière ou d'une autre, alléger le fardeau qui les écrasait » (DI, 552). (Alors que pour son adversaire Churchill, toujours selon Nehru, ce qui importait c'était de perpétuer «la structure sociale de l'Angleterre et la structure impériale de son empire» : une guerre pour la perpétuation, en quelque sorte.) Une difficulté subsistait : « Toute action de notre part contrarierait forcément l'effort de guerre. » Mais Gandhi croyait encore possible de parlementer avec le gouvernement et cette mise en demeure était à ses yeux, c'est probable, une façon de relancer les négociations alors qu'il jugeait l'Angleterre affaiblie. « Son dernier discours à la Commission congressiste panindienne exprimait son désir sincère d'arriver à un accord, et sa détermination à rencontrer le vice-roi » (DI, 545).

Les 7 et 8 août, à Bombay, la Commission étudia la résolution connue sous le nom de Quit India. La résolution originale, telle qu'elle avait été rédigée par Gandhi et présentée au Comité le 27 avril 1942, avait été rejetée ; c'est donc une version modifiée qui fut finalement retenue et lue par Gandhi le 8 août de la même année. Quit India réclamait la reconnaissance immédiate de la liberté indienne et la fin de la domination britannique, tout en se prononçant sur le maintien des troupes alliées afin de « ne compromettre en rien la défense de la Chine et de la Russie... ni de mettre en danger la capacité défensive des Nations Unies ». Ce « coup d'épingle », pourtant : « La Commission n'a plus lieu de retenir la nation dans ses efforts pour affirmer sa volonté face à un gouvernement impérialiste et autoritaire qui la soumet et l'empêche d'agir dans son propre intérêt et celui de l'humanité. »

En guise de conclusion, la Commission décidait de sanctionner le lancement d'un mouvement de lutte populaire qui se déroulerait « selon des principes non-violents avec Gandhiji pour guide naturel ».

La résolution fut ratifiée tard dans la soirée du 8 août 1942. Au petit matin du 9, les arrestations étaient ordonnées. À commencer par celle des dirigeants indiens.

On a condamné Gandhi pour une initiative qui donna le prétexte attendu à une répression sanglante. Et il est vrai, lorsqu'on se rappelle sa prudence et ses précautions lors des précédentes campagnes, qu'on peut s'étonner de cette décision soudaine, dans un climat électrique et chargé de tension. Mais, au moment où fut prise la résolution Quit India, la marge de manœuvre était faible, la situation intolérable, le peuple désespéré. Il fallait agir vite, « quelles que puissent être les conséquences ». Tout valait mieux que la complète démoralisation de l'Inde et la stagnation où elle végétait alors que se précisait le péril japonais. Au reste, les succès des armées nippones éveillaient chez certains une satisfaction croissante. Le seul remède à la division du pays, comme au risque d'invasion, était que l'Inde sente enfin souffler un vent de liberté. Gandhi, qui avait deviné l'exaspération populaire, espérait sans doute que, par le satyagraha, il parviendrait à tenir en bride la haine et la violence. Mais le satyagraha n'eut aucune chance d'opérer dans le terrorisme et contre-terrorisme qui allaient suivre. S'y était-on même vraiment préparé ? On comptait davantage sur une explication, des négociations, une ouverture.

Gandhi, tout comme Nehru, fut stupéfait d'être arrêté.

Et le pays se souleva. La fureur réprimée explose ; elle brise les barrages, incendie les commissariats, bureaux de poste, perceptions, gares : tous ces symboles de l'autorité et du pouvoir ; elle arrache les rails, coupe les câbles télégraphiques et les lignes téléphoniques, sabote le matériel, pille un peu partout — la non-violence oubliée (et de fait, elle ne servira plus d'arme politique dans la guerre d'indépendance). Et le gouvernement réplique en utilisant son artillerie lourde : tirs de police sur la foule sans armes et sans chefs, mitrailleuses et avions pour mieux semer la mort. « Le gouvernement, dit Churchill à la Chambre des communes, a écrasé ces troubles de tout son poids. » À la fin de 1942, environ cent mille personnes ont été arrêtées, plus de mille abattues par la police.

Aux frontières de l'Inde, en terre musulmane, Abdul Gaffar Khan, le grand chef pathan, un personnage colossal et remarquable, partisan convaincu de la non-violence et que l'on appelait pour cette raison le « Gandhi des frontières », fut battu et blessé par la police, mais telle était la discipline instaurée parmi son peuple que même ces provocations ne purent avoir raison de la maîtrise de soi : aucun trouble majeur n'éclata, alors que dans le reste de l'Inde se libérait la violence, en réaction peut-être contre le patient enseignement de Gandhi (et pourtant, dit Nehru, la longue éducation que les gens avaient reçue aboutit à ce résultat remarquable que les manifestations d'hostilité raciale demeurèrent rares, la foule s'en prenant aux biens, rarement aux personnes). La répression, couverte du voile épais de la censure, continua de s'exercer : une fois la rébellion matée, il fallait s'attaquer aux racines mêmes du mal.

Des tribunaux spéciaux... ont été créés, affranchis des règles normales de procédure... qui ont condamné des milliers de gens à de longues années d'emprisonnement, et beaucoup d'autres à la peine capitale. La police... et les services secrets, tout-puissants, sont devenus les organes principaux de l'État. Ils pouvaient se livrer à toutes les exactions, à toutes les brutalités... Un grand nombre d'étudiants des universités ont été punis, des milliers de jeunes gens flagellés... On a rapporté plusieurs cas de villages entiers condamnés pour des peines allant du fouet jusqu'à la mort... Des sommes énormes ont été exigées des villages à titre d'amendes collectives... Comment l'on a pu extorquer à ces malheureux affamés des sommes pareilles, c'est une autre histoire (DI, 561).

D'autant qu'en 1943 éclate la plus grande famine que le Bengale ait connu en un siècle, la réquisition des moyens de transport par l'armée désorganisant, en outre, la distribution des grains : un million et demi de morts. Cependant, les administrateurs britanniques restaient sûrs de leur bon droit, invariablement courtois et bien éduqués, attachés au respect de la loi. Il n'est qu'à lire les lettres formelles et élégantes adressées par lord Linlithgow à Gandhi en prison. On les voit ces hauts fonctionnaires, respectueux des formes, des rites et de la discipline — les seules valeurs intactes dans un monde où tout se défait. «Pareils aux silhouettes d'un théâtre d'ombres, ils continuèrent à agir comme par le passé, s'efforçant de nous impressionner avec leur protocole impérial compliqué, leurs cérémonies de cour, leurs durbar et investitures, leurs défilés, leurs dîners et robes du soir, leurs déclarations pompeuses » (DI, 515). L'Angleterre, quant à elle, était tout entière en proie à la tension et à l'angoisse de la guerre.

Cependant le Mahatma, du fond de sa prison, s'indignait que la propagande officielle attribue la vague de violence indienne à un complot mené par les chefs du Congrès (qui auraient voulu saboter la lutte des Alliés contre le Japon ; il est plus probable que les troubles furent alimentés par un terrorisme clandestin, actif depuis des années, auquel se seraient joints certains éléments du Congrès). C'était là « un massacre de la vérité », se plaignit-il. S'il n'avait pas été précipitamment arrêté, accusait-il, il aurait au contraire prévenu ces accès de violence, comme il savait le faire ; ni lui ni ses collègues n'avaient envisagé d'avoir recours à la violence, à quelque stade que ce fût de la campagne. Et il avait été emprisonné avant même d'avoir pu exposer ses plans et négocier, alors qu'il avait toujours tenté de faire la part des choses, divisé qu'il était entre sa passion pour la liberté de l'Inde et son désir de ne pas embarrasser le gouvernement pendant la guerre, un point de vue qui aurait pu finalement triompher... Des lettres au ton acerbe circulaient entre le prisonnier de Poona et le vice-roi des Indes, lord Linlithgow, que Gandhi avait un jour considéré comme son ami. Que cet ami mette sa parole en doute, et sa fidélité à la non-violence, c'était plus que Gandhi n'en pouvait supporter : il chercha un calmant à sa peine dans un jeûne de vingt et un jours, qui commença le 10 février 1943. Gandhi manqua mourir, les foules se mobilisèrent, ce fut peine perdue ; aux yeux du vice-roi, ce jeûne n'était qu'un chantage politique — un mot qui lui aliéna encore un peu plus l'opinion indienne. Le Mahatma, plus aimé que jamais, restait le symbole du nationalisme et de l'insoumission.

Du point de vue de Linlithgow, les événements de 1942 marquaient une victoire. Et, de l'aveu même de Nehru : « L'Inde avait échoué dans l'ultime face-à-face, quand seuls comptent la force et le pouvoir. » Cependant, comme les deux grandes campagnes de 1920-1922 et 1930-1934, le mouvement Quit India fut un formidable coup de boutoir qui accéléra le départ des Anglais. Ils étaient en mauvaise posture. Épuisée par l'effort de guerre, démoralisée par la lutte sans merci menée par Gandhi et ses compagnons pendant trente ans, en outre endettée d'un milliard trois cents millions de livres sterling qu'elle devait à l'Inde, l'Angleterre n'était pas en position forte pour marchander. Là-dessus, Churchill, qui, lui, aurait peut-être continué la lutte, fut remplacé au pouvoir, aux élections de 1945, par Attlee et les travaillistes. La guerre avait changé la carte du monde et l'équilibre des forces, mais aussi les esprits. Les temps n'étaient plus favorables au colonialisme. Le nouveau vice-roi lord Wavell reçut mission de réaliser rapidement l'autonomie.

Peu après son emprisonnement, Gandhi perdit son assistant inséparable, « fils, secrétaire et amoureux », le tout en une seule personne, Mahadev Desai, qui, pendant des années (il avait rejoint Gandhi en 1917, après ses examens de droit à l'université), tria chaque jour un courrier volumineux, reçut les visiteurs attendus ou écarta les importuns, tint méticuleusement les comptes, étudia des heures durant cartes et plans, cela afin d'organiser les voyages continuels de Gandhi, relatant à chaque instant les conversations, rapportant les discours, éditant les articles, parfois à la lueur de la bougie, en compartiment de troisième classe, quand il fallait envoyer vite la copie. Il mourut subitement, d'épuisement sans doute, mais aussi, suggère Nanda, de la crainte que Gandhi ne jeûne à mort dans sa prison. Peu de temps après, le 22 février 1944, la fidèle Kasturbai, emprisonnée elle aussi, mourut à son tour, la tête posée sur les genoux de Gandhi. « Je m'en vais, lui aurait-elle dit. Que personne ne pleure après mon départ, je suis en paix. » Et Gandhi, dans une lettre à lord Wavell : « Nous étions un couple en dehors de l'ordinaire. » Soixante-deux ans de vie commune, une certaine résignation au fond du regard, le courage d'endurer et celui de se battre (plusieurs fois, en Afrique du Sud et en Inde, elle rechercha l'emprisonnement), parfois de résister à l'emprise de son mari, qui, le vœu de chasteté aidant, cessa de la tyranniser pour finir par respecter ses avis et décisions. Dans la même lettre à lord Wavell, qu'il n'a jamais rencontré, Gandhi explique que leur chasteté, à l'âge de trente-sept ans, les lia l'un à l'autre plus étroitement que jamais : « Nous avons cessé d'être deux entités distinctes... le résultat est qu'elle devint véritablement ma meilleure moitié. » Au départ, une personne très entêtée, selon son mari — « si j'essayais de la contraindre de quelque façon, elle n'en faisait pas moins exactement ce qu'elle voulait » —, elle se fondit peu à peu en lui, c'est-à-dire en son travail — qui était de servir. En tant que mère, elle eut à souffrir pour ses enfants, notamment pour l'aîné Harilal, qui brava toujours son père et se convertit à l'islam. Un suprême défi lancé à Gandhi, cette conversion, une forme de vengeance ; Harilal donna à l'événement autant de publicité que possible. « Ton père accepte tout cela bravement, mais je suis une faible vieille femme qui a du mal à supporter patiemment la torture morale causée par ton attitude regrettable » (GR, 298). Gandhi, lui, avait des raisons précises de soupçonner derrière ce geste des mobiles intéressés : l'argent. Il savait que son fils se vengeait de lui et que ses ennemis utiliseraient contre lui cette vengeance. Et il adressa, par voie de presse, une lettre en forme de constat à ses amis musulmans : Harilal était un ivrogne et un débauché, que l'intérêt, et non la religion, avait poussé à se convertir ; s'il pouvait penser que Harilal s'amenderait grâce à sa foi religieuse, il n'aurait rien à dire contre cette conversion, mais... Avant de mourir, Kasturbai demanda à le voir. Harilal vint à la prison. Il était ivre, au point qu'on dut le faire sortir. Il mourut dans un hôpital de Bombay, le 19 juin 1948, après avoir assisté aux funérailles de son père sans être reconnu. Kasturbai souffrit aussi pour Manilal, le second de ses fils, que Gandhi exila un temps en Afrique du Sud parce qu'il avait prêté de l'argent à Harilal, toujours impécunieux. (Sur l'autoritarisme de Gandhi en tant que père et époux, existe une abondante littérature accusatrice ainsi que des ouvrages pour le défendre. La « douceur de son despotisme », a-t-on dit : l'ombre portée de sa grandeur, le poids de sa mission qui primait tout. L'un de ses biographes s'est amusé à imaginer un Gandhi « normal » : « Avocat prospère, vivant dans une coquette maison de la banlieue de Bombay, élevant ses enfants dans une école anglaise, partageant son temps entre la Haute Cour et son club de sport, jouant au bridge et, de temps en temps, au golf, correspondant avec l'éditeur en chef du *Times of India* et vantant aux membres du Rotary Club les mérites d'une cure naturelle... L'épouse de Gandhi et ses enfants auraient peut-être eu la vie plus facile, mais le monde en aurait sûrement été plus pauvre [1]. »)

Un choc très dur, qui entama la force de caractère exceptionnelle de Gandhi, sa volonté de vivre. « Je ne peux imaginer de vivre sans elle... Elle était une part indivisible de moi et son départ me laisse un vide qui ne peut être comblé. » Il tomba gravement malade. Il avait la malaria, une température élevée et, on le découvrit plus tard, une dysenterie amibienne. Comme il attribuait la maladie à un « manque de foi en Dieu », comme il refusait obstinément tout médicament, il fut bientôt au plus bas.

Les événements avaient à cette période tourné en faveur des Alliés ; le risque de libérer Gandhi semblait moindre que celui de le voir mourir en prison ; on le relâcha donc le 6 mai 1944, à son grand déplaisir. Malgré ses soixante-quatorze ans, il avait la vie et la lutte chevillées au corps, puisque quelques semaines plus tard, il était à nouveau dans l'arène.

N'ayant pu réconcilier le Congrès et le gouvernement, il s'attaqua une nouvelle fois au problème posé par la « théorie des deux nations ». La cause de l'unité hindoue-musulmane avait, dit-il, été sa « passion » depuis sa première jeunesse :

Je lutte afin de devenir le meilleur ciment entre les deux communautés. Mon désir est de les cimenter toutes deux, avec mon sang, si nécessaire (GI, 65).

Il allait rechercher un accord avec Jinnah, l'auteur de cette théorie qui devait aboutir à la « monstrueuse vivisection d'un monde » — à la naissance du Pakistan, à la partition de l'Inde. Vouloir séparer l'Inde en deux nations, l'une hindoue, l'autre musulmane, équivalait à diviser des centaines de milliers de villages indiens, à tracer des frontières là où il n'en était nul besoin, à désorganiser la vie économique dans ses rouages essentiels : à déchirer un tissu vivant. Une monstruosité, une folie, un non-sens. D'autant que le nouvel État serait divisé en deux parties situées à quelque treize cents kilomètres l'une de l'autre et que d'importantes minorités non musulmanes resteraient incluses dans le Pakistan, tandis que vingt-cinq millions de musulmans seraient épars dans la partie indienne. Le problème des relations entre communautés n'était donc nullement résolu par cette solution, ce qui ne cesse de se vérifier. Pourtant, quelques années plus tôt, dans des milliers de villages, hindous et musulmans vivaient en paix, les tensions affectant principalement les élites. Mais les leaders, notamment Jinnah, surent convertir les frustrations en énergie politique, attisant le mécontentement, faisant valoir la discrimination dont les musulmans étaient victimes. Autre tactique employée, autre forme d'accusation : le Congrès était une organisation pro-hindouiste, étrangère à l'esprit du Coran, et qui ne saurait donc représenter les intérêts des musulmans. Jinnah soutint avec une âpreté grandissante que la Ligue était seule habilitée à le faire, et les succès mêmes du Congrès aux élections de 1937, ses efforts pour absorber les musulmans, en dressant la menace d'une suprématie hindoue, semblèrent lui donner raison et creusèrent les différends. Les Britanniques, quant à eux, s'ils ne créèrent pas l'antagonisme hindou-musulman en Inde — une supposition évidemment fausse — firent néanmoins « de constants efforts pour l'entretenir et pour décourager l'union des deux communautés » (GWH, 746).

Aucun argument si raisonnable fût-il ne pouvait désarmer Jinnah, impitoyable, entêté dans son orgueil, incapable de compromis, et qui, en outre, avait une incapacité viscérale (tout comme Churchill) à comprendre et aimer la personnalité de Gandhi, son opposant. Lorsque Gandhi était entré sur la scène politique, Jinnah avait quitté le Congrès, dégoûté à la fois par l'homme, par ses idées, par son succès. Une photo datée de 1944 le montre à côté du Mahatma, dominant ce dernier d'une tête, vêtu d'un complet blanc immaculé, si maigre et si raide qu'on dirait une momie (il mourra d'ailleurs en 1948). Gandhi sourit, la main tendue vers lui. Une main qui se tend en vain : les discussions devaient commencer le 9 septembre 1944 pour se conclure le 27 du même mois ; mais elles ne firent que donner à Jinnah un peu plus de prestige, puisque le Mahatma qui, autrefois, à la simple mention du partage de l'Inde avait prononcé le mot « péché », maintenant dans la position de demandeur, discutait avec lui des modes d'intervention possibles.

À la conférence de Simla, réunie par lord Wavell en 1945, Jinnah exigea la parité entre les musulmans et les autres communautés et fit, en fin de compte, échouer les négociations en revendiquant, pour sa seule Ligue, le droit de nommer tous les membres musulmans du Conseil exécutif du vice-roi — une condition que le Congrès ne pouvait évidemment accepter. Si bien qu'on est tenté de conclure à une volonté de sa part d'éviter un accord.

Après la guerre, en mars 1946, une mission ministérielle fut envoyée en Inde. Deux des quatre envoyés, lord Pethick-Lawrence et sir Stafford Cripps, étaient bien connus de Gandhi, qui fut fréquemment consulté. La question cruciale : l'Inde serait-elle ou non divisée ? Le plan que proposaient les Anglais était un effort ultime pour sauvegarder l'unité de l'Inde sans nuire aux intérêts musulmans. La Ligue et le Congrès l'acceptèrent, sans grand enthousiasme toutefois : trop de points importants de friction subsistaient. Une déclaration de Nehru, le 10 juillet, devait faire éclater le désaccord, fournissant à Jinnah la porte de sortie qu'il cherchait (et le Congrès fut accusé d'intransigeance par ceux qui pensaient que le plan était viable, quand il est vraisemblable, selon les autres, que c'est l'intransigeance en effet, mais celle de Jinnah, qui se serait en dernier ressort affirmée, mettant dans l'impasse les pourparlers de la mission). La dernière chance de l'unité de l'Inde, si tant est qu'elle existait, fut alors détruite et la partition parut inéluctable.

Jinnah, jouant son va-tout, retira son accord, réaffirma sa volonté d'obtenir un Pakistan séparé et appela les musulmans de toute l'Inde à une journée d'« action directe » pour y parvenir. Il concluait par ces phrases devenues célèbres : « Aujourd'hui nous avons dit adieu aux méthodes constitutionnelles... Nous aussi nous avons forgé une arme et nous sommes en mesure de nous en servir » (MG, 344). Une arme qui allait faire des centaines de milliers de morts, quatorze millions de déracinés et déclencher l'un des épisodes les plus sanglants de l'Histoire (mais certains historiens qualifient aujourd'hui de mythe l'idée que la naissance du Pakistan serait l'œuvre d'un seul homme, Muhammad Ali Jinnah : selon eux le drame de la partition serait plutôt le résultat d'une « accumulation d'erreurs, de faux calculs, de lâchetés[2] »).

Prenant de nouveau l'initiative, lord Wavell chargea le Congrès et Nehru de constituer un gouvernement intérimaire. Jinnah, approché par Nehru, refusa toute coopération de la Ligue avec ce qu'il appelait « le Congrès fasciste des hindous de caste et leurs bourreaux ». Le 16 août 1946 serait le jour d'« action directe ».

Le martyr

Ce jour-là éclatèrent au Bengale les émeutes communalistes les plus sanglantes de toute l'histoire de l'Inde. Pendant quatre jours se déchaîna ce qu'on appelé « la grande tuerie de Calcutta ». Des bandes de tueurs armés d'épieux, de bâtons et de haches, ou même d'armes à feu, errent dans la ville que les forces de police ne contrôlent plus, pillent et tuent à volonté. Ce ne sont pas des groupes organisés qui s'affrontent mais des pogroms successifs qui ont lieu, d'abord des hindous par les musulmans, puis des musulmans par les hindous (cinq mille morts, quinze mille blessés ou plus). À cette épreuve de force, le bruit court que les hindous l'ont emporté. Et des représailles éclatent à l'est du Bengale, dans le district de Noakhali, où dominent les musulmans ; prêtres fanatiques d'un côté, politiciens manipulateurs de l'autre, la haine attisée ; on tue au nom de la religion ou pour des ambitions politiques (les deux parfois alliées pour plus d'effi-

cacité). Rage de détruire et d'humilier. Désacrali-
sation des temples, viol et enlèvement des femmes,
conversions forcées — des faits nouveaux. Des milliers d'hindous fuient.

Gandhi, lorsqu'il apprit la nouvelle, était à
Delhi. À cette époque, il restait la figure préémi-
nente du Congrès, on le consultait en toutes occasions, mais sa parole était moins écoutée. La guerre
avait eu raison de la non-violence, si l'indépendance lui était en partie due. Nombre de gens
étaient d'ailleurs violemment hostiles à Gandhi : les
hindous extrémistes pour sa défense des musulmans et sa lutte en faveur des intouchables, et les
musulmans parce qu'il était hindou ; les militants,
nombreux, qui croyaient en l'action d'un parti plus
qu'en celle de la force d'âme ; et les privilégiés à
qui il avait reproché leur accord avec l'occupant.
Il n'était pas jusqu'à Nehru — qui, au moment
de la guerre, s'était détaché de la tactique non-
violente — et même Patel, pourtant surnommé Sir
Yes-Yes, qui ne se fussent maintenant séparés de
lui. Gandhi était isolé, écrasé de détresse et d'angoisse, l'œuvre de sa vie peut-être détruite. Et pourtant sa foi en l'ahimsa n'avait pas faibli. Il fallait
démontrer que l'amour pouvait avoir raison de la
haine, que musulmans et hindous étaient capables
de vivre côte à côte, que la partition était donc
inutile. Et ce n'étaient pas des paroles qui le prou-
veraient, mais la vie, au beau milieu de la lutte

Il annula tous ses projets et décida de partir pour
le Bengale. On tâcha de l'en dissuader, les bonnes
raisons pour rester ne manquaient pas. Soixante-

dix-sept ans, l'usure de cinquante ans de lutte que jalonnaient les séjours en prison, la maladie et les jeûnes, dont certains l'avaient mené au seuil de la mort — ne pouvait-il se reposer ? « Je ne sais pas ce que je vais pouvoir faire. Mais ce que je sais, c'est que je n'aurai pas de paix tant que je n'irai pas. »

S'ouvre alors le dernier chapitre de la vie de Gandhi, celui où il atteint au faîte de sa grandeur et qui, tout le reste mis à part, suffirait à justifier sa légende de saint et de héros. On y voit un Gandhi luttant contre l'impossible, s'acharnant à restaurer l'ordre et l'entente au milieu des pires atrocités, marchant inlassablement parmi les ruines, calmant par sa présence un délire de haine et de vengeance, submergé par la tâche, reconnaissant l'échec, le seul à croire encore en l'ahimsa, et pourtant, refusant de renoncer, de lâcher prise. « Est-ce que je représente l'ahimsa dans ma personne ? Si c'est le cas, alors le mensonge et la haine devraient se dissoudre. » « Agir ou mourir », avait-il dit au Congrès en 1942, « Do or die », une devise qu'il allait maintenant mettre en pratique à lui seul.

Il avait demandé que personne ne l'accompagne. Des hordes de gens l'attendaient. À chaque arrêt dans chaque ville, des multitudes assiègent la gare, envahissent les voies, escaladent les toits : le voir. Vitres brisées, volets arrachés, un tintamarre effroyable, le départ du train retardé, l'ébranlement du convoi, puis à nouveau l'arrêt. Dans une gare, on dut sortir le tuyau à incendie et le compartiment de Gandhi fut inondé. Le train arriva à Calcutta avec cinq heures de retard, Gandhi épuisé.

À Calcutta, il voit les ravages causées par les émeutes du mois d'août, les rues désertes, les piles d'ordures amoncelées, les carcasses noircies des maisons incendiées. « La vérité et l'ahimsa, qui ont été ma foi et m'ont soutenu pendant soixante ans, semblent avoir perdu les qualités que je leur attribuais » (MG, 250). Donc, il se rend dans le Noakhali, en zone rurale, l'une des régions les moins accessibles de l'Inde. L'on y chemine lentement, en char à bœufs ou à pied, le long de passerelles branlantes, nombreuses en cette région de delta. Les musulmans (quatre-vingts pour cent de la population) brûlent temples et maisons, tuent et pillent, enlèvent les femmes (de toutes les atrocités commises, celle qui causait à Gandhi la plus grande détresse). Quelques disciples l'accompagnent, destinés, chacun d'eux, à s'installer dans un village, souvent isolé et hostile, pour y enseigner la loi de la non-violence (l'on oublie trop le rôle et le courage de ces troupes anonymes : « J'ai brillé de la gloire empruntée à mes compagnons innombrables »). Pendant des semaines, il aura des journées de travail de seize à vingt heures ; il couche sur une planche de bois, qui lui sert aussi de bureau, se lève à quatre heures (au lieu de trois, une concession due à l'âge), continue à entretenir une prodigieuse correspondance, reçoit des messages des membres du Congrès, tient des réunions de prière, rédige des rapports sur la situation des villages... Surtout, il écoute sans se lasser les récits d'atrocités,

tente d'apaiser les fureurs, de calmer la peine —
d'« essuyer les larmes de tous les yeux ». Une
« tâche herculéenne ». Les paysans l'écoutent et les
tensions s'apaisent peu à peu ; mais les politiciens,
jouant leur rôle habituel, excitent la population
contre lui et la presse musulmane dénonce bientôt
un « jeu politique » sous la mission de paix. Tant
et si bien que le Premier du Bengale, Suhrawardi,
poussé par la Ligue musulmane, demande finalement à Gandhi de quitter les lieux. Le 2 janvier
1947, dans son journal : « Suis éveillé depuis deux
heures du matin. Seule la grâce de Dieu me soutient. Il doit y avoir en moi un grave défaut qui est
la cause de tout ceci. Tout, autour de moi, est
ténèbres [1] » (MG, 251). Il intensifie son ascèse et
continue son pèlerinage de paix. Se déplace de village en village, pieds nus, en pèlerin, muni de son
long bâton, s'appuyant sur l'épaule de sa nièce
Manubehn. Des pistes glissantes, semées de ronces
et de débris de verre, d'excréments qu'on a mis là
par malveillance. La nuit venue, il s'abrite chez qui
veut bien le recevoir, de préférence un musulman.
Quarante-sept villages, cent quatre-vingt-cinq kilomètres parcourus. En chemin il chante la chanson
écrite par Tagore : *Marche seul. / S'ils ne répondent
pas à ton appel, marche seul …*

Gandhi, dans son angoisse, avait cherché en
lui-même la cause de son « échec ». Ainsi le voulait
la doctrine du satyagraha. La pureté de son esprit
était-elle en défaut ? Depuis des années, il avait la
certitude que l'absence de désir menait à Dieu, que
seule une telle libération donnait la force voulue

pour suivre sa vision et sa voie. S'il parvenait à se libérer totalement de lui-même, Dieu prendrait-il possession de lui ? C'est alors que commença une expérience qui fut en général mal comprise et atterra ses compagnons et ses disciples les plus fervents. Le récit[2] en est donné par Nirmal Kumar Bose, qui vécut avec lui dans le Bengale et lui servit d'interprète. Relatons rapidement cet épisode qui continue de prêter à des sous-entendus réducteurs et à des interprétations simplettes. Donc Gandhi, tel le roi Lear * en proie au tourment et au désespoir, errait dans les ruines et le chaos des émeutes populaires. Tout espoir d'une Inde indépendante et unifiée — la raison d'une vie de combat — semblait perdu. L'idée lui vint, pour tester sa pureté et son pouvoir sur lui-même, de demander à quelques-unes de ses collaboratrices féminines de dormir nues auprès de lui : une expérience spirituelle de brahmacharya total. « Je n'appelle pas brahmacharya cela qui vous interdit de toucher à une femme... Pour moi, le brahmacharya est cette pensée et cette pratique qui vous mettent en contact avec l'Infini et vous amènent en sa présence » (GI, 338). Non seulement Gandhi ne fit pas mystère de cette tentative, mais il adressa de nombreuses lettres à ses amis dans toute l'Inde, quêtant leur avis et leur approbation. À ceux qui, suspicieux, crurent que ce contact dépassait l'innocence et qu'il brisait des règles si fermement défendues —

* La comparaison est d'Erik Erikson, *La Vérité de Gandhi*, qui voit là, comme dans la pièce de Shakespeare, une tragédie de la vieillesse.

celles-là mêmes qui, selon eux, définissaient la sainteté —, Gandhi expliqua que sa conduite était reliée à son vœu de chasteté. Ce qui, évidemment, ne fit qu'empirer les choses. « Si j'abandonne complètement la possibilité de dormir ensemble, mon brahmacharya en aura de la honte. Ce n'est pas que je ferais rien pour le simple plaisir. Voici des années que cela n'a pas été le cas... Je prétends que, quoi que j'aie fait, je l'ai fait au nom de Dieu » (GI, 323).

Il est probable que d'avoir pu vérifier sa maîtrise de lui dans des conditions extrêmes eut pour effet d'accroître la force morale dont il avait besoin : il en fallait une dose peu commune pour tenter d'arrêter à mains nues le carnage de ces années-là. « Si je peux maîtriser cela, aurait dit le Mahatma, je peux encore battre Jinnah. » Quant au besoin d'être compris... « Si cela vous déplaît, je n'y peux rien. Je me montre à vous et aux autres aussi nu que possible », écrivit-il à Nirmal Bose qui avait protesté contre sa conduite.

Le rapport de Gandhi à la sexualité et aux femmes est une histoire longue et compliquée, où son mariage, à treize ans, joua un rôle central. En 1939, prônant les avantages de la chasteté, il écrivait : « La façon dont mon brahmacharya s'imposa à moi, irrésistiblement, me poussa vers la femme en tant que mère de l'homme. Elle devint trop sacrée pour l'amour sexuel. Ainsi chaque femme devint-elle pour moi une sœur ou une fille » (GI, 274). Ce qui ne l'empêcha pas de ressentir le besoin de tester la vérité durable d'une telle relation : dans ce même article publié dans *Harijan*, il affirme sa liberté vis-à-vis du désir aussi bien que des lois. « Mon brahmacharya ne voulait rien connaître des lois orthodoxes qui gouvernent son observance. J'ai établi mes propres lois, telles que l'occasion les requérait. » Établir ses propres lois : rien là que d'habituel. Dormir à côté d'une femme : la chasteté le veut. « Cette contrainte qui exige l'abstention de tout contact, si innocent soit-il, avec le sexe opposé, est un développement artificiel qui n'a que peu de vraie valeur, ou même aucune » (GI, 274).

Que Gandhi ait été un homme doué d'une formidable puissance vitale, tourmenté par la sensualité, hanté par la sexualité, est une évidence. Qu'il n'ait pas été le saint immobile dans sa niche de pierre qu'auraient souhaité certains de ses fidèles est une autre évidence. Cela ne fait que rendre plus vivante et plus vraie sa lutte contre lui-même, plus admirable l'emprise à laquelle il parvint.

Le secret de la grandeur de Gandhi ne réside pas dans l'absence de failles et de faiblesses humaines, mais dans sa recherche intérieure incessante et dans son engagement intense dans les problèmes de l'humanité [3].

Dans le Bihar (où il partit le 2 mars 1947) les villages étaient rasés, des cadavres gisaient encore un peu partout, dans les fourrés de bambous, et les vautours étaient à l'œuvre. Hindous et musulmans étaient coupables, les uns autant que les autres. Gandhi le leur expliquait, demandait qu'ils le reconnaissent, qu'ils avouent leurs crimes, qu'ils se repentent et mettent un terme à la tuerie, qu'ils s'y engagent. Fin mars, il dut retourner à Delhi pour rencontrer lord Mountbatten, le dernier vice-roi, envoyé en Inde pour organiser le départ des Anglais : quoi qu'il puisse arriver, la Grande-Bretagne devait quitter l'Inde en juin 1948, Attlee l'avait annoncé à la Chambre des communes. La question étant : allait-on aboutir à un partage de l'Inde ou à la guerre civile ? Le Congrès hésitait. Jinnah quant à lui était intraitable : il exigeait la partition, il voulait être lui-même le gouverneur général du nouvel État et, pour parvenir à ses fins, il fomentait des troubles de jour en jour plus graves, tout en condamnant la violence dans ses déclarations publiques. Le Mahatma tentait de calmer les esprits, Jinnah de son côté les excitait, et l'antagonisme entre la Ligue et le Congrès se répercutait dans la population. Si les chefs des partis ne réussissaient pas à surmonter les divisions, comment le peuple y parviendrait-il ? L'avenir était sombre. Et pourtant, tous les problèmes devaient trouver un dénouement dans un laps de temps limité.

Gandhi aurait préféré retarder l'indépendance, risquer même le chaos après le départ des Anglais, l'Inde en ressortirait « purifiée », tout plutôt que d'accepter la vivisection du pays. Quel était son calcul ? Il proposa à Mountbatten une solution audacieuse : pourquoi ne pas charger Jinnah de former un gouvernement musulman avec pouvoir sur toute l'Inde ? Nehru, en l'apprenant, fut horrifié et s'opposa à ce plan. Lorsque le Congrès, épuisé après tant d'années de lutte, de souffrances, de prison, sans plus de foi en la non-violence, et, peut-être, craignant de perdre le pouvoir, donna son accord au partage, Gandhi, le seul à espérer encore, et à lutter, dut s'incliner devant cette décision devenue inévitable. « Suivez vos chefs. » La violence qui, pour les Britanniques, aussi bien que pour les membres du Congrès, fournissait une raison majeure à la partition était, selon lui, un argument décisif pour y résister : on obtiendrait donc tout « pourvu qu'on se livre à assez de violences » ?

Jinnah l'avait vaincu. Le prix restait à payer. Quelque quatorze millions de réfugiés, longues colonnes qui s'étiraient sur une soixantaine de kilomètres et cheminaient en sens contraires — musulmans s'en allant vers le Pakistan, hindous marchant vers l'Inde — des gens affamés, déguenillés, qui avaient tout perdu et s'attaquaient entre eux, tuant, pillant, mourant de faim et de fatigue, pour ne trouver, au bout de la route, que le dénuement et la misère, la rue, la faim encore, les immondices, et les émeutes. La mort et la détresse, des conditions particulièrement atroces.

L'Inde fut donc scindée, et le Panjab et le Bengale, qui pourtant avaient une unité de langue, de culture et de traditions, divisés par de nouvelles frontières. Le 15 août 1947, l'indépendance fut proclamée. Tandis que le pays, en proie à un délire de joie, la fêtait au cri de *Mahatma Gandhi Ki jai*, « victoire au Mahatma Gandhi », Gandhi était absent. « Maintenant que nous avons l'indépendance, il semble que nous soyons désillusionnés. Tout au moins je le suis[4]. »

LE MIRACLE DE CALCUTTA

Au début du mois d'août, il avait repris son œuvre de pacification. Il s'était dirigé vers le Noakhali, prévoyant de nouvelles violences au moment de la création du Pakistan. Mais, lorsqu'il arriva à Calcutta, la guerre civile était sur le point d'éclater, la rue livrée aux voyous, les autorités absentes, le grand port en proie à un cauchemar, avec, pour toute perspective, un massacre général en guise de célébration, le jour de l'indépendance. À ce moment Gandhi ne se doutait pas qu'il allait passer cette journée de fête dans une résidence en ruine au bord d'un canal, en compagnie du même Suhrawardi, ennemi juré de l'hindouisme, qui l'avait expulsé du Bengale. On tenait ce dernier pour responsable de l'« action directe » de l'année précédente. Pouvait-on faire confiance à un tel homme ? Pourtant Gandhi n'accepta de rester à Calcutta, comme on le lui demandait, qu'à une condition : Suhrawardi et lui vivraient sous le même toit et apparaîtraient partout ensemble. Ils s'établirent donc dans une maison musulmane, située dans un quartier en majorité hindou que les émeutes avaient dévasté, sans protection de l'armée ni de la police, « un gros risque » admit Gandhi, mais un geste encore une fois hautement symbolique. La maison était isolée sur un terrain ouvert de tous côtés, entourée d'une mer de boue. À l'arrivée de Suhrawardi, une foule hostile l'assiégea bientôt. Jets de pierres, vitres brisées, clameur des imprécations. Gandhi reçut une délégation de jeunes. Parlementa avec eux. Prononça le mot d'intolérance. Peu à peu les calma. Au point qu'ils offrirent de monter la garde pendant la nuit pour le défendre. « Dieu m'est témoin, le vieil homme est un sorcier. Chacun est conquis par lui * » (GR, 353). Le lendemain les mêmes scènes se reproduisirent. Mais bientôt, sous l'influence de Gandhi, musulmans et hindous commencèrent à fraterniser. On assista à ce renversement stupéfiant : ils s'embrassaient dans les rues, fréquentaient temples et mosquées de conserve, défilaient drapeaux à la main, dansant et chantant par la ville. Près de cinq mille personnes des deux communautés unies et célébrant l'union, et paradant dans tout Calcutta. Gandhi et Suhrawardi en voiture au milieu des rues encombrées et en liesse. Rendus à demi sourds par les hurlements de joie. Et Gandhi épuisé, peut-être heureux tout de même, se souvenant des jours bénis du Califat, que cette fraternisation rappelait, donnait à tous son darshan. Rajagopalachari, maintenant gouverneur du Bengale, vint le féliciter du « miracle ».

Mais Gandhi restait sceptique, n'étant pas tout

---

* Toute la fin de la vie de Gandhi est racontée en grand détail et de façon passionnante par Robert Payne, dans son *Gandhi*.

à fait sûr que ce « changement » de cœur » ne fût pas en fait seulement un mouvement d'humeur.

Le jour de l'indépendance, tandis que Calcutta vibrait au cri assourdissant de *Mahatma Gandhi Ki jai* et se livrait à un délire de joie, Gandhi priait, jeûnait, s'interrogeait. On l'appelait « le Père de la nation ». Lord Mountbatten lui avait écrit : « Au Panjab, nous avons cinquante-cinq mille hommes et des désordres sur une grande échelle. Au Bengale, nos forces consistent en un seul homme et il n'y a pas de troubles. » Mais il pressentait que la violence restait sous-jacente et qu'à tout moment des troubles pouvaient éclater.

Et en effet, tout ce bel élan ne dura qu'une quinzaine de jours, jusqu'au moment où perça la nouvelle d'atrocités commises au Panjab, musulmans contre sikhs cette fois. Une foule d'hindous, rendus furieux par les récits de cruautés imputables aux musulmans, vint assiéger de nuit la résidence où dormait Gandhi. Ils brisèrent les fenêtres, envahirent la maison. À nouveau la haine et les cris. À nouveau la protection des disciples, magnifiques de courage. À nouveau une tentative de pourparlers. Gandhi manqua d'être tué, les vociférations, les coups, les pierres, et, cette fois, il ne parvint pas à convaincre, pas même à se faire entendre. Calcutta retomba dans les émeutes.

Alors il annonça qu'il allait jeûner jusqu'au moment où la ville aurait retrouvé la raison. « Ce que ma parole n'a pu faire, peut-être mon jeûne le pourra-t-il. »

Quatre jours après le début du jeûne, une délégation de goondas (voyous) se présenta. Ils offraient de remettre leurs armes et de confesser leurs crimes. « Ce fut un spectacle extraordinaire : Gandhi frêle et ratatiné sur son lit, les goondas vigoureux s'agenouillant à ses pieds, implorant son pardon, promettant de ne plus piller ou tuer » (GR, 364).

Que s'était-il passé ? Tandis que chacun s'adonnait au crime, tuait, pillait, assouvissait sa haine, c'était lui, le Mahatma, qui expiait, alors que lui n'avait rien fait. Et ces émeutiers se sentaient mal à l'aise et, dans les maisons, ce malaise pesait à tous, certains ne le supportaient plus, ne mangeaient plus, hantés par la pensée du jeûne, ils voulaient mettre fin aux souffrances de Gandhi : ils étaient eux responsables, c'était un autre qui souffrait. Ils commencèrent à récupérer les armes dans les rues et les habitations, à grands risques personnels : leur mouvement gagna en importance. Ainsi un sentiment d'injustice et de honte se répandit peu à peu, changeant bientôt l'humeur de la ville. « Pendant un moment, ils furent transportés dans un autre monde : celui de Gandhi... Un réalisme moral d'un ordre différent se fit sentir [5] », écrit Martin Green, qui, parmi diverses possibilités d'interprétation du « miracle de Calcutta », comme on appela ces événements, propose celle du New Age, pour lequel il s'agit là d'une victoire de l'esprit — d'un miracle dont la promesse reste possible, d'un « moment de vision qui transcende et transforme les faits politiques ».

C'était en fait une pure démonstration de satyagraha, une méthode qui, par la souffrance, a le pouvoir d'opérer une conversion, de changer le cœur de l'adversaire. « Si un seul homme résistait non violemment, avec un total contrôle de soi et une foi parfaite, le gouvernement serait renversé. »

Mais ce n'était pas la fin de l'histoire. Des camions entiers d'armes de contrebande arrivaient, que les goondas restituaient. Gandhi, cependant, voulait des garanties, un engagement durable. Les leaders des diverses communautés, hindous, musulmans, sikhs, vinrent auprès de son lit et s'engagèrent à maintenir la paix, à arrêter toute manifestation de violence, le priant d'interrompre son jeûne — ce que, constatant leur détermination, il accepta de faire.

Et par la suite, Calcutta et le Bengale ne connurent plus d'émeutes. « Gandhi a réussi bien des choses », dit Rajagopalachari, « mais il n'y a rien eu, pas même l'indépendance, d'aussi merveilleux que sa victoire sur le mal à Calcutta. » Et, de façon plus laconique, ce communiqué de l'attaché de presse de Mountbatten : « Les correspondants rapportent qu'on n'a rien vu de comparable à cette démonstration d'influence de masse. L'appréciation de Mountbatten est qu'il (Gandhi) a obtenu par la persuasion morale ce que quatre divisions auraient eu bien du mal à accomplir par la force.[6] »

Son jeûne terminé, Gandhi se rendit à Delhi, espérant atteindre le Panjab. Mais Delhi était en proie aux pires conflits communautaires de son histoire. C'était l'époque des grandes migrations ; dans des camps hâtivement pourvus, bientôt insuffisants, se pressaient hindous et sikhs qui n'avaient plus ni abri, ni terre, ni travail, et qui, pour certains, tâtant pour la première fois de la misère, lorgnaient les maisons désertées, ou sur le point de l'être ; dans d'autres, les musulmans, en partance pour le Pakistan, fuyaient la terreur et venaient chercher un abri provisoire. Les hôpitaux étaient surchargés et dans la rue pourrissaient des cadavres. Dirigé par Mountbatten, le comité d'urgence semblait impuissant à endiguer la misère. Des nouvelles terribles arrivaient : des trains entiers arrêtés, tous les passagers tués ; en gare, ces wagons chargés de corps sanglants — la mort, partout. Personne, aucun chef, pour contrôler les événements. Jinnah, qui s'était nommé gouverneur du Pakistan, ni son Premier ministre ne pouvaient influer sur leur cours fatal, ni ne semblaient même vouloir le tenter. « Bientôt Jinnah allait devenir un personnage lointain, lugubre, inapprochable et terrifiant, voyant des ennemis partout, tentant d'exorciser ses craintes en nourrissant ses haines, étrangement indécis dans ses jugements maintenant qu'il était au pouvoir » (GR, 367).

Gandhi s'était installé, non dans le quartier des

harijans, comme il le souhaitait — il débordait de réfugiés —, mais à Birla House, la maison confortable d'un ami riche, qui devait être sa dernière demeure. Là il recevait délégations et particuliers, parfois quarante personnes par jour, écrivait ses articles, dictait ses lettres, tenait des réunions de prière, recevait les appels constants du gouvernement, qui continuait de le consulter sur tout, rendait visite aux réfugiés. « Agir ou mourir » avait-il dit encore une fois, et certes, dans ces camps de réfugiés, pour obtenir la paix, il risquait sa vie chaque fois. Il possédait la même influence sur l'Inde que par le passé, même s'il n'occupait aucune fonction officielle, ni d'ailleurs n'en désirait, et ce pouvoir-là, il comptait bien s'en servir. Mais il avait beau conseiller d'« oublier et pardonner », de reprendre confiance, de rester chez soi, sous la protection du gouvernement, ou d'y retourner, de s'en tenir à ses racines — on ne le croyait plus, dans le chaos général sa voix ne portait pas. Et la migration interminable continuait.

Le 13 janvier 1948, il commença à jeûner. « Mon plus grand jeûne », écrivit-il à Mirabehn. Un jeûne à mort — son dernier. La veille, il avait composé une longue déclaration. Pendant des jours, un sentiment d'impuissance l'avait torturé ; maintenant il était heureux, sorti du doute et de l'inquiétude, ses amis ne l'arrêteraient pas. Ce qu'il voulait obtenir : non cette paix qu'imposent les armes ou la loi martiale, telle qu'elle sévissait à Delhi, une cité morte, mais celle qui vient du cœur, et qui est vivante : celle-là seule a quelque chance de durer.

Il tentait de restaurer cette solidarité humaine organique qui, selon lui, était le ciment d'une société harmonieuse, et qu'aucune force au monde, ni celle des armes ni celle de l'État, ne pourrait jamais remplacer. L'exemple de Delhi s'étendrait alors au Pakistan : « Son jeûne avait pour but explicite d'obtenir du Pakistan le même mouvement, et les garanties qu'il voulait obtenir de Delhi valaient pour toute région déchirée par les émeutes, dans les deux pays. [7] » Quant à la mort, il ne la craignait pas, puisqu'elle lui éviterait d'assister à la destruction de l'Inde.

Chaque jeûne pour Gandhi était différent. À la base, bien sûr, une épreuve à endurer. Mais aussi, un moyen de voir plus clair, de mieux entendre la voix intérieure, de saisir ces vérités que l'état d'habitude nous voile, c'est-à-dire d'atteindre à un autre niveau de perception ou, si l'on veut, de se rapprocher du divin en soi. Alors un mur était franchi et accomplies de merveilleuses découvertes.

Jouait aussi la croyance que, par l'ascèse, en se purifiant soi-même, en dominant le corps, on augmentait le pouvoir de l'esprit. Le but étant non seulement de mieux percevoir la vérité, mais de mieux agir, avec une influence renforcée. (Par ces techniques de la maîtrise de soi, dont la plus connue est le yoga, on acquérait « des pouvoirs d'ordre cosmique et supérieur, et même divin » qui pouvaient « être réinvestis en pouvoir dans la société des hommes [8] » suggère Henri Stern.) La pénitence, qui fut l'objet principal des premiers jeûnes — souffrir pour ses propres fautes ou celles des autres — revêtit moins d'importance par la suite. Les buts se diversifièrent, les jeûnes n'eurent pas d'objectif si clairement défini, mais, au fur et à mesure que s'élargissait la mission de Gandhi, une portée plus complexe. En vieillissant, Gandhi pria davantage pour obtenir la moksha, la délivrance, la vision du visage divin — il le désirait toujours plus. Ce qui n'empêchait pas le même jeûne d'avoir une visée politique ; ici nulle contradiction, même si parfois, Gandhi, lassé de sa mission publique, a jeûné pour son seul salut.

Les derniers jeûnes prirent des proportions de représentation théâtrale. La population entière, avertie par les média, en suivait le déroulement une étape après l'autre. « En lever de rideau, il y avait de longues discussions compliquées pour savoir s'il devait entreprendre un jeûne et dans quelles conditions. » Seconde question : le jeûne serait-il de courte durée, de longue durée, un jeûne à mort ? « Finalement il annonçait sa décision... Comme il disposait à sa guise de la radiodiffusion nationale indienne et qu'il était entendu par des centaines de milliers de personnes, ces préliminaires se déroulaient devant un immense public qui retenait son souffle » (GR, 376). Après cette annonce, un bref laps de temps durant lequel on s'affairait aux préparatifs de l'événement. « Puis il apparaissait comme un roi dans toute la gloire de sa nudité, gisant sur son lit, seul entre tous, se préparant pour une période de souffrances intenses ou pour la mort. Chaque jour était un nouvel acte du drame. Les journaux annonçaient qu'il avait avalé quelques gorgées d'eau, uriné, mal dormi, qu'il s'était plaint de maux de tête, avait souffert de la fièvre. » Chaque jour, de son lit de mourant, avec un pauvre filet de voix, il parlait à la foule et la sermonnait, lui expliquant les raisons qui l'avaient poussé à entreprendre ce jeûne, et sa voix se cassait, diminuait, devenait plus faible et plus hachée, jusqu'au moment où on ne pouvait plus l'entendre, où il ne pouvait plus parler. Et toute l'Inde souffrait avec lui et se repentait. Une immense pénitence qui unissait un peuple entier par l'émotion. Par le rayonnement de l'influence, une purification à laquelle tous étaient invités à participer. Chacun pour son propre compte, et non seulement par identification au Mahatma. « Le jeûne est un processus de purification de soi, dont le but est d'inviter tous ceux qui approuvent la mission du jeûne à participer à cette purification... »

Cette fois, Gandhi, dès le début de l'entreprise, fut sérieusement malade. Patel et le gouvernement crurent que ce jeûne était, en partie, un reproche pour leur décision de ne pas verser une somme importante encore due au Pakistan. On accepta donc de transférer à ce pays les cinq cent cinquante millions de roupies qui lui revenaient. Mais Gandhi n'en continua pas moins de jeûner. Ce qu'il voulait, c'était la paix. Une fois de plus les énergies se mobilisèrent pour prendre la mort de vitesse. Nehru prêchait la paix entre les communautés et demandait à Delhi l'union qui sauverait Bapu ; Prasad, le président du Congrès, convoquait les chefs des différentes factions, leur réclamant de faire un geste audacieux qui puisse convaincre Gandhi; des cortèges se mettaient en place dans les rues, criant des slogans en faveur de l'amitié entre les religions... Mais Gandhi s'affaiblissait toujours. Et l'activité pour que s'instaure cette amitié s'étendait encore, trouvant de nouveaux soutiens. Le 17 janvier, cent trente représentants des diverses communautés se rencontrèrent chez Prasad et votèrent une motion pour maintenir la paix. Quelques groupes dissidents manquaient encore. Finalement, même les représentants d'organisations extrémistes hindoues arrivèrent, offrant de voter l'accord elles aussi. Gandhi était alors si épuisé que les médecins avaient perdu l'espoir de le sauver. On lui lut la déclaration tant bien que mal mise au point après bien des réunions et des conférences. Elle proclamait un « désir sincère que les hindous, les musulmans, les sikhs et les membres des autres communautés vivent à nouveau à Delhi dans une amitié parfaite... » Une suite de mesures concrètes, des promesses, l'assurance de la sincérité, l'affirmation que des « efforts personnels », et non l'aide de la police ou des militaires, seraient employés et la paix maintenue de façon définitive. En conclusion : « Nous prions Mahatmaji de nous croire, d'abandonner son jeûne et de continuer à nous conduire, comme il l'a fait jusqu'ici. »

Le sixième jour, Gandhi interrompit son jeûne. La coexistence hindoue-musulmane était devenue possible. « La réaction au jeûne de Gandhi indiquait la présence, dans les deux communautés, d'un désir profond de concorde en tant qu'élément nécessaire à une vision de l'avenir... [9] »

Et pourtant, en raison même de ce désir qu'il incarnait, la haine contre Gandhi s'exaspérait. Bien des adeptes d'un nationalisme hindou violent le détestaient, prenant pour de la faiblesse son attitude conciliatrice vis-à-vis des musulmans (elle aboutirait, selon la déclaration de son assassin qui, lui, prônait la force et les valeurs viriles, à « l'émasculation de la communauté hindoue »). Ceux-là voulaient une Inde pure, hindoue entièrement, et non plurireligieuse. Lors des derniers mois de sa vie à Delhi, les réunions de prière de Gandhi étaient interrompues par des vociférations furieuses, par des cris répétés « mort à Gandhi » lors de la récitation du Coran, et la prière devait prendre fin. Il recevait des lettres d'accusation et de menace. Des témoignages de l'époque le décrivent comme triste et isolé, voire pessimiste, un état d'esprit qui lui était fondamentalement contraire. Il tâtonnait dans l'obscurité ; la souffrance que, jour après jour, il voyait et dont on lui apportait, en une suite sans fin de récits éprouvants, les innombrables preuves, le bouleversait. N'était-ce pas là l'échec de sa vie, comme on le lui écrivait : « Est-ce là le résultat de trente années de lutte non-violente pour mettre fin à la domination britannique ? » Ce à quoi il répondait que la non-violence de ces trente dernières années avait été appliquée par des faibles.

L'Inde n'a aucune expérience de l'autre non-violence qui est celle des forts. À quoi bon m'évertuer à répéter que cette non-violence des forts est la force la plus irrésistible qui soit au monde ? La vérité exige une démonstration constante et à grande échelle. C'est ce à quoi j'essaie actuellement de m'employer au mieux que je puis (мт, VIII, 22).

Les événements, cette partition de l'Inde qu'il avait refusée jusqu'au bout, l'accablaient — « J'en ressens comme une blessure. Mais ce qui m'a surtout blessé, c'est la manière dont on a procédé à cette division. » Pour autant il n'avait pas perdu espoir. L'espoir était le fond même de sa pensée, la base de la non-violence en laquelle il conservait une foi entière. L'échec actuel était lié à l'apprenti, non à la loi éternelle. Et la non-violence continuait d'être, selon lui, la seule voie ouverte à un monde qui se détruisait.

Le 20 janvier, une bombe explosa sur le terrain de prière. Gandhi savait que sa vie était en danger, mais il avait interdit que l'on renforce les services de sécurité et il ressentait, dit-il, une grande paix. Dans une lettre écrite en décembre, il semble qu'il ait, au fond de lui, déjà accepté la mort : « À la fin, ce sera comme Rama me le commande. Ainsi je danse, et il tire les ficelles. Je suis entre ses mains et j'en éprouve un grand sentiment de paix. » Selon Manubehn, compagne de ses derniers jours, il aurait même souhaité cette mort, seule victoire possible, alors qu'il se jugeait responsable de ce qui arrivait à l'Inde. À Birla, qui tentait de mieux assurer sa protection, il opposa un refus :

Peut-être aujourd'hui suis-je le seul à avoir gardé foi en la non-violence. Je prie Dieu qu'il me donne la force de démontrer cette ahimsa, serait-ce en ma propre personne. Aussi cela m'est bien égal qu'il y ait ou non de la police et des militaires postés pour ma protection. Car c'est Rama qui me protège... Je suis de plus en plus convaincu que tout le reste est futile [10].

Il continuait de faire son travail, petite figure solitaire, animé par sa foi, au milieu du chaos général. Lors de ses dernières heures, il se concentra sur ces mêmes problèmes précis qui l'avaient occupé chaque jour pendant une vie entière : mettre en place une nouvelle constitution, apaiser une dispute qui faisait rage entre Patel et Nehru. Le 30 janvier, ce dernier point l'avait même si bien retenu qu'il fut un peu en retard pour se rendre au terrain de prière — un fait inhabituel, qui le mécontenta. Appuyé sur ses deux petites nièces, Ava et Manu, il marchait à grandes enjambées et traversa ainsi la foule ; à son passage, beaucoup se levaient, d'autres s'inclinaient très bas. Il s'excusa pour son retard, joignant les mains à la façon hindoue, en signe de salutation. C'est à ce moment qu'un jeune homme se précipita, repoussa brutalement Manu, se prosterna devant le Mahatma en signe de révérence* et tira sur lui trois balles à bout portant. Gandhi s'effondra aussitôt, prononçant, comme il l'avait voulu, le seul mot de Rama. « He Rama » (Ô, Dieu).

À Birla House, la confusion et le chagrin régnaient. L'odeur de l'encens, les pleurs des femmes, le petit corps frêle qu'elles soutenaient, le pâle

---

* Il ne s'agissait pas d'inimitié personnelle : « Je déclare ici devant les hommes et devant Dieu qu'en mettant un terme à la vie de Gandhi, j'ai supprimé un être qui était une malédiction pour l'Inde, une force négative et qui n'a, pendant trente ans de poursuite égoïste d'une politique insensée, apporté que misère et malheur... »

visage, en paix maintenant, et les témoins silencieux… « Ce fut peut-être le moment le plus chargé d'émotion que j'aie jamais vécu », écrit l'attaché de presse de lord Mountbatten. « Tandis que je me tenais là, je me sentais rempli de crainte pour l'avenir, de stupeur devant cet acte, mais aussi d'un sentiment de victoire plutôt que de défaite ; que la force des idées et des idéaux de ce petit homme, en raison de la puissance de dévotion qu'ils inspiraient ici et maintenant, serait en fin de compte trop grande pour que les balles de l'assassin la détruisent. »

Nathuram Godse, le meurtrier, un jeune hindou extrémiste issu des élites brahmanes, qui craignait que l'hindouisme ne soit menacé, de l'extérieur par l'islam, de l'intérieur par Gandhi, fut arrêté (et, plus tard, jugé et exécuté). Gandhi avait laissé des instructions afin que son corps ne soit ni révéré ni conservé. Aussi, le jour suivant, le soir du 31 janvier, on brûla le corps, selon les rites hindous. Des centaines de milliers de gens affluèrent pour rendre au Mahatma un dernier hommage. Nehru, la voix tremblante, avait annoncé sa mort le jour même, dans un discours à la radio, et ses mots rendent l'intense émotion de ces moments : « La lumière s'est éteinte dans nos vies et il y a de l'obscurité partout et je ne sais pas très bien que vous dire ni comment vous le dire. Notre leader bien-aimé, Bapu comme nous l'appelions, n'est plus… La lumière s'est éteinte, ai-je dit, et pourtant, j'avais tort. Car la lumière qui brillait dans ce pays n'était pas une lumière ordinaire… » C'était celle que répandait une vision plus haute, où les divers ordres de réalité se trouvaient réconciliés, celle émanant d'un homme qui, envers et contre tous, tenta de mettre la vérité et l'amour au centre de la vie humaine.

Des images me reviennent à l'esprit, nombreuses, de cet homme au regard si souvent rieur et en même temps un lac d'infinie tristesse. Mais de toutes en émerge une, la plus significative, celle où je l'ai vu, son bâton à la main, se mettre en marche pour Dandi, lors de la marche du sel en 1930. Il était le pèlerin en quête de vérité, tranquille, paisible, résolu et sans peur, dont la quête et le pèlerinage se poursuivraient quelles qu'en fussent les conséquences (PT, 228).

Penseur d'une modernité alternative ?

« Aujourd'hui, écrivait Nehru en 1946, les peuples d'Europe et de l'Amérique pensent du mode de vie élaboré par leurs soins et mondialement dominant qu'il est le seul valable et désirable » (DI, 639). Ce mode de vie valable et désirable, déjà « mondialement dominant », a étendu son influence en Asie et sur le monde entier. L'Inde, comme la Chine, suit la voie du libéralisme montrée par les États-Unis, l'Europe et le Japon, et elle rejoint rapidement ce que Nehru appelait « l'âge moderne ». Cette nouvelle exubérance, cette affluence toute neuve — ce boom ou miracle économique — représente un changement pour le mieux, il est peu de gens pour le nier, par rapport à l'état que Nehru décrivait comme une longue inertie. Mais si des millions de gens se sont enrichis dans ces pays, comme le signalent les média s'émerveillant, si l'on voit éclore des milliardaires en séries (ce qui n'était pas, selon Nehru, l'indice absolu du progrès), on parle moins, ou pas du tout, de la pauvreté abjecte qui subsiste, de l'abîme qui sépare riches et pauvres, la ville de la campagne, ceux qui sont toujours plus instruits de ceux qui ne savent ni lire ni écrire — simples négligences du capitalisme globalisé dont on s'attache par ailleurs à souligner les bienfaits (pensant sans doute que le mot d'ordre « enrichissez-vous », remis à l'ordre du jour par la mondialisation, suffit à surmonter tous les malheurs et inégalités et, dans le cas de la Russie et de la Chine, en particulier, à effacer les crimes et tragédies du passé). À considérer l'évolution du monde — l'emprise généralisée d'un système économique libéral, avec l'idéologie consumériste qui le sous-tend —, certains pourraient bien continuer de nourrir tout de même la nostalgie des idées de Gandhi : reprenant son accusation véhémente d'une « civilisation moderne » fondée sur la course au profit, ils constateraient qu'elle ne développe pas nécessairement en l'homme ses qualités les plus aimables (mais plutôt qu'elle les met en sommeil) et que, si elle enrichit quelques-uns de façon excessive, elle ne donne pas à tous les moyens d'être heureux — pas même, d'ailleurs, ceux de subsister décemment *. À ce propos, l'on se souvient des pages enflammées par lesquelles Romain Rolland, dans les années trente, mettait en garde ses lecteurs contre la mainmise sur le monde du grand capital

---

* À propos de l'Inde aujourd'hui, constatant une « lente révolution » dans les conditions de la vie rurale, Jaffrelot précise que « ces transformations ne remettent pas encore fondamentalement en cause le fait massif de l'inégalité sociale entre les castes, entre les sexes, entre les victimes de la pauvreté et ceux qui y échappent ». Quant à la répartition des richesses : « Le bénéfice de ces évolutions, pour le moment, est loin d'être uniformément réparti, ce qui tend plutôt à renforcer les inégalités qu'à les atténuer. C'est en effet une vérité d'évidence que les progrès globaux, souvent, profitent moins aux pauvres qu'aux riches, qui sont en meilleure position pour en tirer le meilleur parti. » C. Jaffrelot, L'Inde contemporaine.

et de l'argent. Mais avant lui, ces maîtres de Gandhi que furent Ruskin, Edward Carpenter, Tolstoï s'étaient déjà déclarés ennemis du capitalisme et de sa culture, Tolstoï appelant les nations de l'Est à sauver le monde du désastre où l'entraînaient celles de l'Occident.

La pensée de Gandhi s'appliquait d'abord à l'Inde — et indirectement aux autres pays du Tiers Monde, victimes comme elle de l'exploitation coloniale. Mais les questions qu'il a posées, sinon les solutions qu'il adopta, ont pris aujourd'hui une actualité nouvelle qui déborde de loin ce contexte. À l'époque où se fait sentir un « décalage croissant entre les progrès de la science et de la technologie et l'absence de progrès comparables dans le domaine éthique [1] », où les pires scénarii de science-fiction se déroulent sous nos yeux — dégradation de la planète, dérives dues à de nouvelles technologies mal maîtrisées, risques induits par les biotechnologies, prolifération du nucléaire, terrorisme et contre-terrorisme, surveillance tous azimuts par l'œil de la caméra des individus en proie à l'insécurité... —, Gandhi est devenu le prophète d'un avenir d'où seraient bannis l'égoïsme, la rapacité et la volonté de puissance ; le penseur qui, à l'aide de la tradition indienne, aussi bien que de la critique portée par l'Occident sur lui-même, forgea une modernité alternative. Une utopie, le produit de l'insatisfaction et de l'angoisse devant la déshumanisation du monde ? L'espoir mis dans un mythe, plutôt qu'un raisonnement appuyé sur des bases concrètes ? Sans doute. « Oui, bien sûr, écrivait

Nehru, on ne saurait aspirer à plus bel idéal que de hausser l'humanité à un tel niveau (celui du bien et de l'amour) et d'abolir la haine, la laideur, l'égoïsme. » Mais aujourd'hui la question n'est plus tant : un tel idéal peut-il aboutir ? la réalité a-t-elle un jour une chance de s'y conformer ? que celle-là : que serait la réalité si l'on ne pouvait entretenir précisément cet idéal-là ? Que serait l'horizon de l'homme, et son espoir, si, de temps à autre, une fois par siècle, ou même moins, il n'y avait un Gandhi pour se lever et exprimer sa confiance en l'être humain ? Privée de cet espoir, la vie ne serait au plus qu'« une fable contée par un idiot, pleine de bruit et de fureur, et qui n'a pas de sens » (VP, 373).

Et pourtant, en Inde, visant des buts spécifiques et limités, le mouvement constructif de Gandhi se poursuit, « à l'opposé des dogmes dominants de "croissance économique" et de libéralisation[2] ». Dans les villages, ses idées sur l'éducation trouvent de nouvelles applications, comme se réclament de ses théories techniques les « nouveaux mouvements sociaux » (notamment ceux contre les grands barrages lancés vers le milieu des années cinquante). Si sa pensée n'est pas le remède à nos maux, tout au moins faut-il constater qu'il avait su, dès son époque, voir les failles d'un système, qui depuis lors n'ont fait que se creuser ; qu'il osa dénoncer ces dangers, et qu'il leur opposa une pensée d'une audace et d'une originalité sans pareil — tentant ce changement de fond : une « révolution de l'esprit », mais sans violence. Et l'esprit, aujourd'hui (alors que, lors du procès de Nuremberg, on a jugé « un crime contre l'esprit »), est bien ce qu'il faut s'attacher à révolutionner. « Si le monde se façonne à l'image de l'esprit, c'est la capacité de retrouver la croyance en son pouvoir qui est en cause[3]. » Faute d'une telle croyance, le monde pourrait bien continuer, longtemps encore, d'être plongé dans l'angoisse, la peur de l'inconnu, le chaos des idées.

ANNEXES

L'Empire Britannique
en Inde

Cartes : A. Jordis

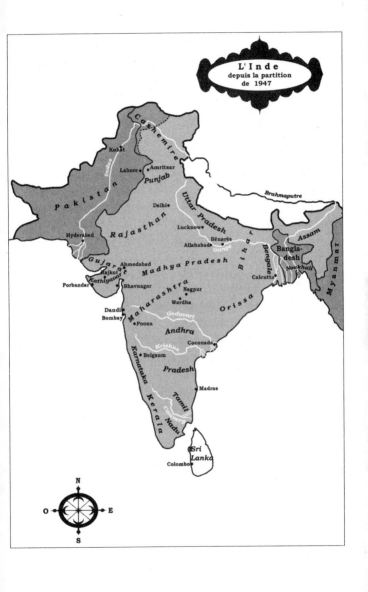

L'Inde
depuis la partition
de 1947

1869. Naissance, le 2 octobre, de Mohandas Karamchand Gandhi à Porbandar.

1882. Mariage de Mohandas avec Kasturbai.

1888. Départ pour l'Angleterre ; études de droit.

1891. Admission au barreau et retour en Inde. Avocat à Bombay, puis à Rajkot.

1893. *4 avril* : départ pour l'Afrique du Sud. Nuit de Pietermaritzburg. Pretoria.

1894. Retour à Durban. Fonde le Congrès indien du Natal. Avocat à la cour.

1896. Visite en Inde. Attaqué lors de son retour à Durban.

1900. Lève une unité d'ambulanciers pendant la guerre des Boers.

1901. Retour en Inde.

1902. Ouvre un cabinet d'avocat à Rajkot, puis Bombay. Retour en Afrique du Sud à la demande de ses compatriotes.

1903. Avocat à Johannesburg. Fonde *Indian Opinion* à Durban.

1904. Lecture de Ruskin, fonde la colonie de Phoenix.

1906. Rébellion des Zoulous, brancardier volontaire. Vœu de brahmacharya. Août : publication de la « Loi Noire » ; *septembre* : campagne de résistance ; Gandhi se rend à Londres pour plaider contre le projet de loi.

1907. Serment contre la Loi Noire. Organisation de la résistance passive ; forge le terme de satyagraha. Donne tous ses biens.

1908. Deux mois de prison. *Février* : compromis signé avec le général Smuts, qui refuse ensuite d'abroger la loi. *Août* : autodafé des permis volontaires. *Octobre* : la prison de nouveau.

1909. Londres, recherche de soutien. Première lettre à Tolstoï. Rédaction de *Hind Swaraj* sur le bateau au retour.

1910. Fonde la ferme Tolstoï.

1913. Nouvelle campagne de satyagraha. *Octobre* : grève des mineurs ; marche épique ; 50 000 travailleurs indiens en grève. Prison.

1914. Négociations entre Gandhi et Smuts. Départ définitif d'Afrique du Sud. Londres : recrutement d'ambulanciers indiens pour la Grande Guerre.

1915. Retour en Inde. Fonde l'ashram de Sabarmati où il reçoit une famille d'intouchables.

1917. Satyagraha de Champaran, au Bihar.

1918. Satyagraha avec les ouvriers des filatures d'Ahmedabad. Jeûne de trois jours en soutien des ouvriers. Satyagraha du Khera. Recrutement pour l'armée anglaise.

1919. Serment de satyagraha contre les lois Rowlatt Hartal. Jeûne de trois jours. « Une erreur grosse comme l'Himalaya ». *Avril* : massacre de Jaliyanvalabagh au Panjab. Enquête avec Motilal Nehru. Édite deux journaux : *Young India* et *Nevaji-van.*

1920. Prend la tête du mouvement du Califat, lance l'idée et le mot de non-coopération. *Août* : mort de Tilak. *Septembre* : le Congrès se rallie au programme de Gandhi. *Décembre* : début du mouvement.

1921. Le mouvement gagne l'Inde entière. *Novembre* : visite du prince de Galles et hartal. Émeutes à Bombay. Jeûne de cinq jours.

1922. Massacre de Chauri Chaura et suspension du mouvement de non-coopération. Grand procès à Ahmedabad, six ans de réclusion.

1923. Prison de Yeravda. Rédige *Satyagraha in South Africa* et *Autobiographie*. Lectures, rouet.

1924. Libéré de prison. Vingt et un jours de jeûne après les troubles hindous-musulmans.

1925-1926. Retrait de la vie politique, voyages, propagande pour le rouet et le khadi.

1927-1928. Boycottage de la commission Simon ; décision de lancer une campagne de désobéissance civile si, dans un an, le statut de dominion n'est pas accordé à l'Inde.

1929. Lancement officiel de la campagne pour l'indépendance.

1930. *Mars, avril* : marche du sel. *Mai* : arrestation de Gandhi ; développement du mouvement dans toute l'Inde.

1931. Libéré de prison. *Mars* : Pacte Gandhi-Irwin. *Septembre* : Londres, deuxième phase de la Table Ronde et échec. Paris, la Suisse, l'Italie : rend visite à Romain Rolland, rencontre de Mussolini. *Décembre* : retour à Bombay.

1932. Arrestation de Gandhi, répression de masse. *Septembre* : « jeûne épique » contre les électorats séparés pour les intouchables. Pacte de Poona.

1933. Jeûne de purification en prison, relâché, dissout son ashram. Tour de dix mois en faveur des intouchables. *Harijan* remplace *Young India*.

1934. Suspension de la campagne de désobéissance civile. Se retire du Congrès pour se consacrer au « programme constructif ». Fonde l'Association panindienne de l'industrie rurale.

1935. Government of India Act, renforçant le pouvoir des gouvernements provinciaux.

1936-1938. S'installe à Seagon, développe artisanat et industrie de village, khadi, rouet, lutte contre l'intouchabilité. Voyages.

1940. Campagne de désobéissance civile individuelle pour protester contre la participation de l'Inde à la guerre.

1942. *Avril* : échec de la mission Cripps. *Août* : résolution Quit India. Incarcération de Gandhi à Poona. Troubles et répression de masse.

1943. Jeûne de protestation de trois semaines.

1944. Mort de Kasturbai. *Mai* : Gandhi, malade, est relâché. *Septembre* : échec des négociations Gandhi-Jinnah.

1945. Échec de la conférence de Simla.

1946-1947. La « grande tuerie de Calcutta » suivie d'une série de massacres entre hindous et musulmans au Bihar et au Bengale. *Novembre 1946-mars 1947* : Gandhi à Noakhali (tour de 47 villages), puis au Bihar. *Mars* : arrivée de Mountbatten et plan de partition, auquel, après s'y être opposé, va devoir se rallier Gandhi. *Août* : Gandhi est à Calcutta, tandis qu'est célébrée l'indépendance de l'Inde. Jeûne à mort pour arrêter les massacres et obtenir la pacification de Calcutta.

1948. 13-18 janvier : dernier jeûne, à Delhi et pacification de la ville. *20 janvier* : tentative d'assassinat. *30 janvier* : assassinat de Gandhi par Nathuram Godse, un hindouiste.

RÉFÉRENCES BIBLIOGRAPHIQUES

Il existe des milliers de livres sur Gandhi ; ne sont cités ici que les ouvrages, de préférence en français, dont nous nous sommes servis.

SOURCES

Les abréviations mentionnées ci-dessous correspondent aux ouvrages les plus souvent cités.

DI   J. Nehru, *La Découverte de l'Inde,* Philippe Picquier, 2002.

EV   Gandhi, *Autobiographie ou mes expériences de vérité,* PUF, 1950.

GI   Gandhi : *Gandhi in His Own Words,* Martin Green (dir.), University Press of New England, Hanovre et Londres, 1987.

GR   Robert Payne, *Gandhi, Biographie politique,* Seuil, 1972.

GWH   J. Nehru, *Glimpses of World History*, Asia Publishing House, Bombay, 1962.

JI   Gandhi, *Jeune Inde,* traduction de H. Hart, Stock, 1924.

LA   Gandhi, *Lettres à l'ashram,* Albin Michel, 1937, 1960.

LMG   L. Fischer, *La Vie du Mahatma Gandhi,* Belfond, 1983.

MG   B.R. Nanda, *Gandhi, sa vie son œuvre, son action politique en Afrique du Sud et en Inde,* Verviers, Marabout, 1968.

MT   Tendulkar, D.G., *Mahatma, Life of Mohandas Karamchand Gandhi,* New Delhi, Government of India, 8 vol., 1960-1963. Repris dans Gandhi, *Tous les hommes sont frères,* Gallimard, 1969.

PT   J. Nehru, *La Promesse tenue*, L'Harmattan, 1986.

RJ   R. Rolland, *Inde, Journal, 1915-1943*, Albin Michel, 1969.

SB   Bose, Nirmal Kumar, *Selections from Gandhi*, Ahmedabad, Navajivan Publishing House, 1948. Repris dans Gandhi, *Tous les hommes sont frères*, Gallimard, 1969.

VG   E. Erikson, *La Vérité de Gandhi*, Flammarion, 1974.

VP   J. Nehru, *Ma vie et mes prisons*, Denoël, 1952.

Ouvrages de Gandhi (en français)

Autobiographie ou mes expériences de vérité, traduction de G. Belmont, précédé de « Gandhi ou la sagesse déchaînée » par P. Meile, PUF, 1950.

Jeune Inde, traduction d'Hélène Hart, Stock, 1924.

L'Art de guérir, traduction de H. Delmas, Figuière, s.d.

Le Guide de la santé, traduction et préface de H. Delmas, Figuière, s.d.

Lettres à l'ashram, traduction de J. Herbert, Albin Michel, 1937, 1960.

Leur civilisation et notre délivrance, traduction de *Hind Swaraj*, préface par Lanza del Vasto, Denoël, 1957.

Anthologies

La Voie de la non-violence, Gallimard, 1969.

Préceptes de vie du Mahatma Gandhi, H. Stern), Presses du Châtelet, 1998.

Résistance non-violente, Buchet-Chastel, 1997.

Tous les hommes sont frères, Gallimard, 1969.

Ouvrages de contemporains (en fançais)

Lanza del Vasto, Jean-Joseph, *Pèlerinage aux sources*, Denoël, 1943.

Nehru, Jawaharlal, *La Découverte de l'Inde*, Philippe Picquier, 2002.

Ma vie et mes prisons, Denoël, 1952.

La promesse tenue, L'Harmattan, 1986.

Rolland, Romain, *Mahatma Gandhi*, Stock, 1924.

Inde, Journal, 1915-43, Albin Michel, 1969.

Tagore, Rabindranath, *Vers l'homme universel*, Gallimard, 1964.

Tagore, Soumyendranath, *Gandhi*, Gallimard, 1934.

Biographies de Gandhi (en français)

CLÉMENT, CATHERINE, *Gandhi, athlète de la liberté*, Gallimard, 1989.
DELEURY, GUY, *Gandhi*, Pygmalion, 1997.
DREVET, CAMILLE, *Gandhi, sa vie, son œuvre*, PUF, 1967.
ERIKSON, ERIK, *La Vérité de Gandhi. Les Origines de la non-violence*, Flammarion, 1974.
FISCHER, LOUIS, *La Vie du Mahatma Gandhi*, Belfond, 1983.
NANDA, B.R., *Gandhi, sa vie son œuvre, son action politique en Afrique du Sud et en Inde*, Verviers, Marabout, 1968.
PAYNE, ROBERT, *Gandhi. Biographie politique*, Seuil, 1972.

Ouvrages sur Gandhi (ne figurent ici que quelques ouvrages en français)

LACOMBE, OLIVIER, *Gandhi ou la force de l'âme*, Plon, 1964.
LASSIER, SUZANNE, *Gandhi et la non-violence*, Seuil, 1970.
LATRONCHE, MARIE-FRANCE, *L'influence de Gandhi en France de 1919 à nos jours*, L'Harmattan, 1999.
MARKOVITS, CLAUDE, *Gandhi*, Presses de Sciences Po, 2000.
PAYNE, ROBERT, *Gandhi et l'autorité*, Roger Smadja, 1981.
PRIVAT, EUGÈNE, *Aux Indes avec Gandhi*, Attinger, 1934.

Ouvrages généraux sur l'Inde de cette période

BERNARD, JEAN-ALPHONSE, *De l'empire des Indes à la République indienne : 1935 à nos jours*, Imprimerie nationale édit., 1994.
JAFFRELOT, CHRISTOPHE (dir.), *L'Inde contemporaine, de 1950 à nos jours*, Fayard, 1996.
MARKOVITS, CLAUDE (dir.), *Histoire de l'Inde moderne 1480-1950*, Fayard, 1994.
POUCHEPADASS, JACQUES, *L'Inde au XXᵉ siècle*, PUF, 1975.

Quelques-uns des articles utilisés

JAFFRELOT, CHRISTOPHE, « L'anti-Gandhi : le nationalisme hindou et la violence politique », in *Religions en Inde aujourd'hui*, Revue française du Yoga n° 19, Dervy, 1999.
KHILNANI, SUNIL, « Portrait politique de Nehru. L'idée libérale en Inde », in *Esprit*, février 2005.

MEILE, PIERRE, « Gandhi ou la sagesse déchaînée », in Gandhi, *Autobiographie*, PUF, 1950.

NANDY, ASHIS, « Rencontre ultime. La dimension politique de l'assassinat de Gandhi », in *Miroir de l'Inde*, La Maison des Sciences de l'Homme, 1989.

ORWELL, GEORGE, « Reflections on Gandhi », in *Collected Essays, Journalism and letters,* vol. IV, 1945-1950.

STERN, HENRI, « Gandhi ou le yoga de la citoyenneté », in *Préceptes de vie du Mahatma Gandhi*, Presses du Châtelet, 1998.

Ouvrages généraux

ARENDT, HANNAH, *Les origines du totalitarisme, Eichmann à Jérusalem*, Gallimard, « Quarto », 2002.

La Crise de la culture, Gallimard, 1972.

AUNG SAN SUU KYI, *Se libérer de la peur*, Éditions des Femmes, 1991.

DELPECH, THÉRÈSE, *L'Ensauvagement*, Grasset, 2005.

KING, MARTIN LUTHER, *Révolution non-violente*, Payot, 1965.

MANDELA, NELSON, *Un long chemin vers la liberté*, Fayard, 1995.

NOTES

AVANT-PROPOS

1. George Orwell, « Reflections on Gandhi », in *Collected Essays, Journalism and letters*, vol. IV, 1945-1950.
2. Claude Markovits, *Gandhi*, Presses de Sciences Po, 2000.
3. *Ibid.*
4. Robert Payne, *Gandhi et l'autorité*, Roger Smadja, 1981.
5. Martin Green (dir.), *Gandhi in His Own Words*, University Press of New England, Hanovre et Londres, 1987.

DÉBUTS

1. Guy Deleury, *Gandhi*, Pygmalion, 1997.
2. Nair Pyarelal, *Mahatama Gandhi, The Early Phase*, Navajivan publ. House, vol. I, 1965.
3. Erik Erikson, *La Vérité de Gandhi. Les Origines de la non-violence*, Flammarion, 1974.
4. Ashis Nandy, « Rencontre ultime. La dimension politique de l'assassinat de Gandhi », in *Miroir de l'Inde*, La Maison des Sciences de l'Homme, 1989.
5. *Ibid.*

L'AFRIQUE DU SUD

1. George Orwell, *op. cit.*
2. Thérèse Delpech, *L'Ensauvagement*, Grasset, 2005.
3. *Ibid.*

4. Hannah Arendt, *La Crise de la culture*, Gallimard, « Folio essais » n° 113, 1972.

5. Gandhi, *Tous les hommes sont frères*, Gallimard, « Folio essais » n° 130, 1969.

6. Hannah Arendt, *La Crise de la culture, op. cit.*

7. Nair Pyarelal, *op. cit.*

8. *Ibid.*

LE RETOUR EN INDE

1. Hannah Arendt, *Les Origines du totalitarisme, Eichmann à Jérusalem*, Gallimard, « Quarto », 2002.

2. *Ibid.*

3. *Ibid.*

4. Jacques Pouchepadass, *L'Inde au xxᵉ siècle*, PUF, 1975.

5. *Ibid.*

6. *Ibid.*

7. Sir Samuel Hoare Templewood, *Nine Troubled Years*, *in* B.R. Nanda, *Gandhi, sa vie son œuvre, son action politique en Afrique du Sud et en Inde*, Verviers, Marabout, 1968.

8. Karl Marx, *New York Daily Tribune*, n° 3804, 25 juin 1853, *in* Jacques Attali, *Karl Marx*, Fayard, 2005.

9. Cette citation et les suivantes proviennent de Rabindranath Tagore, *Vers l'homme universel*, Gallimard, 1964.

10. Suzanne Lassier, *Gandhi et la non-violence*, Seuil, 1970.

11. Nehru, *in India and the World*, Allied publishers, India, New Delhi, 1962.

12. Jacques Pouchepadass, *op. cit.*

13. Ashis Nandy, *op. cit.*

LES ANNÉES DE LUTTE

1. Rabindranath Tagore, *op. cit.* C'est moi qui souligne.

2. Judith M. Brown, *Prisoner of Hope*, Yale University Press, New Haven, Connecticut, 1989.

3. *Ibid.*

4. *Ibid.*

L'APOGÉE

1. *Young India*, 12 mars 1930, in B.R. Nanda, *Gandhi, sa vie son œuvre, son action politique en Afrique du Sud et en Inde*, Verviers, Marabout, 1968.

2. Zareer Masani, *Indian Tales of the Raj*, 1987, in Hardiman, *Gandhi in His Time and Ours (The Global Legacy of His Ideas)* Hurst and Company, Londres, 2003.

LE TRAVAIL CONSTRUCTIF

1. Gandhi, *The Moral and Political Writings*, Raghavan N. Iyer (dir.), Clarendon Press, Oxford, 1986.

2. Jean-Alphonse Bernard, *De l'empire des Indes à la République indienne : 1935 à nos jours*, Imprimerie Nationale, 1994.

3. Gandhi, *India of my Dreams*, edit. R.K Praha, Hind Kitabs Ltd, Bombay, 1947.

4. G. D. H. Cole, *Guild Socialism Restated*, 1920, *in* Jawaharlal Nehru, *La Découverte de l'Inde*, Philippe Picquier, 2002.

5. R. Tagore, *Vers l'homme universel*, *op. cit.*

6. Gandhi, *Hind Swaraj and Other Writings*, Anthony J. Parel (dir.), Cambridge University Press, Cambridge, 1977.

7. *Ibid.*

8. *Ibid.*

9. *Ibid.*

10. *Ibid.*

11. « *Mieux vaut être riche et en bonne santé* », *Le Monde*, 17 août 2005.

12. R. Tagore, *Vers l'homme universel*, *op. cit.*

13. Gandhi, *Hind Swaraj and Other Writings*, *op. cit.*

14. *Ibid.*

15. *Ibid.*

16. *Ibid.*

17. Nelson Mandela, *Un long chemin vers la liberté*, Fayard, 1995.

18. Martin Luther King, *Révolution non-violente*, Payot, 1965.

LA GUERRE

1. B.R. Nanda, *Gandhi and His Critics*, Oxford University Press, 2001.

2. Claude Markovits, *Gandhi, op. cit.*

LE MARTYR

1. Nair Pyarelal, *Mahatama Gandhi, op. cit.*

2. Nirmal Kumar Bose, *My days with Gandhi.*

3. Nirmal Bose, *in* B.R. Nanda, *Gandhi and His Critics, op. cit.*

4. Lord Pethick-Lawrence, in *Mahatma Gandhi*, H.S.L. Polak and Others, Odhams Press Ltd, Londres, 1949.

5. Martin Green, *Prophets of a New Age*, Charles Scribners & Sons, New York, 1992.

6. Judith M. Brown, *Prisoner of Hope, op. cit.*

7. Kumkum Sangari, « A Narrative of Restoration : Gandhi's Last Years and Nehruvian Secularism », in *Gandhi Reconsidered*, Sahmat, 2004.

8. Henri Stern, « Gandhi ou le yoga de la citoyenneté », *Préceptes de vie du Mahatma Gandhi*, Presses du Châtelet, 1998.

9. Kumkum Sangari, *op. cit.*

10. Judith M. Brown, *Prisoner of Hope, op. cit.*

PENSEUR D'UNE MODERNITÉ ALTERNATIVE ?

1. Thérèse Delpech, *L'Ensauvagement, op. cit.*

2. D. Hardiman, *Gandhi in His Time and Ours (The Global Legacy of His Ideas)* Hurst and Company, Londres, 2003.

3. Thérèse Delpech, *L'Ensauvagement, op. cit.*

COLLECTION FOLIO

faca
? garfo
- colhor
- cha
: peixe
prato
_____
chávena e
pires

pão
milho
arrec
Tigela (bowl)
-> copo :) vinho

-> onde fica o banco
onde estamos
q)
mala
-> lavabo para
hommes

-> Espanha/Esko
taxi   uno
Finlandia

-> óla - Adeus

-> cartão de
credito

-> télephone
-> franço
-> pasaporte
-> comboio
horeu
-> avião

Impression Maury Imprimeur
45300 Malesherbes
le 11 novembre 2010.
Dépôt légal : octobre 2010.
1ᵉʳ dépôt légal dans la collection : avril 2006.
Numéro d'imprimeur : 159280.

ISBN 2-07-030673-9. Imprimé en France.

180823